Wolf Arnold

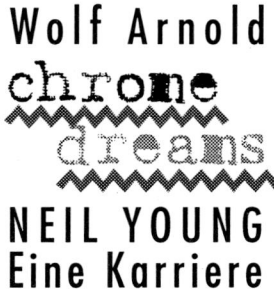

chrome dreams

NEIL YOUNG
Eine Karriere

VERLAG ROUTE 66

Für Claudia und Daniel

Copyright 1995 by Verlag Route 66
Postfach 1144, 91001 Erlangen
E-mail: 100577.2337@compuserve

Umschlaggestaltung:
Klonikowski Grafik Design, Nürnberg
Gesamtherstellung & Druck:
XERO/Klonikowski, Nürnberg
Umschlagphoto: Günter Distler
Printed in Germany

ISBN 3-931461-00-9

Die Idee zu diesem Buch entstand bereits im Jahr 1987. Neil Young gab einige Konzerte in Deutschland und der einzige anläßlich dieser Tournee erscheinende Artikel einer deutschen Zeitschrift war die Übersetzung eines Interviews aus einem spanischen Magazin, welches wiederum die Übersetzung eines amerikanischen Interviews aus dem Jahr 1975 war ...

Als altem Fan erschien mir das doch etwas mager. Hinzu kam, daß in dieser Zeit keine einzige Publikation über Neil Young auf dem Markt war (nicht einmal in englischer Sprache - Johnny Rogan's Buch war bereits vergriffen); auch Artikel in Zeitungen und Magazinen waren äußerst dünn gesät. Und obwohl ich außer Plattenrezensionen und Konzertkritiken für Stadtmagazine noch nicht viel geschrieben hatte, machte ich mich schon kurze Zeit später - ohne mir des wirklichen Umfangs meines Vorhabens so richtig bewußt zu sein - an die Arbeit.

Das hier nun vorliegende Resultat ist keine Biographie im herkömmlichen Sinn - dafür war von Seiten Neil Youngs und seines Managements keine Unterstützung zu erhalten (*"... Neil doesn't want to be associated with any biographical thing ..."*), außerdem wäre sie von Deutschland aus sowieso nur sehr schwer zu realisieren gewesen - sondern eine Art Handbuch, das sowohl dem Fan der frühen siebziger Jahre als auch demjenigen, der erst über eine der neueren Veröffentlichungen Zugang zu Neil Youngs umfangreichen Werk fand, gleichermaßen Fakten und Hintergrundwissen anbietet.

Den Grundstock bilden chronologisch angeordnete Daten, vom Beginn seiner eigentlichen Karriere im Jahre 1966 bis heute, um bei den vielen, oft verwirrenden Stories von wechselnden Bands, zurückgezogenen Platten, gecancelten Tourneen usw. zumindest einen übersichtlichen zeitlichen Rahmen bieten zu können.

Neben diesen nackten Zahlen versuchte ich, die persönlichen Seiten seiner Karriere sichtbar zu machen, seine Ideen hinter Songs und LPs z.B., seine oft wechselnden und widersprüchlichen Statements zum eigenen Werk wie zum gesamten Musikbusiness, auch die immer wieder auftauchenden Kommentare zu politischen und sozialen Fragen. Und oft sind es dabei die mehr oder weniger 'unwichtig' erscheinenden Aussagen und Details, die im Endeffekt dazu beitragen, ihn 'lebendiger' und 'greifbarer' erscheinen zu lassen.

Alle verfügbaren Interviews, die in den letzten drei Jahrzehnten in amerikanischen, englischen und deutschen Zeitschriften erschienen, wurden hierfür berücksichtigt; hinzu kamen unzählige Platten- und Konzertkritiken, die die Wirkung seiner Musik auf andere - im Kontext der jeweiligen Zeit - verdeutlichen.

Eigener Kommentare habe ich mich weitgehend enthalten. In erster Linie sah ich meine Aufgabe darin, die umfangreichen Daten, Fakten und Meinungen in eine übersichtliche Form zu bringen und - ohne 'Beweihräucherung' Neil Youngs - nachvollziehbar zu machen. Ich hoffe, dies ist mir gelungen.

An dieser Stelle möchte ich noch auf John Einarson's *JOURNEY THROUGH THE PAST. Die kanadischen Jahre* (erschienen im Sonnentanz-Verlag, Augsburg) hinweisen - ein unentbehrliches Buch, will man mehr über Neil Youngs Jugend in Kanada erfahren. Auch meine geraffte Darstellung dieser Periode wäre ohne die Informationen aus *JOURNEY THROUGH THE PAST ...* nur unvollständig gewesen.

Ebenso unverzichtbar für eine intensivere Beschäftigung mit Neil Youngs vergangenen wie aktuellen Aktivitäten ist BROKEN ARROW, die vierteljährlich erscheinende Mitgliederzeitschrift der *NEIL YOUNG APPRECIATION SOCIETY*. Interessierte wenden sich an:

> *N.Y.A.S.*
> 2A Llynfi Street
> Bridgend, Mid Glamorgan CF31 1SY
> WALES, U.K.

Last but not least:
Herzlichen Dank allen Freunden und Bekannten, die mich über all die Jahre mit Artikeln, Zeitungsausschnitten, Photokopien, Tapes usw. versorgten. Ohne sie würde auf den folgenden Seiten so manches fehlen!
Special thanks to Alan Jenkins and Dave Sigler.

Inhaltsverzeichnis

"Every one of my records, to me, is like an ongoing autobiography"
(Neil Young)

Vorwort

Dieses Buch erhebt keinen Anspruch auf Vollständigkeit. Etliche Meinungen, Analysen, Anektoden über das Phänomen Neil Young mußten allein aus Platzgründen unter den Tisch fallen. Auch geht es in diesem Buch nicht darum, Person, Werdegang und Bedeutung des Künstlers auf einen Nenner zu bringen und in großen Worten in Marmor zu meißeln, auf daß sich jeder, der gestern, heute oder morgen mit Freuden Neil Young gehört hat bzw. hören wird, in Zukunft damit abzuschleppen habe. Was Wolf Arnold hier an biographischen Schnipseln und Informationen versammelt hat, ist auch nicht an jene Fans gerichtet, die sich daran ergötzen möchten, wie ihr Idol zum Denkmal ausgeschmückt und mit dem Honig blumiger Medienschreibe übergossen wird. Genausowenig liefert das vorliegende Buch den Schlüssel, der geneigten Lesern und Leserinnen sämtliche Geheimnisse seines Werkes ein für allemal offenlegt. Jeder Versuch in diese Richtung würde nicht zuletzt Neil Youngs eigenes Bestreben mißachten, nur das an die Öffentlichkeit zu lassen, was er selbst für geeignet hält. Diesen Respekt ist man einem Künstler seines Grades schuldig. Dennoch kann ich jedem, der gerade auf ein Psychogramm oder eine Zauberformel dieser Art gewartet hat, das Studium dieser Aufzeichnungen nur wärmstens empfehlen: Vielleicht schafft es jemand, aus diesem Informationskonzentrat jene Wahrheit herauszufiltern, unter der sämtliche Widersprüche seines Schaffens sich in Wohlgefallen auflösen werden. Meine Bewunderung wäre in diesem Falle garantiert.

CHROME DREAMS will nicht mehr sein als ein fiktives Tagebuch, das anhand von Stimmen aus dem jeweiligen Hier-und-Jetzt den Werdegang eines Künstlers aufzeichnet, der etliche Ups und Downs erlebt hat, Gesundheitsprobleme und private Katastrophen wegstecken mußte und sich trotz allen Widrigkeiten nicht zu selten in hyperaktiven Produktivitätsschüben verheddert. In dieser Chronologie spielen Erfolge wie auch die dunklen Phasen seines Lebens keine wesentlich größere Rolle als jene Momente, aus denen nur von Planungen, gescheiterten Projekten, merkwürdigen Interviews und wohlverdienten Urlaubstrips berichtet werden kann.

Dank dieser Ideen konnte Wolf Arnold mich dazu überreden, ihm zu diesem Buch das Vorwort beizusteuern. Eine leichtfertige Zusage, wie sich herausstellen sollte. Gegeben vor Monaten, als noch niemand ahnen konnte, daß vor dem letzten Abgabetermin tagelang derart hochsommerliche Zustände herrschen würden, daß man ständig fürchten mußte, die ins elektrische Schreibgerät tropfenden Schweißmengen könnten jeden Moment einen tödlichen Stromschlag herbeiführen. Ganz zu schweigen davon, daß die Lektüre des Manuskripts von *CHROME DREAMS* mich schon seit Wochen im Strudel der letzten Dekaden gefangen hielt. Man ist ja immer wieder überrascht, was für Eindrücke und Erinnerungen das eigene Gedächtnis über die Jahre insgeheim gespeichert hat. und wie es verrückt spielt und uns armen Menschen durch die Finger rinnt, wenn es zu Papier gebracht werden soll. Was also gäbe es für mich an dieser Stelle aufzuschreiben, wenn nicht ein paar Schwänke aus dem Leben eines (seufz!) gealterten Rock-Journalisten, dem die Songs von Neil Young seit gut 25 Jahren so vertraut sind wie die Taschen sämtlicher Westen, die er seither getragen hat.

Seit 1979 arbeite ich als freier Journalist in der Musikbranche. Die ersten eigenen Schallplatten bekam ich 1967 - eine Handvoll Singles aus der Liste, die ich als unbedarfter Früh-Teen erstmals auf den jährlichen Weihnachtswunschzettel geschrieben hatte. Nachts unter der Decke hörte ich heimlich BFBS, tagsüber sehnte ich die Verzehnfachung der *BEAT CLUB*-Sendezeiten herbei und verlor rapide das Interesse an meiner fußballerischen Karriere. Heute wird mein Wohn- und Arbeitsraum von einer überdimensionalen Plattenwand (CDs sind extra) beherrscht, in der Neil Young, nicht nur in Regalmetern gemessen, die prominenteste Position einnimmt.

Als erste Platte, die seinen Namen trug, gelangte *AFTER THE GOLDRUSH* in meinen Besitz - spendiert von meiner Großmutter bei einem Kaufhausbummel anno 1970. Vorher hatte ich 'Southern Man' im Radio gehört und war beim Blättern in einem TWEN-Heft, das bei der älteren Schwester eines Freundes herumlag, zwischen Revolutions-Chic, sexualbefreiten Damen und ausgefallener Pop-Kunst auf diesen grimmig aussehenden Menschen gestoßen, der zusammengefaltet in einem Sessel liegend abgebildet war, sein Gesicht hinter Haarsträhnen und Bartstoppeln versteckt, sodaß sein fordernder, fast stechender Blich vom Betrachter erst einmal entdeckt werden mußte. *GOLDRUSH* erwies sich als gute Platte, aber 'Southern Man' blieb für mich das beste Stück.

DEJA VU konnte ich billig auf dem Flohmarkt ergattern, und da 'Helpless' und 'Country Girl' gerade in der Konkurrenz von Granaten wie Crosby's 'Almost Cut My Hair' oder Stills' '4 + 20' so groß wirkten, ließ ich mir 1972 die frisch erschienene *4 WAY STREET* zum Geburtstag schenken. Ein paar Durchläufe von 'Cowgirl In The Sand' machten mir schlagartig klar, daß dieser Mann nicht nur Musiker sondern auch Magier war - oder es zumindest ernsthaft darauf anlegte, einer zu sein. Ich war fasziniert: Hier gab es jemanden, der weit weniger Worte brauchte als Dylan, auch nicht Sex und Religion beschwören mußte wie Cohen, von den anderen Vertretern der 'First Family Of New Rock' (unter diesem Etikett wurden amerikanische Singer/Songwriter damals vermarktet) und ihren countryfizierten Weltpsychologien gar nicht erst zu reden. Seine Worte waren einfach gewählt, doch die scheinbar unterkühlte Oberfläche der Bilder, die er beschwor, verbarg etwas Beunruhigendes, Mysteriöses. Sein Ton war von innerer Spannung, von der Ambivalenz weit auseinanderliegender Pole gezeichnet: schwächliches Siechtum trifft alles überwindende Kraft. Was ich da gerade hörte, kannte überhaupt keinen Vergleich. Nun will ich hier nicht behaupten, 'Cowgirl' sei der beste Neil Young-Song überhaupt. Fragen wie dieser kann man sich noch im Rentenalter widmen. Doch gerade dieser Song brachte mir seinen Ton und Stil so nahe, daß ich fortan auch seine mir schon bekannten Stücke mit anderen Ohren hörte. Und natürlich mußte ich nun alle anderen Platten von ihm haben. Also auf zum Westcoast-Spezial-Laden, und wer mein Schlüsselerlebnis bis hierhin nachvollziehen konnte, wird nicht überrascht sein, daß mir die Augen aus dem Kopf gefallen sind, als ich feststellte, daß die 'Cowgirl'-Version von *EVERYBODY KNOWS THIS IS NOWHERE* mit ihren zehn Minuten dreimal so lang war wie die spartanische Akustik-Nummer, die ich kannte. Wie macht der das? Beim Hören zuhaus gaben mir zwei minutenlang glückselig umschlungene E-Gitarren die Antwort: es gibt mehr als nur den einen Neil Young, den man zu kennen glaubt. Sein Stil entsteht in der Begeisterung für den Moment, und ist jederzeit für Überraschungen gut - mithin die zweite noch heute gültige Erkenntnis zum Thema Neil Young, die ich 'Cowgirl' zu verdanken habe.

Genauso muß es damals gewesen sein - gerade huschen die Funksprüche zwischen Gegenwart und Erinnerung hin und her, pressen die verschiedenen Gedächtniswelten näher zusammen. Dabei war ich als Teenager erstmal von den auralen Rauschzuständen überrascht, die mir *EVERYBODY KNOWS* ... bescherte: die überschäumende Freude von 'Cinnamon Girl', die losgelöst albernen La-la-las im Titelsong, das gemütliche Beieinander von 'Round And Round', ein abendfüllendes Schicksalsdrama wie 'Down By The River', die trunkene Umarmung von 'Losing End', schleichende Depression mit 'Running Dry', und zum Sonnenaufgang wieder 'Cowgirl' - klingt doch perfekt, oder?

Ich könnte so weitermachen, Platte für Platte, aber ein derartiges Übermaß an persönlicher Tiefenschärfe funktioniert nur einmal, möchte man sich nicht in endlosen Wiederholungen ergehen. Daher nur soviel: die erste Neil Young war ganz anders, aber genauso gut, und für mich genau die halb eingängige, halb unfaßbare Pop-Platte, die für andere Leute *SERGEANT PEPPER'S* oder *PET SOUNDS* war. *HARVEST* kam - ein Hit-Album, wie es zerrissener nicht hätte sein können. *JOURNEY THROUGH THE PAST* hing als Soundtrack für einen Film, den kaum ein Mensch je zu sehen bekommen hatte, seltsam in der Luft, aber schon die lange Version von 'Words' ist jedesmal die viertelstündige Versenkung wert.

Dann *TIME FADES AWAY* als Sinnbild der Tatsache, daß es in gewissen Lebensabschnitten keinen freudvolleren Ort auf der Welt geben kann als irgendeine Bühne mitten in Nirgendwo. Man schreibt bereits das Jahr 1973, und Neil war nunmehr ein Superstar - nicht so sehr in der hiesigen Nachbarschaft aber umsomehr in den USA. Mit 'Heart Of Gold' war ihm eine Hymne gelungen, die Amerikas Stimmungslage zur Zeit der

Nixon-Entmachtung perfekt auf den Punkt brachte. Daß ein als launisch, individualistisch und schwierig geltender Künstler wie Neil Young doch in der Lage war, transkontinentale Empfindungen einzufangen, muß eifrige Mitarbeiter seiner Plattenfirma auf die Idee gebracht haben, ihn als neuen John Denver zu sehen. Aus der Musikpresse war zu entnehmen, daß auf höchster Business-Ebene darüber diskutiert wurde, ob seine neuen Aufnahmen zur Veröffentlichung geeignet waren oder nicht - eine unendliche Geschichte, die noch Jahre später um weitere Kapitel ergänzt werden sollte. Die in dieser Zeit aufkeimende Kontroverse um den Künstler und seine angeblich mutwillige Unkommerzialität, so absurd und bedrohlich sie wirkte, konnte mich damals nur am Rande berühren. Klar, eine neue Neil Young-LP wäre immer gut, aber mir waren in der Zwischenzeit derart viele aufregende und interessante Platten untergekommen, daß ich genug in den Ohren hatte, um die Wartezeit angemessen ausfüllen zu können. Außerdem reichte mir schon ein kurzer Blick in jeden halbwegs gut sortierten Plattenladen, um das sichere Gefühl zu geniessen, daß auch in nächster Zukunft in diesem Bereich keine Mangel herrschen würde.

März 1976: Neil Young & CRAZY HORSE kommen erstmals nach Hamburg. Ausgerechnet ins 'CCH', ein unangenehmes Betonkonstrukt mit Sitzplatzzwang und den teuersten Eintrittspreisen der Stadt. Ich hatte ihn gegen Mitte der Siebziger eigentlich nicht einmal richtig vermißt - bis *ON THE BEACH* mich voll erwischte, schnell gefolgt von *TONIGHT'S THE NIGHT* und *ZUMA* - eine Trilogie zur Stimmung jener Zeit, die den Niedergang der Musikindustrie und Drogenhorror thematisierte, Rückkehr in den Sonnenschein nicht ausgeschlossen. Da ich beschlossen hatte, meine finanziellen Mittel auf möglichst viele Konzertereignisse zu verteilen, kaufte ich mir ein Ticket in der letzten Reihe, also am oberen Rand der als modernes Amphitheater gedachten Halle. Ich war überrascht, wie groß und dünn er war und wie seine Bewegungen auf der Bühne stets ein leichtes Ungleichgewicht ausstrahlten. Der elektrische Teil des Abends wurde von 'Country Home' eröffnet, das gut 15 Jahre später als Opener von *RAGGED GLORY* erstmals auf Platte erschien. Ein anderer neuer Song, den ich an jenem Abend erstmals zu hören bekam, machte weit früher Furore. 'Like A Hurricane'.

1977, das Gymnasium lag zwei Jahre hinter mir, auch mein Zivildienst an Hamburgs Umweltschutztelefon war endlich vorbei. Das Leben konnte losgehen. Den Großteil des Jahres verbrachte ich in London, wo mein gesamtes Geld für Platten, Konzerte und dazugehörige Aktivitäten draufging. Zum übrigen Leben reicht ein Wimpy-Burger am Tag. Dank meiner Sprachkenntnisse, und trotz mangelnder Muskulatur, konnte ich als Hilfsarbeiter bei einer Baufirma anheuern, die Leute für ein Objekt in Saudi-Arabien brauchten. Das brachte gutes Geld, sodaß ich umgehend in die Briten-Metropole zurückkehren konnte, wo täglich neue, junge Bands mit wunderbaren Singles herauskamen, und ein paar Häuser weiter das ebenso wunderbare alte Zeugs für ein paar Mark zu haben war. Es war eine lebendige Musikszene zu erleben, viel aufregender als die Import-Läden zuhaus.

1979 begann ich, für das Hamburger Magazin SOUNDS zu schreiben. Der Verlag hatte beschlossen, Redaktion und Mitarbeiterschaft zu verjüngen. Jörg Gülden, bislang die Hauptidentifikationsfigur der SOUNDS-Gemeinde, verabschiedete sich Richtung USA und wurde abgelöst von Diedrich Diederichsen. Ein Ruck war durch die gesamte Musikbranche gegangen. Kurz vor Schluß der Dekade herrschte überall der Wille zur Erneuerung, als wären die großen Plattenfirmen nach ihrer jahrelangen Lethargie doch noch zu der Erkenntnis gelangt, daß man der nachwachsenden Generation nicht nur etablierte Altstars vorsetzen darf, will man nicht unbedingt alle neuen Entwicklungen verschlafen. Es gab jede Menge Reibereien zwischen Alt und Jung, zwischen Punk- bzw. New Wave-Aktivisten und Vetretern der alten Lehre, doch die (zumindest spirituelle) Anwesenheit Neil Youngs war in den SOUNDS-Büros jederzeit spürbar. Das Büro des Herausgebers Jürgen Legath lag ein Stockwerk höher: ein fast leerer Raum, abgesehen von den nötigsten Möbelstücken, der obligaten Musikanlage - und jenem amtlichen, bühnengeeigneten Gitarrenamp, in den unser Chef zu gewissen Momenten magischer Inspiration seine 'Gibson' einzutöpseln pflegte, um beseelt in die legendären Soli seines Helden einzufallen. *RUST NEVER SLEEPS* war eben erschienen, und was Neil dort über den Tod Elvis Presleys und über Johnny Rotten sagte, war Anlaß genug, daß unverbesserliche Hippies, Rock-Philosophen, Freunde inszenierter Bühnenbilder und SEX PISTOLS-Fans zu gemeinsamen Gesprächsthemen fanden.

Doch auch ich muß zugeben, daß ich irgendwann vom treuen Wege abgewichen bin. Von *LIVE RUST* bis *OLD WAYS* wurde zwar alles sofort gekauft, aber nicht allzu oft gehört. Es schien, als hätte Neil zwar erkannt, daß es im Jahrzehnt der Postmoderne möglich geworden war, fremde Musikstile zu adaptieren, ohne die eigene Glaubwürdigkeit zu riskieren oder überhaupt erst ins Spiel bringen zu müssen. Aber eine solche Haltung wurde nun einmal am wenigsten von einem Woodstock-Star erwartet - es waren unvorbelastete Newcomer gefragt. Ich trieb mich derweilen in der Independent-Szene herum. Mich begeisterte die Do-it-yourself-Attitüde, und meine Plattenwand wuchs in Unermeßliche. Für die alten Helden blieb einfach keine Zeit, auch wenn Neil's Session mit DEVO ein deutlicher Hinweis darauf war, daß mit ihm auch weiterhin zu rechnen sein wird.
Die Platte, die mich reumütig in seine Arme zurückkehren ließ, war merkwürdigerweise *LANDING ON WATER*. Ich liebte diesen leicht brutalen No-Nonsense-Mainstream-Rock, und es waren auch mal wieder ein paar Lieblingssongs dabei. 1987 sah ich Neil zum zweiten Mal live - in einer

häßlichen, ungeeigneten Sporthalle vor halbleeren Rängen. Die Show war gut, aber es war klar, daß der Mann etwas tun mußte, um sein ramponiertes Image aufzumöbeln und nicht in Vergessenheit zu geraten. Und wenn es einmal soweit ist, dann ist auf Neil Young jederzeit Verlaß: *FREEDOM* wurde ein Meisterwerk und ist wahrscheinlich die Platte, die seinen Namen in einer Generation etabliert hat, deren Geburtsdaten schon weit in den Siebzigern liegen.

Seit 1984 schrieb ich Artikel für SPEX, das Kölner Magazin, dem ich noch heute als Mitherausgeber angehörig bin. Im Februarheft 1990 erschien Neil Young auf dem Titelblatt, überschrieben mit 'Mann des Jahrzehnts'. In der Redaktion herrschte weitgehende Einigkeit über diese Entscheidung, was angesichts der sonstigen Richtungskämpfe schon verwunderlich war. Doch es gab auch Gegenstimmen: so war der leider schon 1992 verstorbene Olaf Dante Marx der Meinung, es sei gerade Neil Young gewesen, der die jüngere Generation und ihr neues Musikbewußtsein mit alten 60er-Werten infiltriert und letztlich auch gespalten hat. Perfide, aber auch eine beachtliche Leistung, sollte es tatsächlich so gewesen sein. Wer außer Neil Young könnte schon in der Lage sein, sozusagen als böser Geist aus der Vergangenheit eine derartige Wirkung zu erzielen. Dennoch liegt in diesem Einwand ein Stück Wahrheit, das ich (gerade nach der Rekapitulation der vergangenen zweieinhalb Jahrzehnte) nachvollziehen kann: langsam wird es unheimlich, wie Neil Young es immer wieder schafft, sich und seine Musik so scharf am Tagesgeschehen zu halten - zumal er bekanntlich die meiste Zeit auf seiner abgeschiedenen Ranch verbringt. Daß auch eine gute Portion bissiger Humor dabei ist, weiß man spätestens seit den Videoclips zu 'This Note's For You', 'American Dream' oder 'Rockin' In The Free World'. Für dieses Erlebnis kann ich die MTV-Generation durchaus beneiden - unsereins hat seine früheren Filme damals nirgendwo zu sehen bekommen.

Was mich angeht, so sind es vielleicht gerade die Lieblingssongs von gestern, die ich heute am wenigsten hören möchte - manchmal fühle ich mich dabei alt und müde. Aber während ich das hinschreibe, rockt *MIRROR BALL* meine bescheidene Hütte, als säße ich in einem Fußballstadion von Zimmerlautstärkeformat. Vor ziemlich genau einem Jahr hörte ich *SLEEPS WITH ANGELS* und versuchte, die kryptischen Texte zu verstehen. NIRVANA waren für mich die beste und wichtigste Band der letzten Jahre, und daß Neil Young offenbar der gleichen Meinung war (und obendrein heute mit PEARL JAM zusammenspielt), hinterläßt ein eigenartig familiäres Gefühl, das ich beim besten Willen nicht näher beschreiben kann, ohne in Lächerlichkeiten abzugleiten.

Bin wohl einer derjenigen, für die es kein Entkommen gibt - außer der einen Möglichkeit, die Neil Young immer offenläßt: *"Play it loud but stay in the other room."*

Michael Ruff

Hamburg, Dezember 1989; Photo: Arno Declair

1945 - 1965

"I started writing songs when I was about 12 ... There's a song 'Don't Cry No Tears' I wrote before I was 15. Some different lyrics, but only a few."[1]

Neil Young wird am frühen Morgen des 12. November 1945 im General Hospital in Toronto geboren.

Seine Eltern Edna (genannt 'Rassy') und Scott Young waren nach ihrer Hochzeit im Jahre 1940 von Winnipeg nach Toronto umgezogen, wo der Vater eine Stelle bei der Nachrichtenagentur CANADIAN PRESS annahm. Im Laufe der Jahre wird er zu einem erfolgreichen Journalisten und Schriftsteller, er moderiert bei der wöchentlichen Fernsehsendung *HOCKEY NIGHT IN CANADA*, schreibt für viele Tageszeitungen und Magazine und veröffentlicht mehrere Kriminalromane und Sportbücher.

Bereits im Jahr 1942 war Neil's Bruder Bob zur Welt gekommen. Kurz vor dessen Einschulung im Herbst 1949 ziehen die Youngs nach Omemee, nordöstlich von Toronto. Dort wird Neil im Spätsommer 1951 ein Opfer der Polio-Epidemie, die sich in Kanada ausbreitet. Nach sieben Tagen in der Kinderklinik von Toronto wird er zwar als geheilt entlassen; die Nachwirkungen der Erkrankung, eine in unregelmäßigen Abständen auftretende Mattigkeit ('Post-Polio-Syndrom') und eine leichte Behinderung beim Gehen, werden jedoch bleiben.

Bedingt durch Scott's berufliche Veränderungen kommt es in den folgenden Jahren zu häufigen Wohnortwechseln der ganzen Familie. Eine Zeitlang leben sie in Pickering, östlich von Toronto. Hier verdient sich Neil das erste Geld, indem er im Garten eine kleine Hühnerzucht betreibt; hier beginnt er auch, Golf zu spielen und sich für Musik zu interessieren: Elvis Presley's Auftritt in der *ED SULLIVAN SHOW* beeindruckt ihn, genau wie Hunderttausende andere junge Leute in ganz Nordamerika, tief. Von nun an ist er begeisterter Hörer der Rock'n'Roll spielenden Radiostationen Toronto's und südlich der Grenze.

Von den Eltern bekommt er kurz darauf sein erstes Musikinstrument, eine Plastik-Ukulele, mit der er sich an den zum Üben beigefügten Cowboy-Songs versucht.

Im Sommer 1960 lassen sich Neil's Eltern scheiden. Seit langem hatte es in der Ehe gekriselt; nun verläßt der Vater Rassy wegen einer anderen Frau. Bob bleibt beim Vater in Toronto, während Neil mit seiner Mutter nach Winnipeg, in die Nähe ihres Vaters, zieht. Neil hat von nun an nur noch wenig Kontakt zu seinem inzwischen recht berühmten Vater, das Verhältnis zur Mutter wird dagegen immer inniger. In dieser Zeit wird wohl der Grundstein für die spätere nahezu bedingungslose Unterstützung der ersten Schritte seiner musikalischen Karriere durch Rassy gelegt. Bald wird sie für eine private TV-Station Mitglied des Rateteams der beliebten Sendung *TWENTY QUESTIONS* und macht dies bis Mitte der sechziger Jahre.

In der Schule muß Neil mit einer gewissen Außenseiterrolle fertig werden: Kinder geschiedener Eltern haben es in jenen Tagen noch schwerer als andere, hinzu kommt seine körperliche Schwäche als Folge der Kinderlähmung.
In seiner Freizeit spielt er nicht Eishockey wie die Mehrzahl der Jungs, sondern übt auf seiner akustischen Gitarre. Manchmal ist er auch als Diskjockey bei den freitäglichen Tanzabenden des der Schule angeschlossenen 'Community Clubs' aktiv. Nachdem er dort die ersten Livebands miterlebte, baut er sich einen elektrischen Pickup in die akustische Gitarre ein. Doch nur kurz nimmt er Unterrichtsstunden bei einem Musiklehrer; er zieht es vor, Autodidakt zu bleiben - was dazu führt, daß er bis heute keine Noten lesen kann.

Neil's erste Gruppe werden THE JADES, wo er Rhythmusgitarre spielt. Zum einzigen öffentlichen Auftritt kommt es kurz nach Neujahr 1961 im 'Community Club'. Das Repertoire besteht aus den damals so populären Gitarren-Instrumentals und einigen Stücken der VENTURES und der FIREBALLS, bei denen Neil's Schulfreund John Daniel singt.
Schnell lösen sich die JADES wieder auf. Von Neil vor die Wahl gestellt, entweder Sport zu treiben oder in der Band zu spielen, entscheidet sich John fürs Eishockeytraining. Neil versucht sein Glück daraufhin bei den ESQUIRES, einer der bereits etablierten Bands in Winnipeg, die ihn jedoch nach wenigen Proben wieder rauswerfen.

Nach einem Jahr an der Earl Grey Junior High School wechselt Neil im Herbst 1961 auf die Kelvin High School. Zusammen mit seinem Freund Ken Koblun schmiedet er bald neue musikalische Pläne: Ken beginnt, Bass zu spielen; Neil selbst bekommt von seiner Mutter eine gebrauchte 'Gibson Les Paul Junior'-Gitarre geschenkt. Für kurze Zeit schließen sie sich im Frühjahr 1962 den STARDUSTERS an, bevor sie im Herbst gleichen Jahres THE CLASSICS gründen.
Am 17.11.62 kommt es an der Churchill High School zum ersten von insgesamt sechs Auftritten der CLASSICS; der letzte findet am 29.12. statt. Sie spielen - wie schon die JADES - zumeist gängige Instrumentals nach, sind aber einfach nicht gut genug, um damit Erfolg zu haben.

17

Neil's mangelndes Interesse an der Schule hatte dazu geführt, daß er die 10. Klasse wiederholen muß. Dadurch lernt er den Schlagzeuger Jack Harper kennen. Zusammen mit dessen Freund Allan Bates, einem guten Gitarristen, gründen Neil und Ken nach dem Mißerfolg mit den CLASSICS noch während der Winterferien THE SQUIRES. Jack merkt jedoch schnell, daß der Zeitaufwand für die Band nicht unerheblich ist und da er es vorzieht, sich mehr seinen schulischen und sportlichen Aktivitäten zu widmen, wird er bald durch Ken Smyth ersetzt. Mit zwei Gitarristen in der Gruppe ist man nun in der Lage, noch besser die aktuellen Instrumental-Hits wie 'Tequila', 'Wipe Out' und 'Telstar', aber auch die ersten Eigenkompositionen Neil's einzuüben - wenn auch zuerst nur mit bescheidenem, mehr oder weniger selbst zusammengebautem Equipement.

Der erste Auftritt der SQUIRES findet am 1.2.63 im 'Riverview Community Club' in Winnipeg statt. Nach den ersten Gigs wird ihnen klar, daß eine neue Anlage angeschafft werden muß. Zwar können sie ab und zu die Verstärker und sogar Instrumente von CHAD ALLAN & THE REFLECTIONS - der absoluten Topband Winnipegs, mit Randy Bachman an der Gitarre - benutzen; um so deutlicher werden ihnen jedoch die Mängel ihrer eigenen Ausrüstung. Von seiner Mutter bekommt Neil schließlich einen neuen Verstärker - trotz seiner mäßigen schulischen Leistungen, die seinen Vater dazu bewegen, ihm kein Geld für das so dringend benötigte neue Teil zu geben.
Bald sind THE SQUIRES eine der Attraktionen der 'Szene' in Winnipeg. Neil schreibt zu dieser Zeit eine ganze Reihe neuer Songs, alles Instrumentals mit meist deutlichen SHADOWS-Anleihen; viele davon werden jedoch nie das Licht der Öffentlichkeit erblicken.

Zwei seiner Kompositionen, 'The Sultan' und 'Aurora', werden am 23.7.63 im Studio des Radiosenders CKRC aufgenommen und wenig später auf dem lokalen Label 'V-Records' als Single herausgebracht. Sie wird von Winnipeg's Radiostationen häufig gespielt und fördert das öffentliche Interesse an den SQUIRES. Immer mehr Auftritte sind die Folge - u.a. im berüchtigten 'Cellar'-Club in Downtown Winnipeg, aber ebenso in diversen Country-Bars und einigen der 'besseren' Nachtclubs der Stadt. Auch im Umland verbreitet sich der gute Ruf der Band, und so folgen im Herbst - Neil hatte sich mittlerweile eine fast neue orangefarbene 'Gretsch'-Gitarre zugelegt - Konzerte in anderen Städten Manitoba's.

Anfang des Jahres 1964 beginnt schließlich ein neues Kapitel, als die SQUIRES die ersten Songs mit Gesang in ihr Repertoire aufnehmen. Die Erfolge der SHADOWS waren inzwischen durch den weltweiten Siegeszug der BEATLES abgelöst worden, und diese Entwicklung machte sich natürlich auch in der Musikszene Kanada's bemerkbar. Die Haare werden länger und auch das Songmaterial ändert sich zusehends.

Am 5.2.64 spielen die SQUIRES als erste Rock'n'Roll-Band im 'Fourth Dimension'-Club, einem 'Coffeehouse' nahe der Universität. Eigentlich ist es das Mekka der regionalen Folkmusiker, der 'Beatniks' jener Tage und der Literaturstudenten, wo ansonsten Blueskonzerte und 'Hootenanies' (eine Art 'offene Bühne' für angehende Folkmusiker) auf dem Programm stehen. Doch die SQUIRES verstehen es, mit ihren Instrumentals und den neu in ihre Show aufgenommenen BEATLES-Coverversionen auch das größtenteils intellektuelle Publikum für sich zu gewinnen. Neil lernt dort Joni Mitchell und Jesse Colin Young kennen, die er beide ein Jahr später in Toronto's Yorkville-Viertel wieder treffen wird.

Am 2.4.64 geht es erneut ins Studio. Wieder nehmen die SQUIRES bei Radio CKRC unter Leitung von Harry Taylor einige Songs auf - diesmal auch einige mit Gesang, u.a. 'Ain't It The Truth' (1988 im Programm der BLUENOTES zu finden!) und 'I Wonder' (aus dem später 'Don't Pity Me Babe' und noch später 'Don't Cry No Tears' werden sollte), sowie mehrere von den SHADOWS inspirierte Instrumentals (z.B. 'Cleopatra' und 'Mustang'). Keines der Stücke wird jedoch veröffentlicht.

Im Sommer 1964 kommt es kurzzeitig zur Auflösung der SQUIRES: In den Ferien, während eines Urlaubs am Falcon Lake, handelt Neil spontan einen Auftritt aus. Smyth und Bates sind dazu nicht bereit, was Neil so verärgert, daß er nach seiner Rückkehr das Ende der Band verkündet. Er war sowieso der Meinung, den beiden hätte es in den vorangegangenen Monaten am nötigen Engagement für die Band gemangelt, hatten sie doch ihren schulischen Erfolg für wichtiger erachtet als den musikalischen - das altbekannte Problem. Bei ihm selbst ist es gerade umgekehrt; kurz nach Beginn des neuen Schuljahrs verläßt er die High School; sein Entschluß, professionell Musik machen zu wollen, ist nun endgültig.
Zusammen mit Ken, der etwa zur gleichen Zeit wie Neil die Schule verläßt, heuert er zwei neue Musiker an, um die SQUIRES wieder aufleben zu lassen: Bill Edmundson am Schlagzeug und Jeff Wuckert am Piano.

Nächster Schritt ist die Anschaffung eines Band-Autos. Neil erwirbt einen gebrauchten 1948er Buick 'Roadmaster'-Leichenwagen (mit Hebevorrichtung - ideal für's Equipment!), den er 'Mort' tauft. Mit dem neuen Gefährt und ohne schulische Verpflichtungen sind nun auch Auftritte fernab von Winnipeg möglich. Anfang Oktober macht sich die Band - allerdings ohne Wuckert, dessen Eltern die Reise nicht erlauben - auf nach Fort William (dem heutigen Thunder Bay) am Lake Superior im Norden Ontario's. Dort treten sie vom 12. bis 17. Oktober im 'Flamingo'-Club auf.

"On the other side of Winnipeg / Neil and the Squires played the Zone
But then he went to play / For a while in Thunder Bay
He never looked back and / He's never coming home"[2]

Die Konzerte sind erfolgreich und so geht es nach wenigen Tagen Aufenthalt in Winnipeg Ende des Monats gleich wieder zurück nach Fort William. Dort komponiert Neil an seinem 19. Geburtstag am 12. November in seinem Zimmer im Hotel 'Victoria' seine Ode an die Jugend, 'Sugar Mountain'. Neben diesem 'Folksong', den er für sich behält, schreibt Neil in jenen Tagen in Fort William auch einige Stücke für die SQUIRES, u.a. 'Hello Lonely Woman' und 'Find Another Shoulder'. Wie 'Ain't It The Truth' verschwinden sie später in der Versenkung und tauchen erst 1988 im Repertoire der BLUENOTES wieder auf, nachdem ihm die Texte von Ken Koblun, der sie 1987 in einer Schachtel wiederfindet, zugesandt werden.

Offizielles Bandphoto der SQUIRES; 1964
(oben: Neil & Bill Edmundson; unten: Jeff Wuckert & Ken Koblun)

Am 23.11. findet erneut eine Aufnahmesession der SQUIRES statt, diesmal unter Leitung des Diskjockeys Ray Dee im Studio von Radio CJLX in Fort William. 'I'll Love You Forever', ein neuer Song Neil's, sowie ein zweiter Versuch von 'I Wonder' stehen auf dem Programm. Dee verwendet die fertigen Songs für ein Demotape, um einen Plattenvertrag zu ergattern - ohne Erfolg.

Nach der Rückkehr aus Fort William verläßt Bill Edmundson aus persönlichen Gründen die Gruppe. Es ist nicht leicht, Neil's Ansprüchen an

20

Engagement und Können zu genügen, und so kommen und gehen in den nächsten vier Monaten eine ganze Reihe von neuen Drummern. Mit dem erst fünfzehnjährigen Randy Peterson am Schlagzeug und Doug Campbell an der zweiten Gitarre werden während dieser Zeit in einem Keller im Norden Winnipeg's 'I Can't Cry' und eine dritte Version von 'I Wonder' aufgenommen. Etliche Gigs in und um Winnipeg folgen und nach einer Woche in Churchill, im Norden Manitoba's, stehen im April 1965 für die inzwischen wieder in Dreierbesetzung spielende Band - Neil, Ken und Drummer Bob Clark - erneut Auftritte in Fort William an.

Im dortigen 'Fourth Dimension'-Club, der wie derjenige in Winnipeg kurz '4D' genannt wird und zu einer ganzen Kette gleichnamiger 'Coffeehouses' gehört, lernt Neil während des am 18.4. beginnenden Engagements Stephen Stills und Richie Furay aus New York City kennen, die mit ihrer Gruppe THE COMPANY ebenfalls hier auftreten.

Schon nach wenigen Tagen entstehen Pläne für eine gemeinsame musikalische Zukunft. Stills erinnert sich an sein erstes Zusammentreffen mit Neil: "Er machte genau das, was ich auch machen wollte ... Folkmusik mit elektrischer Gitarre zu spielen. Und Neil hatte so eine interessante und intensive Ausstrahlung. In jener Nacht hatte ich die Idee, mit ihm eine Band zu gründen, denn er schrieb so fesselnde Songs und - er spielte Lead. Ich selbst hatte seit der Highschool nicht mehr elektrische Gitarre gespielt."[3]

Und: "Er spielte Folkrock vor allen anderen. Er hatte seine 'Gretsch' und eine Rock'n'Roll-Band, die bis vor kurzem noch 'Louie Louie' im Repertoire hatte und nun die aktuellen Folksongs mit elektrischen Gitarren, Schlagzeug und Bass spielte. Es war eine witzige Band, die auf 'Cotton Fields' gleich 'Farmer John' folgen ließ ... wir hatten eine wirklich tolle Zeit, als wir in seinem Lieferwagen herumfuhren, starkes kanadisches Bier tranken, einfach jung waren und es uns gut gehen ließen."[4]

Bevor Stills nach New York zurückkehrt, verspricht er Neil, für ihn eine Arbeitserlaubnis in den USA zu besorgen. Ein paar Monate später ist es soweit. "Ich hatte alles geregelt. Doch dann konnte ich Neil nicht auftreiben ... Als ich endlich eine Telefonnummer in Toronto hearusfand und ihn anrief, war er eben wieder Folksänger geworden. Dieses Mädchen, eine Folksängerin namens Vicky Taylor, hatte zu ihm gesagt *'Hey man, I think you're Bob Dylan'*. Neil hat ihr wohl geglaubt, löste seine Band auf und wurde ein Folksänger, der in Kaffeehäusern akustische Gitarre spielte - etwas, was ich gerade eben drei Jahre lang gemacht hatte. Das war's also ... Neil wollte Bob Dylan sein, ich wollte die BEATLES sein." (Stills)[5]

In der Tat sind Anzeichen für diese von Stills angesprochene Veränderung bereits in jenem Frühsommer 1965 im Repertoire der SQUIRES auszumachen, wo nun traditionelle Folk-Standards wie 'Oh Susanna', 'Clementine' oder 'Tom Dooley' in gänzlich neuen, bislang ungehörten 'elektrischen' Arrangements präsentiert werden. Und Ende Mai entschließen sie sich sogar, ihren Namen in THE HIGH FLYING BIRDS zu ändern - nach einem Folksong, den sie von THE COMPANY lernten.

Allerdings kommt es dann nur zwei Wochen später, am 16.6. im '4D' in Fort William, zum letzten Auftritt der Band. Neil hatte seinem Freund Terry Erickson zugesagt, ihn mit dem Auto nach Sudbury - gute 1.000 Kilometer entfernt - zu fahren, wo Terry ein Engagement bei einer Band angenommen hatte. Mit weiteren drei Begleitern, darunter SQUIRES-Drummer Bob Clark, sowie etlichen Verstärkern, Gitarren und Terry's Motorrad im Laderaum des Wagens, geht es am frühen Morgen des 17.6. los. Unterwegs gibt es jedoch schon bald Schwierigkeiten mit dem Auto. Nach langen Tagen vergeblichen Wartens auf das benötigte Ersatzteil muß Neil seinen geliebten Leichenwagen in dem Örtchen Blind River zurücklassen. Die anderen drei waren bereits zurück nach Fort William getrampt; Neil und Terry machen sich mit dem Motorrad auf den Weg nach Toronto zu Neil's Vater, um von dort aus eventuell doch noch das reparierte Auto abholen zu können. Diese Hoffnung erweist sich aber schnell als falsch; schweren Herzens ist Neil schließlich gezwungen, sich von seinem Gefährt zu trennen.[6]

Die beiden machen das Beste aus der entstandenen Situation und stürzen sich in das musikalische Leben der Stadt: zum einen in Yorkville, Toronto's damaligem Äquivalent zu New York's Künstlerviertel Greenwich Village, zum anderen in den Rock'n'Roll-Clubs der Yonge Street.
Schon nach kurzer Zeit hat Neil Kontakte zu einem Manager geknüpft und per Telephon kann er die zwei in Fort William zurückgebliebenen SQUIRES-Mitmusiker dazu überreden, nachzukommen. Zusammen mit Terry mieten sie sich ein Appartment, beginnen zu üben und nennen sich nun 4 TO GO. Doch die Enttäuschung folgt einige Wochen später: keiner will die Band hören, keine Gigs, keine Plattenaufnahmen kommen zustande, obwohl sie ihre ganze Energie daransetzen. Neil sieht sich gezwungen, einige Wochen in einer Buchhandlung zu arbeiten, um seine Schulden abzahlen zu können; er ist tief enttäuscht - ohne ein einziges Mal öffentlich aufgetreten zu sein, wird die Band aufgelöst.

Frustriert machen sich Neil und Koblun an einem Wochenende im Herbst auf den Weg nach New York, um dort Stephen Stills zu finden. Doch der war bereits im August zur Westküste aufgebrochen - nachdem er die BYRDS gehört hatte, ist er überzeugt, daß Los Angeles der richtige Platz für ihn wäre, um seine Träume vom Rock'n'Roll wahr werden zu lassen. So treffen sie nur auf Richie Furay, der im 'Big Apple' zurückblieb. Neil spielt ihm seinen neuesten Song, 'Nowadays Clancy Can't Even Sing', vor. Furay ist begeistert und wird ihn in den kommenden Wochen immer wieder bei den 'Hootenanies' im 'Bitter End' in Greenwich Village spielen.

Zurück in Toronto, trennen sich - zum ersten Mal seit Jahren - die Wege von Ken und Neil. Koblun tourt mit anderen Musikern, während Neil in Yorkville seine Wandlung zum Folksänger in Angriff nimmt: er verkauft seine orangefarbene elektrische 'Gretsch'-Gitarre und legt sich eine akustische Zwölfseitige zu.

In den folgenden Wochen absolviert er tatsächlich einige Soloauftritte in diversen Clubs in Yorkville, bei denen er neben Songs von Bob Dylan oder Phil Ochs auch eine ganze Reihe eigener Stücke vorträgt.

Sieben davon nimmt er im November anläßlich eines zweiten Besuchs in New York bei Demo-Sessions in den 'Elektra Studios' auf. Lediglich von seiner akustischen Gitarre begleitet, spielt er 'Sugar Mountain', 'Don't Pity Me Babe', 'Nowadays Clancy Can't Even Sing', 'Run Around Babe', 'I Ain't Got The Blues', 'The Rent Is Always Due' und 'When It Falls, It Falls Over You' - ziemlich nervöse, hastig heruntergespielte Versionen, die noch wenig von seiner späteren Stärke an der akustischen Gitarre ahnen lassen. Auch die Plattenfirma scheint nicht gerade begeistert zu sein und so bringen ihn diese Aufnahmen nicht den erhofften Schritt nach vorne.

Bald darauf lernt er in Yorkville einen Bassisten namens Bruce Palmer kennen, dessen Gruppe MYNAH BIRDS gerade auf der Suche nach einem neuen Gitarristen ist. Neil - ohne Verpflichtungen, ohne Perspektiven, und vor allem ohne Geld - läßt sich schnell dazu überreden, einzusteigen.

Frontmann der Band ist Ricky James Matthews, ein schwarzer Amerikaner, der die Idee, seinen Rhythm'n'Blues mit einer akustischen Folkgitarre zu kombinieren, nicht uninteressant findet: "Ich erinnere mich an unseren ersten Auftritt. Als Neil sein erstes Solo spielen sollte, sprang er vor lauter Aufregung von der Bühne, der Stecker ging raus und kein Mensch hörte etwas."[7]

Ende des Jahres, nach einigen Liveauftritten, werden die MYNAH BIRDS, zu denen noch John Yachimak an der Rhythmusgitarre und Ritchie Grand am Schlagzeug gehören, von 'Motown Records' unter Vertrag genommen. Doch wenig später, Aufnahmen in Detroit mit Material für eine komplette LP sind fast abgeschlossen[8], schlägt das Schicksal erneut zu: die amerikanischen Behörden finden heraus, daß Matthews Fahnenflüchtiger der US-Armee ist; er wird verhaftet und muß eine Gefängnisstrafe absitzen (- Ende der siebziger Jahre wird er, als Rick James, doch noch größere Berühmtheit erlangen).

Dies bedeutet nach nur wenigen Wochen das Ende der MYNAH BIRDS. Gleichzeitig jedoch reift bei Neil die Überzeugung, daß es nun an der Zeit ist, Kanada zu verlassen und ebenfalls nach Los Angeles zu gehen - dorthin, wo der Rock'n'Roll gerade neu definiert wird, wo die Sonne scheint, und wo sich vor allen Dingen bereits ein gewisser Stephen Stills aufhält ...

Neil gegenüber seinem Vater über die Gründe seines Weggangs von Toronto: "Es war halt alles für die Katz'. Und damit will ich nicht die Leute von dort runtermachen. Aber es waren nun mal nicht genug da, die wußten, was ablief oder deren Reaktion es rechtfertigte, es immer wieder aufs neue zu versuchen. Und auch wenn die Reaktion positiv war, bedeutete das für mich nur: wenn die paar es mögen, dann muß ich einen Ort finden, wo es mehr von der Sorte gibt! Ich dachte da an Leute mit einem ganz gewissem sozialen Stil und Bewußtsein, die ich als eine eigene, fortgeschrittene Spezies betrachtete. Ich wußte, daß diese Spezies sich ausbreitete und gedieh, in England und in den Vereinigten Staaten - oder vielmehr in Teilen der Vereinigten Staaten. Nicht zum Beispiel im Mittelwesten. Ich fühlte also, daß es da irgendwo eine Zuhörerschaft gab, geben mußte, die das unterstützen würde, was ich tat. Es gab sie nicht in Toronto, also mußte ich sie woanders suchen. Die zwei Länder, die in Frage kamen, waren die USA oder England, und es gab keine Möglichkeit für mich, nach England zu kommen."[9]

1   Neil, ROLLING STONE, 8.12.79

2   Randy Bachman, 'Prairie Town';
    auf *ANY ROAD*, 'Koch International', 1993

3   Zimmer/Diltz, *CROSBY, STILLS AND NASH*,
    London 1984; S.25

4   Stephen Stills, ROLLING STONE, 4.3.1971

5   *CROSBY, STILLS & NASH*; S.25

6   vgl. Neil's Song 'Long May You Run', 1976.

7   ROLLING STONE, 8.2.79

8   "Mehrere Bänder mit Aufnahmen der MYNAH BIRDS ...
    aus dem Jahr 1965 scheinen 'Motown Records', die die
    Aufnahmen kürzlich in ihren Archiven entdeckten, nicht gut
    genug zu sein, um daraus ein ganzes Album zusammen-
    stellen zu können." (ROLLING STONE, 28.12.78)

9   Scott Young, *NEIL AND ME*, Toronto 1984; S.69

1966

"I was a Hollywood Indian ..."[1]

"Wir dachten, wir seien an der Weltspitze, als wir begannen, in 'Holiday Inns' zu übernachten."[2]

"Deine lebendigste Erinnerung an L.A. in den Sechzigern?
'Der Sunset Boulevard und wie schön dort alles war. Die vielen jungen Leute, die Musik, die Bands, die Klamotten - gerade aus Kanada gekommen, machte das ganz schön Eindruck auf mich.'
Wie hattest du dir L.A. vorgestellt, als du noch in Kanada warst?
'Platten machen. Meine Vorstellung war die, daß dort das Musik-Business zuhause sei. Aber ich träumte auch von der Sonne, und ich wollte hin, wo es Sonne und Palmen gab - deswegen bin ich nach L.A. und nicht nach New York'.[3]

Januar Nach all den Mißerfolgen und Mißgeschicken der letzten Monate bedarf es keiner großen Anstrengungen Neil's, Bruce Palmer zu überreden, die Zelte in Toronto endgültig abzubrechen.
Die beiden verkaufen das wenige, was sie besitzen, sowie das ganze MYNAH BIRDS-Equipment (auch das, was ihnen nicht gehört), und legen sich einen Pontiac-Lieferwagen, Jahrgang 1953, zu.

Februar Wie schon wenige Monate vorher in Fort William schließen sich in letzter Minute noch einige Freunde und Bekannte der Fahrt an: drei Mädchen und ein Junge machen sich schließlich neben Neil und Bruce auf den Weg ins 'gelobte Land'.
Über die legendäre 'Route 66' geht es gen Westen, bis in Albuquerque, New Mexico, das Schicksal erneut zuzuschlagen scheint: Neil erleidet einen Schwächeanfall, der dazu führt, daß die Fahrt erst einmal unterbrochen werden muß. Nach einigen Tagen geht es ihm jedoch schon wieder so gut, daß einer Weiterfahrt nichts mehr im Wege steht.
Zwei der Mädchen und ihr männlicher Begleiter bleiben kurzerhand in Albuquerque; Neil, Palmer und das andere Mädchen setzen die Reise nach Los Angeles zu dritt fort.

März   Nach ein paar unergiebigen Tagen in Los Angeles, in denen sie weder Stephen Stills noch sonst irgendwelche Bekannten treffen, entscheiden sich Neil und Palmer, Richtung San Francisco aufzubrechen. An jenem Tag kommt es bei einem Verkehrsstau am Sunset Boulevard in Hollywood zu einer im Nachhinein fast als 'historisch' zu bezeichnenden Begegnung: Neil und Palmer in ihrem alten schwarzen Lieferwagen, gerade im Begriff, die Stadt zu verlassen - auf der Gegenspur Stills und Furay.

Stills hatte Ende des Jahres Furay aus Los Angeles angerufen und ihm mitgeteilt, er bräuchte ihn für seine neue Gruppe - die in Wirklichkeit zu dieser Zeit noch garnicht existiert - als zweiten Sänger. Furay später: "Als ich nach L.A. kam, lief überhaupt nichts. Stephen lebte in einem winzigen Apartment in der Fountain Avenue. Es war wirklich frustrierend. Ein paarmal wollte ich schon abhauen. Aber Stephen hatte noch immer diesen Drive und Enthusiasmus, der mich dort hielt."[4]

Neil erinnert sich an das Treffen am Sunset Boulevard:
"Bruce und ich eroberten Kalifornien. Das gelobte Land. Wir waren auf dem Weg nach San Francisco. Stephen und Richie Furay, die in der Stadt waren, um eine Band zusammenzustellen, waren gerade ebenfalls unterwegs. Stephen ... erinnerte sich daran, daß ich einen Lieferwagen hatte. Und sobald er das Kennzeichen aus Ontario sah, wußte er, daß ich es war. So haben sie uns angehalten."[5]

Schnell kommen die vier zur Sache. Furay: "Ich hatte Stephen 'Nowadays Clancy ...' beigebracht, das ich von Neil ein paar Monate früher in New York gelernt hatte. Und so fuhren wir zu uns und spielten es Neil vor. Ihm hat's gefallen und das war's! Wir gründeten eine Rockband!"[6] Erster Name für die Gruppe - mit dem jedoch keiner so richtig zufrieden ist: THE HERD.

Die Suche nach einem Drummer endet rasch bei dem renommierten kanadischen Country-Schlagzeuger Dewey Martin, der gerade bei den DILLARDS ausgestiegen ist und etwas Neues machen möchte. Und ein neuer Name für die Band findet sich schließlich zufällig auf dem Metallschild einer Dampfwalze vor dem Haus von Barry Friedman, einem altem Freund von Stills, der nun ihr Manager wird: BUFFALO SPRINGFIELD.

Neil: "Das ganze war eine große enorme Wohltat. Wir hatten einen Platz zum Schlafen und konnten duschen. Wir hatten eine Wohnung und saßen nicht mehr auf der Straße. Barry gab uns jeden Tag einen Dollar fürs Essen. Alles, was wir dafür tun mußten, war üben ... Das waren alles Leute, die aus demselben Grund nach L.A. gekommen waren und die sich gefunden hatten."[7]

April BUFFALO SPRINGFIELD werden von Ahmet Ertegun, dem Präsidenten von 'Atlantic Records', für sein 'Atco'-Label verpflichtet: "Ich mochte BUFFALO SPRINGFIELD von Anfang an. Es war etwas ganz Besonderes, wie Steve und Neil zusammenarbeiteten. Und alle Mitglieder der Band wuchsen mir sehr ans Herz."[8]

Noch im gleichen Monat stehen Auftritte als Support-Act für die BYRDS und die TURTELS, sowie Plattenaufnahmen in den 'Gold Star Studios' in Los Angeles auf dem Programm.

Neil ruft seinen Vater an: "Ich wollte dich nicht anrufen, bevor ich mir nicht sicher war, das es Wirklichkeit ist, aber es schaut ganz gut aus, Dad. Ich hab 'ne Gruppe und die Manager haben eine Wohnung für uns organisiert und Autos zum rumfahren. Kein Geld zum Ausgeben, aber alles andere ist toll. Und am besten ist, wir spielen unser eigenes Zeug."[9]

Kurz nach Beendigung der Sessions erleidet Neil einen ersten größeren epileptischen Anfall. Er wird zur Untersuchung in eine Nervenklinik gebracht.
Zu dieser Zeit behandelt er seine Epilepsie täglich mit Medikamenten, seine Abneigung gegen deren Wirkung wächst jedoch immer mehr. Erst erst einige Jahre später wird er jedoch ganz auf sie verzichten können - in der Überzeugung, daß es in seinem Fall mehr auf die eigene persönliche Stabilität denn auf Medikamente ankommt.

Juni Vermittelt durch Chris Hillman von den BYRDS (*"I thought the SPRINGFIELD was just great."*), folgt ein sechswöchiges Engagement im 'Whisky A Go Go' in Hollywood.
Schnell verbreitet sich die Neuigkeit von der neuen 'In'-Gruppe in Los Angeles: die Fans stehen Schlange vor dem 'Whisky' und viele Musikerkollegen tauchen bei ihren Gigs auf.
David Crosby darüber: "Als ich zum erstenmal Stephen Stills und Neil Young zusammen Gitarre spielen hörte, hörte ich ein Zwiegespräch, keinen Wettbewerb: die beste Art von Leadgitarre, die ich jemals gehört hatte - neben Jimi Hendrix ..."[10]
Neil selbst war bald als der 'Hollywood Indian' bekannt:
"Da war ich also, und machte mit meiner Musik 120 Dollar die Woche im 'Whisky'. Ich stand schon immer auf Fransenjacken ... *fringe jackets*

are groovy. Und so ging ich und besorgte mir gleich eine, zusammen mit 'ner Hose und einem Turtleneckhemd ... oh ja, ich dachte, das sei *heavy.* Ich trug sie bei einigen TV-Shows und wenn immer wir auftraten. Dann kam ich mal zu diesem Laden am Santa Monica Boulevard, Ecke La Cienega. Ich fand dieses tolle Comanche-Kriegshemd - die beste Jacke, die ich je gesehen hatte. Ich ließ gleich noch zwei davon anfertigen! *The group was Western, the name BUFFALO SPRINGFIELD from off a tractor, so it all fit. I was the Indian."* [11]

Stills später: "Ich erinnere mich an jene erste Woche im 'Whisky' und an die Gigs mit den BYRDS. Wir waren wirklich unter Volldampf! Diese Band war auf Platte nie so toll und *hart,* wie wir wirklich waren. Live klangen wir wie die STONES. Es war großartig." [12]

25.7   BUFFALO SPRINGFIELD ist die erste Gruppe, die einen Auftritt im 'Hollywood Bowl' in Los Angeles absolviert, ohne vorher eine Hitsingle gehabt zu haben: sie spielen vier Songs im Vorprogramm der ROLLING STONES, u.a. neben den McCOYS und den STANDELLS.

Daraufhin werden sie für sechs Auftritte in der ABC-TV-Show *HOLLYWOOD PALACE* verpflichtet.

28.7.   Die erste Single erscheint:
Neil's 'Nowadays Clancy Can't Even Sing' wird für die A-Seite auserkoren, Stills' 'Go And Say Goodbye' kommt hinten drauf - nachdem es ursprünglich andersherum geplant gewesen war. Sänger bei 'Nowadays ...' ist jedoch Richie Furay, da Neil noch immer kein rechtes Vertrauen in seine eigene Stimme hat. Die Platte erreicht, etwas enttäuschend für die Band, 'nur' die Top 30 ...

Im Sommer lernt Neil die Singer/Songwriterin Robin Lane kennen (viel später, Ende der siebziger/Anfang der achtziger Jahre, mit ihrer Band ROBIN LANE & THE CHARTBUSTERS auch in Europa etwas bekannter), die für einige Zeit seine feste Freundin wird, und über sie eine lokale Band, die ROCKETS. Deren Gitarrist, Danny Whitten, ermuntert Neil schon bald, viel öfter und vor allem mit mehr Selbstbewußtsein zu singen.

"We used to have a great time, sitting around, singing 'Mr. Soul' in D-modal tuning - all four of us singing harmony." (Billy Talbot, Bassist der ROCKETS)[13]

Weitere Aufnahme-Sessions in den 'Columbia Studios' folgen.

11.-13.11. Zusammen mit COUNTRY JOE & THE FISH treten BUFFALO SPRINGFIELD zum ersten Mal im legendären 'Fillmore' in San Francisco auf.

2./3.12. Zwei Auftritte im 'Avalon Ballroom' in San Francisco.

5.12. In den 'Columbia Studios' werden die Aufnahmen für eine neue Single gemacht - 'For What It's Worth', von Stills über die am Sunset Strip in L.A. immer wieder aufflammenden Jugendunruhen jener Monate geschrieben.

1   Neil, ROLLING STONE, 30.4.70

2   *NEIL AND ME*; S.80

3   Interview mit Kristine McKenna; L.A. STYLE, 3/92

4   *CROSBY, STILLS & NASH*; S.33

5   ROLLING STONE, 14.8.75

6   *NEIL AND ME*; S.72

7   *NEIL AND ME*; S.72

8   *CROSBY, STILLS & NASH*; S.40

9   *NEIL AND ME*; S.74

10   David Crosby/Carl Gottlieb, *LONG TIME GONE*, New York 1988; S.123

11   FUSION, 17.4.1970

12   *CROSBY, STILLS & NASH*; S.40

13   ROLLING STONE, 8.2.79

1967

Nach monatelanger Uneinigkeit zwischen der Band und den Produzenten Charles Greene und Brian Stone über die Abmischung der längst fertiggestellten LP (am liebsten hätten Neil und Stills das Ganze nochmal aufgenommen, weil ihnen der nötige 'Biß' fehlt), erscheint das Debütalbum *BUFFALO SPRINGFIELD*.

Coverrückseite der 1. Auflage der LP (noch mit 'Baby Don't Scold Me')

Neil: "... das war genau die Zeit, als die Multitracks aufkamen. Vierspur gab es bereits und man begann, von Achtspur-Aufnahmen zu reden. Die meisten Sachen wurden also ohne Leadvocals aufgenommen - man erzählte uns, daß man zuerst die Instrumente und dann den Gesang aufnähme ...

Hätten wir mit SPRINGFIELD so aufgenommen, wie ich einige Sachen mit CRAZY HORSE und anderen Bands gemacht habe, wo ich sang und wir gleichzeitig dazu spielten und später nur einige Refrains mit ein paar Effekten überarbeiten, wäre das eine tolle Platte geworden. Aber diese ganze Periode haben wir verpasst."[1]

Fünf Songs von Neil finden sich auf der Platte, darunter 'Flying On The Ground Is Wrong' und 'Nowadays Clancy Can't Even Sing' - und bereits in diesem frühen Stadium seiner Karriere ist eine gewisse Frustration über das Rock'n'Roll-Business in Neil's Texten nicht zu überhören.

"SPRINGFIELD kommen wie eine Dampfwalze über einen und lassen dich nicht mehr los. Ihr Material und ihre Spielweise sind ausgesprochen originell und vielseitig. 'Nowadays Clancy Can't Even Sing' ist das bekannteste Stück, jede weitere Nennung von Titeln wäre willkürlich, denn jeder Song ist eine A-Seite. Ein sensationelles Album!"[2]

Die neue Single 'For What It's Worth' erreicht Platz 7 in den Charts und ersetzt bei der zweiten LP-Auflage im Februar Stills' 'Baby Don't Scold Me'.

9.1. In den 'Atlantic Studios' in New York City wird eine erste Version von 'Mr. Soul' aufgenommen - *"respectfully dedicated to the ladies of The Whisky A Go Go and the women of Hollywood"* (so der Hüllentext auf *BUFFALO SPRINGFIELD AGAIN*).

Mitte des Monats wird Bruce Palmer wegen Drogenbesitzes nach Kanada abgeschoben und muß dort eine Gefängnisstrafe absitzen; Neil's alter Weggefährte Ken Koblun ersetzt ihn bei den jetzt anstehenden Konzerten:

25.1. Erster Gig mit Koblun im 'Tempo' in San Francisco.

1.2. Auftritt in der TV-Show *WHERE THE ACTION IS* mit 'For What It's Worth'.

10.2. Das letzte Konzert mit Ken Koblun am Bass.
Eine ganze Reihe von weiteren Ersatzleuten wird in den nächsten Monaten in die Bass-Saiten greifen: für die TV-Show *HOLLYWOOD PALACE* muß zuerst einmal der neue Manager Dick Davis einspringen (diese Aufnahmen landen später auf *JOURNEY THROUGH THE PAST*). Später folgen noch Ken Forssi (von LOVE), Jim Fielder (von den MOTHERS OF INVENTION), sowie Bobby West.

März GUESS WHO sind die erste Band, die einen Song Neil's covern (für eine Single-B-Seite nehmen sie 'Flying On The Ground Is Wrong' auf).

April	Ein zehntägiges Engagement als Vorgruppe für Otis Redding im 'Odine's' in New York City.
28.-30.4.	Drei Abende im 'Fillmore' in San Francisco mit Steve Miller und seiner Band.

Am 29. nachmittags der zweite Auftritt im 'Hollywood Bowl' in Los Angeles anläßlich eines von Radio KHJ veranstalteten Konzerts mit den SUPREMES, den SEEDS und FIFTH DIMENSION (sie spielen dort 'Pay The Price', 'Nowadays Clancy ...', 'For What It's Worth' und 'Mr. Soul') - anschließend schneller Rückflug nach San Francisco.

Stills und Neil gerieten während der letzten Monate immer öfter in Streit; vielleicht auch, weil Palmer nicht mehr anwesend ist - als ruhender Pol, der auf beide immer ein wenig ausgleichend wirken konnte.
Dewey Martin erinnert sich z.B. an einen Auftritt, wo es bereits auf der Bühne zwischen beiden krachte:
"Und als Neil und Stephen in die Garderobe kamen, sind sie mit den Gitarren aufeinander losgegangen. Es war, wie wenn zwei alte Damen mit ihren Handtaschen aufeinander einschlagen."
Stills selbst meint später: "Neil begann, einige Songs zu arrangieren, was ich für meine Aufgabe hielt, und ich wollte mehr Leadgitarre spielen, was er als sein Ding betrachtete. So wurde die Sache eine Zeitlang etwas angespannt."[3]
Am Abend vor einem geplanten Auftritt in Johnny Carson's *TONIGHT SHOW* verläßt Neil die Band. Er wird kurzfristig durch Doug Hastings von DAILY FLASH aus San Francisco ersetzt.

Neil beginnt daraufhin in den 'Sunset Sound'-Studios in Los Angeles mit einigen Aufnahmen ohne Bandbegleitung ('Whiskey Boot Hill' und 'Slowly Burning').

16.-18.6.	Das *MONTEREY POP FESTIVAL.*

Neil ist bei dem Auftritt am Sonntagabend also nicht dabei, dafür singt dort David Crosby von den BYRDS mit ihnen - für etwa 45 Minuten ist er also 'Mitglied' von BUFFALO SPRINGFIELD!
Richie Furay: "Ich glaube, Neil wollte schon immer ein Solokünstler sein. Und ich kann ihm daraus keinen Vorwurf machen. Aber es hätte vielleicht einen besseren Weg gegeben, um das klarzumachen, als einfach nicht mehr aufzutauchen."[4]

1.-6.8.	Im Rahmen des *6 DAYS-A-WEEK SUMMER PROGRAM* treten BUFFALO SPRINGFIELD - noch immer ohne Neil - mit Muddy Waters und Richie Havens erneut im 'Fillmore' in San Francisco auf.

"Aber ohne Neil war SPRINGFIELD nicht dasselbe. Wir waren es gewohnt, ein Solo von Neil zu kriegen und eins von Steve. Das war das einzigartige an uns, die zwei Leadgitarristen, die sich gegenseitig anstachelten." (Dewey Martin)[5]

September Neil kehrt in die Band zurück; Doug Hastings muß deshalb wieder gehen. Wieder in Originalbesetzung, da auch Palmer aus Kanada zurückgekehrt ist, stehen in den folgenden Wochen nochmal Aufnahme-Sessions für die neue LP auf dem Programm. Sie soll *STAMPEDE* heißen; ein fertiger Coverentwurf liegt bereits vor:

November Mitte des Monats nehmen BUFFALO SPRINGFIELD and der jährlichen *THANKSGIVING TOUR* der BEACH BOYS teil.

Dezember Nach einigen Vorankündigungen unter dem Titel *STAMPEDE* wird schließlich *BUFFALO SPRINGFIELD AGAIN* als zweite LP veröffentlicht - die neu aufgenommenen Songs und ein anderes, mehr dem 'psychedelischen' Jahr 1967 entsprechendes Coverkonzept führten schließlich auch zu einem neuen Titel.
Die gelungene Mischung aus akustischen Balladen, elektrischem Rock'n'Roll und leichten Country-Anklängen aus Furay's Feder ist ohne Übertreibung wohl einer der Klassiker des an großartigen Platten nicht gerade armen Jahrgangs 1967 - auch wenn es noch nicht jeder erkennt:

"Neil Young, ein sehr guter und origineller Gitarrist, sollte man für seine Komposition 'Mr. Soul' loben, einen engagierten zeitgenössischen Blues. An dem Song stimmt so ziemlich alles. Bei seiner zweiten Komposition, 'Broken Arrow', versucht er sich im neuesten Trend des Songwriting - im Ausflippen à la BEATLES. Der Song ist über sechs Minuten lang und wechselt des öfteren Tonart, Rhythmus, Instrumentierung und Gesangsart. Er beginnt mit dem Geschrei von Fans und einem ziemlich krächzenden Gesang von 'Mr.Soul', wird dann langsamer und wandelt sich zu einem anderen Song. Obwohl er einige exzellente Streicher- und Pianopassagen enthält, ist der Song dennoch unbefriedigend. Er kann die Spannung nicht halten; er wird langweilig und verliert an Wirkung ... *BUFFALO SPRINGFIELD AGAIN* kann man aber nicht als Fehlschlag beeichnen. Weit davon entfernt. Es ist einfach ein sehr guter, aber kein großartiger zweiter Versuch einer hochtalentierten Gruppe."[6]
"... *varied and weird and beautiful.*"[7]
"... *AGAIN* ist so dicht, daß man es fast als Konzeptalbum bezeichnen könnte. Die Tatsache, daß Neil's 'Mr. Soul' und 'Broken Arrow' die restlichen Songs des Albums wie ein Sandwich umschließen und letzteres auch noch mit einer 'Live'-Reprise von 'Mr. Soul' beginnt, macht diese Kohärenz noch größer ..."[8]
"Das Geschrei am Anfang? Das stammt vom BEATLES-Konzert in L.A." (Neil über 'Broken Arrow')[9]

Bruce Botnick, der bei 'Expecting To Fly' und 'Bluebird' am Mischpult saß, ist auch der Produzent von LOVE's ebenfalls in diesem Jahr aufgenommenen LP *FOREVER CHANGES* und weiß darüber später zu erzählen:
"*FOREVER CHANGES* startete als Projekt, das ursprünglich Neil Young und ich produzieren wollten. Bei BUFFALO SPRINGFIELD war's ein bißchen brenzlig und da dachte ich, daß Neil etwas Neues ganz gut tun würde und er vielleicht Gitarre auf der LP spielen könnte. Aber als wir anfangen wollten, war es Neil wegen seiner Vepflichtungen mit SPRINGFIELD nicht möglich. Bei ihm gab es sowieso einige Veränderungen in dieser Zeit und er war auch körperlich nicht ganz in Ordnung. So stieg er aus und ich machte es allein."[10]

21.-23.12.   Auftritte mit THE COLLECTORS und HOUR GLASS im 'Fillmore'.
Neil: "Das erste Mal sah ich HOUR GLASS im 'Whisky A Go Go' in Hollywood. Die waren damals auch gut drauf. Ich weiß nicht mal mehr, wer die Hauptgruppe war. Ich hab sie mir dort noch ein paarmal angeschaut, bevor wir selbst auf eine zehntägige Tour gingen. Weihnachten '67 haben wir dann zusammen im 'Fillmore' in San Francisco gespielt.

Vor unserem letzten Set haben wir fünf, BUFFALO SPRINGFIELD, uns vor die Bühne gesetzt. Wir haben den Sounds des Südens gelauscht. *Sweet country sounds swelled through the Hour Glass.*"[11]

29.-31.12. Den Abschluß des Jahres bilden drei Konzerte mit den SEEDS und LOLLIPOP SHOPPE im 'Cheetah' in Venice, California.

1   MUSICIAN, April 1993

2   TEEN SET, Februar 1967

3   Beide Zitate aus: *CROSBY, STILLS & NASH*; S.45

4   *CROSBY, STILLS & NASH*; S.47

5   *CROSBY, STILLS & NASH*; S.51

6   ROLLING STONE, 14.12.67

7   Tom Phillips, NEW YORK TIMES, 6.10.68

8   MELODY MAKER, 14.9.74

9   FUSION, 17.4.70

10 *Liner notes* zur LP *BEST OF LOVE*; 'Rhino Records', 1980

11 Auf der Coverrückseite der LP *POWER OF LOVE* von HOUR GLASS; 'Liberty', 1968

1968

6.1.   Ein Konzert mit Charles Lloyd und TURQUOISE im 'Earl Warren' in Santa Barbara.

Januar   Palmer's Drogengeschichten werden ihm erneut zum Verhängnis; er wird ein zweites Mal nach Kanada abgeschoben. Jim Messina, der bei *BUFFALO SPRINGFIELD AGAIN* als Toningenieur gearbeitet hatte, ersetzt ihn.
Etwa zur gleichen Zeit wird der bisherige Manager, Dick Davis, gefeuert: "Nachdem sie uns im 'Whisky A Go Go' gefunden hatten, entfachten unsere Manager einen riesigen Hype und stahlen unser ganzes Geld! Ich verlor $60.000 an sie ... Sie haben es auf legale Weise gestohlen ... Ich bin wirklich sehr verbittert, was die Musikszene in Hollywood angeht." (Neil gegenüber dem TORONTO STAR)[1]

Es folgen weitere Gigs mit den BEACH BOYS an der Westküste und etwas später in Florida.

Februar   In den 'Sunset Sound Studios' in Los Angeles wird an den Aufnahmen für ein drittes BUFFALO SPRINGFIELD-Album gearbeitet.

20.3.   Neil, Messina und Furay werden zusammen mit Eric Clapton und einigen anderen Personen nach einer Session im Topanga Canyon wegen 'Verdachts des Aufenthalts an einem Ort, an dem Marijuana konsumiert wurde' verhaftet.
Stills kann durch's Schlafzimmerfenster flüchten, die anderen werden später gegen eine Kaution von $1.250 wieder freigelassen.
Neil wird Ende Mai lediglich wegen 'Störung der öffentlichen Ordnung' zu einer geringen Geldstrafe verurteilt.

5.5.   Long Beach, 'Long Beach Arena' - der letzte Auftritt von BUFFALO SPRINGFIELD!
Neil: " Wir waren gut, sogar großartig - als wir begannen, dachte ich, wir würden ewig zusammen bleiben. Aber wir waren zu jung, um geduldig zu sein, und ich war der schlimmste ... Ich weiß, ich hätte eigentlich glücklich sein müssen, aber irgendwie war es die schlimmste Zeit meines Lebens ..."[2]
"Großartige Leute. Jeder in dieser Gruppe war ein verdammtes Genie in seinem Bereich. Das war 'ne wirklich tolle Gruppe. Nie mehr wird es sowas wie BUFFALO SPRINGFIELD geben. Nie ...

Ich hab' diese Tapes ... Ich weiß nicht, ob Richie oder Dickie Davis irgendwas haben. Ich hab' gute Sachen. Tolle Songs. 'My Kind Of Love', 'My Angel', 'Down To The Wire', 'Baby Don't Scold Me'. Wir werden sehen, was damit passiert."[3]

"Ich hatte einfach zuviel Energie und soviel kreatives Potential in mir, daß ich, wenn ich etwas im Kopf hatte, einfach dachte: das ist schließlich mein Trip und ich brauch' auf niemand anderen zu hören. Ich machte das, was sie wollten, bei ihren Sachen, aber ich brauchte mehr Spielraum für meine eigenen. Und das war ein dauerndes Problem in meinem Kopf. Deshalb mußte ich also weg von der Gruppe. Aber dann war ich zurückgekommen, weil wir so einen guten Sound hatten. Ich war einfach nicht reif genug, um damit fertig zu werden. Alles ging viel zu schnell."[4]

Plakat für vier Auftritte im 'Fillmore' Ende Mai 1968, die nicht mehr stattfinden ...

Elliot Roberts, Joni Mitchell's Manager, der inzwischen auch Neil's Geschäfte wahrnimmt:

"Stephen dachte, SPRINGFIELD wäre seine Band, aber Neil hatte all diese großartigen Songs. Ich war viel mit Neil in seinem Haus zusammen und er hatte in den Grundzügen bereits viele von den Songs, die dann auf seinen ersten zwei, drei Soloalben auftauchten. Doch Stephen und Neil hatten enormen Respekt füreinander. Ich glaube, nur

deshalb blieb SPRINGFIELD überhaupt so lange zusammen. Aber es war nur eine Frage der Zeit, bevor sie auseinanderbrechen würden."[5] Roberts handelt sehr schnell einen Solovertrag mit 'Warner Bros.', bzw. deren Label 'Reprise', aus; mit dem Vorschuß kauft Neil ein Haus hoch oben im Topanga Canyon bei Los Angeles und beginnt, für sein geplantes Album zu arbeiten.
Roberts: "Alle hatten ein bißchen Angst vor Neil. Ich kannte all diese Stories ... Jeder faßte ihn mit Samthandschuhen an. Sag ein falsches Wort, und er ist weg. Das ist alles, was ich über ihn hörte. Nun, ich fand es leichter, mit Neil zurechtzukommen als mit Stephen. Wenn ich den Leuten erzählte, wie lustig Neil in Wirklichkeit war, hörte ich immer ein ungläubiges: Neil?"[6]

"Die Pläne der einzelnen Mitglieder stehen noch nicht fest, auch wenn Steve Stills meint, er würde sich gerne einer anderen Gruppe anschließen, vielleicht Al Kooper bei BLOOD, SWEAT & TEARS ersetzen. Neil Young will es alleine versuchen, und Richie Furay und Jim Messina wollen als Songschreiber- und Produzenten-Team arbeiten."[7]

Mai Neil wirkt bei den Aufnahmen für zwei Songs der MONKEES mit: er spielt - neben Danny Kortchmar und Ry Cooder - Gitarre bei dem Stück 'As We Go Along' (das Ende des Jahres auf dem Soundtrack-Album *HEAD* erscheinen wird) und er fungiert als Leadgitarrist bei 'You And I' (veröffentlicht auf *INSTANT REPLAY* im Februar 1969).

August *LAST TIME AROUND*, die dritte und letzte LP von BUFFALO SPRINGFIELD, erscheint - von Furay und Messina ohne Zutun von Stills oder Neil fertiggestellt.
"Als Testament ihres vielseitigen Talents brachten BUFFALO SPRINGFIELD *LAST TIME AROUND* heraus, die schönste Platte, die sie je gemacht haben ...
Zu schade, daß es nicht *first time around* ist."[8]

Keine der regulären BUFFALO SPRINGFIELD-LPs wurde zu ihrer Veröffentlichungszeit mehr als 200.000 mal verkauft; in einer LP-Kritik der NEW YORK TIMES heißt es dementsprechend, daß "in dem Krieg der Sounds, zu dem die Pop-Revolution wurde, die ruhigen, wunderschönen Alben von BUFFALO SPRINGFIELD immer übersehen und unterschätzt wurden."[9]

Im Herbst lernt Neil im 'Canyon Kitchen', einem Restaurant im Topanga Canyon, seine neue Freundin Susan Acevedo mit ihrer siebenjährigen Tochter Tia kennen.

40

Über die Zeit mit seiner bisherigen Freundin Robin Lane meint Neil selbstkritisch:

"Too often when I got home I picked up the guitar instead of the girl."[10]

In jenen Tagen trifft Neil auch zum ersten Mal auf David Briggs, einen jungen Plattenproduzenten aus Wyoming, der ebenfalls im Canyon wohnt. Beide finden schnell einen guten Draht zueinander und so arbeiten sie schon bald gemeinsam an Neil's Soloalbum.
Eine Zeitung in L.A.: "Neil ist nervös wegen des Albums, als ob er das erste Mal in einem Studio gewesen wäre. Während des Interviews beschäftigt ihn eine Single, die Reihenfolge der Songs auf dem Album und der Mix ... Er spielt es und ist abwechselnd stolz und ärgerlich, er möchte, daß es das beste wird, das er überhaupt machen kann."[11]

Neil absolviert einige Solokonzerte und begleitet sich dabei nur mit der akustischen Gitarre. In einem Nightclub in Pasadena hat er einen Gastauftritt in der *DAVE VAN RONK SHOW*:
Elliott Roberts: "Wir blieben die ganze Nacht auf, da wir so aufgedreht waren, weil er nicht ausgebuht worden war. Er hasste seine Stimme und dachte, all seine Songs wären depressiv."[12]

23.10.-4.11. Eine Reihe von Auftritten - einige mit Joni Mitchell - im 'Bitter End' in New York City.

9.11. Ann Arbor, Michigan, 'Canterbury House':
Bei diesem Konzert wird diejenige Aufnahme von 'Sugar Mountain' mitgeschnitten, die zukünftig auf diversen Single-Rückseiten zu finden sein wird - zweifelsohne eines der Lieblingsstücke Neil's.

1.12. *"Susan Acevedo and Neil Young invite you to attend their wedding reception on Sunday, Dec 1, 1968 at 2 o'clock pm. 611 Skyline Trail. Topanga, California."*

Dezember Stephen Stills (der gerade mit Mike Bloomfield und Al Kooper das Album *SUPERSESSION* aufgenommen hat), David Crosby und Graham Nash (von den HOLLIES) geben die Formierung von CROSBY, STILLS & NASH bekannt - sie hatten im Herbst gemeinsam in Joni Mitchell's Haus im Laurel Canyon gejammt und waren alle drei sofort hellauf begeistert gewesen.

NEIL YOUNG, das Soloalbum, erscheint.
Neil ist noch immer unzufrieden mit dem Mix: mono im Radio sei er in Ordnung, aber stereo auf der Platte keineswegs.
Nach einigen Wochen setzt er bei der Plattenfirma durch, daß die Zweitauflage in einer neuen Abmischung erscheinen wird und jeder die Erstpressung kostenlos gegen diese Neupressung eintauschen könne (sogar ein neuer Name ist dafür im Gespräch: *NEIL YOUNG'S FIRST ALBUM AGAIN* - diese Idee wird jedoch fallengelassen)!
Neil: "Mann, das will ich nicht nochmal mitmachen, ich möchte 'ne Band zusammenstellen und mit ihr spielen und dann einfach in's Studio gehen und das Ganze aufnehmen."[13]
"... the fault of my first album. It was overdubbed instead of played."[14]
"Meine erstes Album war eine typisches Debütalbum. Ich wollte mir selbst beweisen, daß ich es kann. Und ich schaffte es, dank den Wundern moderner Technik. Dieses erste Album war sozusagen *'Overdub City'.*"[15]

"Diese Album Neil Youngs ... und verschiedener Freunde ist ein sprühendes Vermächtnis BUFFALO SPRINGFIELD's, ihrer Harmonien, ihres atemberaubenden Gesangs und ihrer einfachen und doch kraftvollen Instrumentierung. Besonders deutlich wird Young's Sinn für Melancholie und für eine raffinierte Bildsprache, die er in seinen Texten (die alle abgedruckt sind) verwendet."[16]

Originalcover: 1968

42

1   TROUSER PRESS, Nr. 4/1980

2   *NEIL AND ME*; S.85

3   Neil, ROLLING STONE, 14.8.75

4   Neil, ROLLING STONE, 8.2.79

5   Elliot Roberts in: *CROSBY, STILLS & NASH*; S.58

6   ROLLING STONE, 8.2.79

7   ROLLING STONE, 22.6.68

8   Barry Gifford, ROLLING STONE, 24.8.68

9   Tom Phillips, NEW YORK TIMES, 6.10.68

10 *NEIL AND ME*; S.90

11 *NEIL AND ME*; S.92

12 ROLLING STONE, 8.2.79

13 *NEIL AND ME*; S.102

14 ROLLING STONE, 30.4.70

15 ROLLING STONE, 14.8.75

16 Gary Von Tersch, ROLLING STONE, 5.4.69

1969

"We're four individuals playin' together, don't call us a group and don't call us super."[1]

Januar

RETROSPECTIVE - THE BEST OF BUFFALO SPRINGFIELD erscheint; die Platte wandert in den folgenden 3 Jahren über 400.000 mal über den Ladentisch und wird damit mit weitem Abstand die meistverkaufte BUFFALO SPRINGFIELD-LP.

Neil sieht im 'Whisky' in Los Angeles zum wiederholten Male die ROCKETS spielen:
"Als Neil SPRINGFIELD verließ, suchte er nach einer passenden Rythmusgruppe. Danny (Whitten) kannte ihn ganz gut. Und Neil kam ab und zu mal in Billy's Haus und spielte akustische Gitarre und sang. Wir hatten dann '69 einen Auftritt im 'Whiskey A Go Go' und baten Neil, hinzukommen und mit uns zu spielen, und er hat es auch getan." (Ralf Molina, Drummer der ROCKETS)[2]
"He came in, turned on his guitar, and made some big sounds."
(Billy Talbot)[3]

LP der ROCKETS; 1968

Als Neil merkt, daß er sich mit Whitten, Talbot und Molina hervorragend ergänzt, kann er sie auch sehr schnell davon überzeugen, von nun an für ihn als 'Backingband' zu arbeiten. Dies bedeutet aber gleichzeitig das Ende der ROCKETS: die drei werden zu CRAZY HORSE und der Rest der Gruppe geht von hier ab eigene Wege (Bobby Notkoff spielt aber noch Violine bei 'Running Dry' - bezeichnenderweise 'Requiem For The Rockets' untertitelt - auf Neil's nächster LP *EVERYBODY KNOWS THIS IS NOWHERE*; Gitarrist George Whitsell taucht einige Jahre später bei *ON THE BEACH*'s 'Vampire Blues' wieder auf).

Schnell wird eine kurze *'warm up'*-Tour durch einige Clubs und 'Coffee Houses' in den USA und Kanada organisiert:

28.1.-2.2. Die ersten Konzerte finden im 'Sussex Drive Coffee House' im kanadischen Le Hibou, Ontario, statt:
"Obwohl sein Material ziemlich gleichförmig klang, war die Qualität doch auf so hohem Niveau, daß das nicht ins Gewicht fiel. In seiner Musik steckt viel Poesie, und sie ist sehr geistreich."[4]

4.-9.2. Sechs Abende im 'Riverboat' in Toronto.

12.-17.2. Auftritte im 'Bitter End' in New York City:
"Neil Young zeigte sein beachtliches Talent als Solokünstler im 'Bitter End' am letzten Donnerstag. Young, früher bei BUFFALO SPRINGFIELD, setzte wirkungsvoll eine ganze Reihe von Stilarten ein, von Folk bis Rock. Und seine Stimme kam sogar noch besser zum Tragen als auf seiner Debüt-Solo-LP ...
Zur zweiten Hälfte seines Sets wechselte er an die elektrische Gitarre und wurde von drei Musikern begleitet, die er CRAZY HORSE nannte. Neben seinem Gesang spielte er noch eine exzellente Lead-Gitarre. Zum hervorragenden Gesamteindruck trug schließlich auch noch seine lockerer Plauderton zwischen den Stücken bei."[5]
"Super poster! Bigger than the crowd." (Neil)[6]

Februar Marci McDonald beschreibt in einem Artikel für den TORONTO STAR Neil's Haus im Topanga Canyon:
"Er hat sich eine eigene Welt in diesem unglaublichen Haus auf Stelzen am Rande des Canyons geschaffen, eine Welt aus Dingen, die ihn glücklich machen: hispano-amerikanische Antiquitäten und exotische Felle ... ein Aufnahmestudio, eine Husky-Mischung namens Winnipeg und ein halbes Dutzend Persianerkatzen ..."[7]
Neil in einem Interview mit Gary Kenton: "Ich bin da hinausgezogen und habe geheiratet und habe mich niedergelassen mit allem, was dazugehört, und mag es seitdem, zuhause zu sein. Ich führe ein anderes Leben, das überhaupt nichts mit Rock'n'Roll zu tun hat ... das, glaube

ich, ist ein Grund dafür, daß ich vielleicht etwas anders bin als die Leute, die Rock'n'Roll vierundzwanzig Stunden am Tage leben. Ich glaube, ich habe noch etwas anderes. Ich fühle wirklich, daß ich gerne nach Hause komme ... und wenn ich darüber singe, dann meine ich das wirklich."[8]

März

Nach nur wenigen Wochen der Zusammenarbeit nehmen Neil und CRAZY HORSE Ende des Monats innerhalb weniger Tage 'Cinnamon Girl', 'Down By The River' und 'Cowgirl In The Sand' in Wally Heider's Studio in Hollywood auf - Neil hatte diese drei Songs an einem einzigen Tag, als er mit einer Grippe im Bett lag, geschrieben.

Billy Talbot: "Nachdem wir zusammenkamen, wurde uns langsam die Stärke von zwei Gitarren, Bass und Drums bewußt. Keiner von uns, Neil eingeschlossen, hatte vorher jemals in dieser Besetzung gespielt. Ausgedehnte Gitarrensolos bei 'Down By The River' - er hatte sowas vorher nie gemacht. Wir wußten nicht, daß wir eigentlich etwas ganz Neues machten. Wir wußten nur, daß es uns gefiel. Es geschah einfach."[9]

Und: "Es war nicht nötig, lange rumzudiskutieren ..."[10]

Neil: "Ich erinnere mich, als wir dort oben das erste Mal 'Cinnamon Girl' spielten - wie verdammte Ägypter, die Steine für die Pyramiden durch die Wüste rollen. Wir hatten genau im Kopf, wie das Ganze klingen sollte."[11]

April

CROSBY STILLS & NASH, die Debüt-LP des Trios erscheint.

Jimi Hendrix: *"They're groovy. Yeah. Western Sky Music."*[12]

Neil arbeitet derweilen mit CRAZY HORSE an der Fertigstellung seines nächsten Albums.

12.5.

Im 'Cellar Door' in Washington D.C. startet Neil's erste Tour mit CRAZY HORSE; dort lernt er Nils Lofgren kennen.

23./24.5.

Neil & CRAZY HORSE - mit DEEP PURPLE - im 'Felt Forum' in New York City:

"Irgendwie funkt es zwischen den Vieren und so stehen sie über dem ganzen 'Supergruppen'-Schwindel, wie er heute üblich ist. Gerade die seltene Fähigkeit, erdverbundene aber aufregende Musik zu bieten, wird dieses Quartett stark auf dem Markt machen.

Indem sie musikalisch genauso ökonomisch wie die frühen BEATLES verfahren, lassen sie genügend Freiraum für die Phantasie des Hörers. So sind CRAZY HORSE ein passender Hintergrund für Young als unaufdringlichen Frontmann.

Young ist ein hochbegabter Songwriter, der sich eine solide Mischung aus Kommerzialität und Hipness zu eigen gemacht hat."[13]

1.6.	Cleveland, 'La Cave': Das letzte Konzert der Tournee mit CRAZY HORSE.
Juni	Nur wenige Monate nach Neil's Solo-Debüt wird *EVERYBODY KNOWS THIS IS NOWHERE* veröffentlicht - im Nachhinein wohl als eines der Pionierwerke elektrischen Gitarrenrocks zu bezeichnen, zu jener Zeit jedoch meist noch unterschätzt: "In mehrerlei Beziehung steht es hinter seinem ersten Werk zurück. Young's neues Material ist etwas enttäuschend; nichts auf diesem Album kommt an die schmerzende Schönheit von 'If I Could Have Her Tonight' und 'I've Loved Her So Long' oder den leisen Terror von 'The Old Laughing Lady' heran. Auch sein Gitarrespiel schneidet im Vergleich schlechter ab; die Gefühlsausbrüche des ersten Albums sind hier nur ansatzweise erkennbar. Aber trotz dieser Mängel bietet *EVERYBODY KNOWS THIS IS NOWHERE* reiche Belohnung. Young's Musik macht die fehlenden Feinheiten durch ihre Energie und Zuversicht teilweise wieder wett. Und sein Gesang ist noch immer hervorragend. Man höre sich beispielsweise nur die Überzeugungskraft an, die er dem Titelsong verleiht, einem Song über die Notwendigkeit und gleichzeitige Unmöglichkeit, Los Angeles zu entfliehen ..."[14] "Young's Platte hat viele schöne Stellen, doch leider zeigt sich bei einigen auch die große Gefahr beim Country-Rock: daß man nämlich allzu leicht aus Einfachheit Banales werden läßt."[15]

Juli	Neil: "Eines Tages kam Stephen [Stills] zu meinem Haus und klopfte. Er wollte, daß ich mit ihnen spielte - nicht als Mitglied der Gruppe, sondern so als Art zeitweiliger Gast, in anderen Worten als 'backup'. Vielleicht hatte er das als Kompromiß mit den beiden anderen ausgehandelt. Ich sagte jedenfalls, wenn ich mit ihnen spielen würde, dann nur, wenn mein Name dabei wäre."[16]

Hintergrund war, daß bei der bevorstehenden Tournee von CROSBY, STILLS & NASH insbesondere Stills nicht rein akustisch mit den beiden anderen auftreten wollte:
"Ich denke, die Harmonien und die akustischen Gitarren waren Teil der Show, aber eben nicht die *ganze* Show. Wir mußten auch 'rocken'."[17]
Auch Nash räumt ein: "Wir drei waren noch keine *Band* ... Wir konnten die LP singen, aber wir konnten sie nicht spielen."[18]
Ursprünglich hatte man einen Multi-Instrumentalisten wie Stevie Winwood als zusätzlichen Keyboarder/Bassisten/Drummer im Auge, dieser zeigt jedoch kein großes Interesse.
Schließlich schlägt 'Atlantic'-Chef Ahmet Ertegun Neil vor - und obwohl speziell Graham Nash zuerst garnicht so von dieser Idee begeistert war, endet die Suche mit obigem Besuch von Stills bei Neil und einem zweiten, bei dem auch Crosby und Nash dabei sind.
Crosby später in einem Interview: "Er spielte 'Helpless' und als er es beendet hatte, fragten wir ihn, ob wir in *seiner* Band spielen könnten."[19]

CROSBY, STILLS, NASH & YOUNG, wie sie sich nun offiziell nennen wollen, proben eine Zeit lang mit Bruce Palmer am Bass und Dallas Taylor (der vorher bei CLEAR LIGHT gespielt hatte) am Schlagzeug, entscheiden sich dann jedoch gegen Palmer.
Der meint später: "Ich hatte Probleme mit Crosby und Nash; als ich einmal beim Proben einen Einsatz verpasste, ist Nash gleich rausgerannt. Was immer auch Stephen oder Neil meinten, ich war nicht erwünscht. Das macht mir aber nichts aus, es hat mir sowieso keinen Spaß gemacht. So wie sie Musik machten, kam nicht viel Freude dabei auf; die Stimmung war eher abweisend und distanziert. Sie waren kühl, berechnend und manchmal sogar beleidigend."[20]
Palmer wird durch den jungen 'Motown'-Bassisten Greg Reeves ersetzt.

25.7.   Das für diesen Abend im 'Fillmore East' in New York City vorgesehene erste Konzert von CSN&Y wird abgesagt, weil Graham Nash Probleme mit seinen Stimmbändern hat.

2.8.   Mit CRAZY HORSE beginnen Aufnahmen für Neil's nächstes Album.

11.-15.8.   CSN&Y proben in Stills' Haus in Los Angeles.
"Young sagte, er würde nicht viel Gesang beisteuern - obwohl beim Remixen seiner eigenen [ersten] Solo-LP das Hauptaugenmerk darauf gerichtet wurde, die Stimme, die in dem Mix vor einem Jahr untergegangen war, in den Vordergrund zu rücken.
'Als ich bei SPRINGFIELD war, hielt ich mich zurück,' meinte er. 'Ich war etwas paranoid wegen meiner Stimme. Deshalb habe ich bei meiner ersten LP die Stimme mit Absicht begraben. Die zweite LP stellte sie mehr in den Vordergrund. Ich hatte mehr Selbstvertrauen. Das lag an

der Arbeit mit CRAZY HORSE. Sie hat mir das Selbstvertrauen gegeben. Und deswegen möchte ich auch allein weitermachen. Aber mit der neuen Gruppe werde ich nicht soviel singen. Meistens nur viel spielen'."[21]

16.8. Chicago, 'Auditorium': der erste öffentliche Auftritt von CSN&Y; im Vorprogramm Joni Mitchell.
Dan Fogelberg: "Ich war wirklich sehr beeindruckt und am Tag nach dem Konzert kaufte ich mir eine akustische 'Martin'-Gitarre. Joni und CSN&Y so gesehen zu haben, hatte Auswirkungen auf meine ganze Karriere."[22]

19.8. *WOODSTOCK MUSIC AND ART FAIR* auf dem Gelände von Max Yasgur's Farm in Bethel, New York - gegen 4 Uhr morgens:
"Das ist unser zweiter Gig. Mann, das ist das zweite Mal, daß wir überhaupt vor Leuten gespielt haben! Wir machen uns fast in die Hosen!" - so Stills nach 'Suite: Judy Blue Eyes', mit dem Crosby, Stills und Nash ihren Auftritt eröffnen. Neil's Erscheinen wird dann von Nash mit den Worten *"I'd just like to present the BUFFALO SPRINGFIELD!"* angekündigt.
Vorher war die Band mit dem Helikopter zum Festivalgelände geflogen worden und hatte dann noch etwas Zeit bis zum Auftritt.
Elliot Roberts erzählt: "Ich fuhr mit Neil und Jimi Hendrix in diesem gestohlenen Pick-up. Neil schloß ihn kurz und fuhr herum, mit Hendrix auf der Haube. Jimi Hendrix als Kühlerfigur! Und wir waren alle auf Mescalin oder anderen Trips. Es war verrückt!"[23]
Neil: "Ich erinnere mich daran mehr als an den Auftritt. Ich glaube, mit Hendrix einen Pick-up gestohlen zu haben, ist einer der Höhepunkte meines Lebens."[24]

Als später die Verstärker für die 'elektrischen' Songs des Auftritts (u.a. Neil's 'Down By The River' und 'Sea Of Madness') auf die Bühne gehievt werden, gibt es eine kurze Auseinandersetzung mit den Kameraleuten, da Neil auf keinen Fall gefilmt werden will.

Graham Nash: "Ich habe nie verstanden, warum Neil damit nichts zu tun haben wollte. Es schien, als wollte er mit dem Ganzen nicht einmal in *Verbindung* gebracht werden. Aber wenn du vor vierhunderttausend Leuten spielst, solltest du dir das vorher überlegt haben."[25]

"Ich weiß auch nicht, ich hatte eine wirklich negative Haltung zu all diesen Sachen wie Popfestivals und Woodstock. Ich dachte, das Ganze sei ein Witz und bin zwar hingegangen, aber ich stand nicht dahinter. Es war so riesig und alles - ich wußte nicht, was wir dort sollten, und ich sah all diese Menschen ... Es war nicht so, wie man heute meint. Es war toll für die Leute und sicher auch für eine ganze Reihe der Musiker, aber für mich - ich wußte nicht, was ich dort sollte. Ich weiß es immer noch nicht. Ich erinnere mich noch, daß ich mich kaum hören konnte, als wir spielten, und ich wußte nicht, ob die Leute uns hörten. Ich habe den Film gesehen und ich bin nicht drin vorgekommen, also glaube ich, daß ich dort nicht allzu gut war, ich weiß es nicht." (Neil)[26]

25.-31.8.	Sieben Abende im 'Greek Theatre' in Los Angeles; wieder mit Joni Mitchell im Vorprogramm. Der 'übliche' Live-Auftritt besteht von nun an aus einer akustischen ersten Hälfte, in der jeder der Vier auch zwei oder drei Stücke allein bestreitet, bevor die elektrischen Gitarren herausgeholt werden, sowie Bass und Drums dazukommen. Joni Mitchell: "In den besten Momenten war es dann auf der Bühne zwischen Neil und Stephen wie bei einem Duell zweier Platzhirsche, und es war herrlich anzuschauen ..."[27]
September	Anfang des Monats beginnen die Aufnahmen zu CSN&Y's *DEJA VU* in Wally Heider's Studio in San Francisco. Joni Mitchell bringt ihnen 'Woodstock' bei, jenen Song, den sie in einem Hotelzimmer in New York schrieb, als sie im Fernsehen die Berichte über die nach Bethel eilenden Menschenmassen sah - sie war also selbst garnicht dagewesen und schrieb doch die bekannteste Hymne über das Festival ...
13./14.9.	Zwei Auftritte beim *BIG SUR FOLK FESTIVAL* nahe Monterey (mit Joan Baez, John Sebastian, Joni Mitchell u.a.); 'Sea Of Madness' und 'Down By The River' sind festgehalten in Carl Gottlieb's Dokumentation *CELEBRATION AT BIG SUR*.
19./20.9.	Vier Gigs im 'Fillmore East' in New York City.
22.9.	TV-Auftritt in ABC's *THE MUSIC SCENE*.
30.9.	David Crosby's Freundin Christine Hinton stirbt bei einem Verkehrsunfall mit seinem VW-Bus.

Oktober	Eigentlich sind für Anfang dieses Monats einige Auftritte im 'Fillmore West' in San Francisco - zusammen mit John Sebastian von LOVIN' SPOONFUL - vorgesehen, wegen des Todes von Christine Hinton werden die Gigs jedoch abgesagt.
25.10.	CSN&Y treten bei der *TOM JONES SHOW* auf. Sie spielen 'You Don't Have To Cry' und 'Long Time Gone'.
November	Aufgrund des sich abzeichnenden Erfolgs von CSN&Y wird Neil's Debütalbum wiederveröffentlicht - unter dem alten Titel *NEIL YOUNG*, aber in neuer Abmischung; im Gegensatz zur Ausgabe von Anfang des Jahres jetzt jedoch mit seinem Namenszug auf dem Cover.
13.-16.11.	San Francisco, 'Winterland': die vier ausgefallenen Konzerte von CSN&Y werden nachgeholt. Einige Tage später beginnt eine fünfwöchige Tournee durch die Vereinigten Staaten.
6.12.	Nachmittags ein spontaner Auftritt beim von den ROLLING STONES organisierten Festival in Altamont, California - leider ist davon in dem Film *GIMME SHELTER* nichts zu sehen. Dort wird dann später vor den Augen der gerade 'Sympathy For The Devil' spielenden STONES ein mit einer Pistole fuchtelnder Konzertbesucher von einem der als Ordner eingesetzten 'Hells Angels' vor der Bühne erstochen. Neil: "Das ungewöhnlichste, was ich je auf der Bühne sah, war ein Mord, bei den STONES in Altamont. Ich war auf der Bühne, als das passierte ... *It was the hippy nightmare, right there.*"[28]

Spät abends noch ein Auftritt im 'Pauley Pavilion' der UCLA in Los Angeles - Quelle der ersten 'Bootleg'-LP von CSN&Y, *WOODEN NICKEL.*

21.12. Das abschließende Konzert der *CARRY ON*-Tournee, wie sie genannt wird, im 'Balboa Stadium' in San Diego.

27.12. In einem Artikel von Ben Fong-Torres im ROLLING STONE erklärt Neil u.a., warum er trotz der Erfolge mit CSN&Y auf jeden Fall mit CRAZY HORSE weiterarbeiten will:
"CRAZY HORSE is funkier, simpler, more down to the roots. Ich steh' auf viel Bass und Schlagzeug. Ich denke, die Bass Drum sollte man im Magen spüren. Vergleiche mal *NOWHERE* bei gleicher Lautstärke mit *CROSBY, STILLS & NASH* und du weißt, was ich meine ...
Aber dann hab' ich auch noch eine andere Seite an mir, und die ist vom Technischen her zu anspruchsvoll für CRAZY HORSE - das spiele ich halt dann mit der anderen Band. In mir ergänzen sich beide."
Neil erzählt außerdem, daß er gebeten wurde, sowohl etwas für den Soundtrack des Films *THE STRAWBERRY STATEMENT* beizutragen, als auch für die Musik einer *'Racial comedy'* namens *LANDLORD* (was dann aber von Al Kooper übernommen wird). Außerdem filme er zusammen mit seiner Frau mit seiner neuen 8mm-Kamera und plane, die auf 16mm kopierten Filme später mal im 'Topanga Community House' zu zeigen.
Dort, im Topanga Canyon, möchte er vorläufig auf jeden Fall noch bleiben, momentan richte er sich dort ein 16-Spur-Studio ein; wenn er irgendwann mal wegziehe, dann entweder nach Big Sur oder zurück nach Kanada.

Doch bereits bei Erscheinen des Artikels, wenige Wochen nach dem Gespräch mit Ben Fong-Torres, mißfällt ihm die Situation zuhause: "Es kam soweit, daß jedesmal, wenn ich nach Topanga zurückkam, das Haus voll von Leuten war, die ich überhaupt nicht kannte."[29]
Trouble in Topanga ...

1   David Crosby über CSN&Y; *CROSBY, STILLS & NASH*; S.107
2   MUSICIAN, November 1987
3   SONG TALK, Winter 1991
4   Lee Edwards, OTTAWA CITIZEN, Januar 1969
5   BILLBOARD, März 1969
6   *NEIL AND ME*; S.101
7   *NEIL AND ME*; S.103
8   FUSION, 17.4.70
9   SONG TALK, Winter 1991
10 ROLLING STONE, 8.2.79
11 MUSICIAN, Februar 1991
12 *CROSBY, STILLS AND NASH*; S.90
13 VARIETY, 28.5.69
14 Bruce Miroff, ROLLING STONE, 9.8.69
15 SOUNDS (deutsch), 1970
16 *NEIL AND ME*; S.105
17 *CROSBY, STILLS & NASH*; S.92
18 ROLLING STONE, 27.12.69
19 *CROSBY, STILLS & NASH*; S.93
20 TROUSER PRESS, Nr. 4/1980
21 ROLLING STONE, 9.8.69
22 *CROSBY, STILLS & NASH*; S.99
23 *CROSBY, STILLS & NASH*; S.99
24 ROLLING STONE, 8.12.79
25 *CROSBY, STILLS & NASH*; S.101
26 Interview mit Mary Turner, 1979
27 *CROSBY, STILLS & NASH*; S.103
28 NEW MUSICAL EXPRESS, 7.11.92
29 *NEIL AND ME*; S.106

1970

"I think anybody should know that anything Neil Young steps into is different thereafter, y'know. I don't care if it's a bathroom."[1]

6.1.
Das Jahr beginnt mit einem kurzen Trip nach Europa:
CSN&Y treten in der 'Royal Albert Hall' in London auf.
Obwohl das Publikum begeistert ist, zeigen sich die englischen Kritiker eher reserviert; der OBSERVER spricht gar von einem "mißglückten, witzlosen Langweilerkonzert."[2]
"Die erste Hälfte bestand aus sanfter Akustikmusik und war ganz annehmbar; jeder der Band konnte entweder alleine oder mit einem Partner seiner Wahl spielen ...
Der Höhepunkt war zweifelsohne Neil Young's quälende, einsame Stimme mit genau der richtigen Dosis Vibrato bei 'The Loner' und 'Down By The River'."[3]

9.1.
11.1
Zwei Konzerte in Schweden und Dänemark schließen sich an:
im 'Konserthuset' in Stockholm;
im 'Falkoner Centret' in Kopenhagen.

Ende des Monats wird *DEJA VU* in San Francisco fertiggestellt.

10.2.
Ein Konzert mit CRAZY HORSE in der 'Music Hall' in Cincinnati; am Piano Jack Nitzsche.
Neil: "Er arrangierte 'Expecting To Fly'. Er ist ein Genie. Er hat lange Zeit mit Spector gearbeitet. Und jetzt eben mit uns."[4]
... und 22 Jahre später (Nitzsche arrangiert 'Such A Woman' auf *HARVEST MOON*): "Jack ist einer der modernen Meister. Seine Werke sind zu vergleichen mit Mozart und den Komponisten der Rennaisance. Ich bin immer ganz begeistert, wenn ich etwas habe, wobei mir Jack helfen kann, ich bin immer offen für seine Ideen. Ich arbeite mit ihm seit 'Expecting To Fly' im Jahr 1968."[5]

19.2.
Für Radio KQED in San Francisco nimmt Neil einige Songs mit akustischer Gitarre auf.

März
Weitere Auftritte mit CRAZY HORSE folgen.
"... wohin auch immer er und CRAZY HORSE kamen, eroberten sie das Publikum in kürzester Zeit. Young kriegt nun endlich die Anerkennung,

die ihm seit den frustrierenden Tagen mit BUFFALO SPRINGFIELD zusteht ...
Er scheint mit CRAZY HORSE bestens auszukommen, und umgekehrt passen sie zu seinem Stil besser als jede andere Band, mit der er bisher gespielt hat."[6]

6./7.3. New York City, 'Fillmore East'; im Vorprogramm die STEVE MILLER BAND und das MILES DAVIS QUINTET:
"Miles at the Fillmore. Miles is starting to blow my mind."[7]
"Neil Young hat eine Stimme wie ein Sonnenaufgang, voller Versprechungen, Weisheit und Erfahrung, eine, die dir gut tut, wenn du Licht, Ermutigung und Wärme suchst ... In einer Zeit, in der man nur noch wenig von dem glauben kann, was über Musik und ihre Komponisten und Interpreten verbreitet wird, ist es eine Freude, daß es Neil Young gibt. In welcher Gruppe er auch spielt, er beruhigt die strapazierten Nervenstränge einer auf Geschwindigkeit getrimmten und alleingelassenen Zuhörerschaft ..."[8]

21.3. Neil beendet die Arbeit an den Aufnahmen mehrerer neuer Songs mit CRAZY HORSE (u.a. 'Southern Man', 'After The Goldrush', 'Oh Lonesome Me' und 'Winterlong'):
"Ich vereinfache es jetzt ein bißchen, aber man könnte CSN&Y mit den BEATLES vergleichen und CRAZY HORSE mit den ROLLING STONES. Anders kann ich's nicht ausdrücken - nur daß sie halt Amerikaner sind.
Das ist natürlich ein Unterschied ... Und ich sag dir noch was: die ROLLING STONES sind meine Lieblingsgruppe ...
Ich möchte mit ihnen Platten machen, die keine Hits oder sowas sein müssen - das interessiert mich nicht - ich möchte nur Platten machen, die die Leute noch lange anhören werden."[9]

Ende des Monats erscheint CSN&Y's *DEJA VU*.
"... unglücklicherweise wurde noch wenig von Young's Einflüssen in die Aufnahmen von *DEJA VU* hineingebracht. Trotz Young's fantastischem Gesang und trotz seines hervorragenden Gitarrenspiels unterscheidet sich der Sound von *DEJA VU* nur wenig vom ersten (CSN-) Album. Er ist immer noch zu süß, zu perfekt, zu irreal, zu gut, um wahr zu sein."[10]

Neil: " ... auf dem neuen Album spiele ich bei fünf Songs und bei dreien davon sing ich ... und die haben wir auch nahezu live eingespielt. Wie z.B. meine zwei Stücke 'Helpless' und 'Country Girl', da sang ich die Leadvocals, während ich spielte ... und deshalb klingen meine Sachen auch anders als die mit Overdubbing."[11]

"Im Endeffekt war *DEJA VU* eine CSN-Platte, der ich hinzugefügt wurde; ich sang ein paar Songs von mir und sie begleiteten mich. Aber das ist nicht CSN&Y."[12]

Auch Bill Halverson, der Toningenieur bei *DEJA VU* meinte später: "Neil schien nie ein Teil der Gruppe zu sein ... und nur selten sah man alle auf einmal im Studio."[13]

FUSION, April 1970

30.4. Im ROLLING STONE erscheint das erste große Interview mit Neil, in dem er sich gegenüber Elliot Blinder u.a. zu seinem ersten Soloalbum ("... als ich dann das fertige Master hörte, war ich wie vor den Kopf gestoßen, weil nicht mehr zu hören war, was ich ursprünglich gemacht hatte ..."), zu *EVERYBODY KNOWS THIS IS NOWHERE* ("... wir waren wirklich erst sechs oder sieben Tage zusammen, als wir 'Down By The River' aufnahmen ... wir kannten uns nicht, aber wir fanden es gut, was ablief. Das wollte ich aufnehmen, weil das normalerweise nie aufgenommen wird. Und genau das ist dieses Album, einfach der Anfang ...") und zum Plattenaufnehmen generell äußert:

"Ich weiß nicht, wie ich's erklären soll. Ich versuche Platten in der Qualität zu machen, wie sie in den späten Fünfzigern und Sechzigern gemacht wurden, beispielsweise EVERLY BROTHERS-Platten und Roy Orbison-Platten und ähnliche Sachen ... sie haben diese ganz bestimmte Art, wo der Sänger voll hinter dem Song steht und die Musiker zusammen mit dem Sänger spielen und das Ganze eine Einheit ist. Es war etwas Spezielles, das mich immer fasziniert hat ...

Und über seine nächste Platte meint Neil: "Es wird wirklich *funky* werden, ein richtig dreckiges Album."

Leider wird dieses Album jedoch nie erscheinen, denn noch vor Erscheinen des Interviews trennt sich Neil von CRAZY HORSE - in erster Linie wegen Danny Whitten's Drogenproblemen.
Ralph Molina: "Danny war voll auf dem Drogentrip. Deswegen ist er auch gestorben. Neil hat diesen Song geschrieben , 'The Needle And The Damage Done', mit der Zeile *Came to the city and I lost my band.'* Er hat sich mit uns zusammengesetzt und gesagt, er halte es nicht länger aus."[14]
Fast alle der mit CRAZY HORSE aufgenommenen Songs verschwinden - zumindest vorläufig - in der Versenkung: 'Wondering', 'Big Waves', 'I Need Her Love To Get By', 'Winterlong', 'It Might Have Been' und 'Everybody's Alone' - alles 'old-fashioned' Songs, die er teilweise auf der Tour mit CRAZY HORSE zu Anfang des Jahres gespielt hatte.

Für die Fertigstellung der neuen LP benötigt Neil nun andere Musiker. Er erinnert sich an Nils Lofgren, den er vor einem Jahr in Washington, D.C. im 'Cellar Door' kennengelernt hatte.
Lofgren: "Ich schlich *backstage* im 'Cellar Door'-Club herum und nervte die Leute. Die Band war nicht so begeistert, daß ich da rumhing, aber Neil interessierte sich für mich, gab mir seine Gitarre, und ich spielte ihm quasi die ganze erste GRIN-LP vor. Das hat ihm gefallen. Für die nächsten drei Nächte bekam ich einen Tisch ganz vorn an der Bühne, er gab mir Cheeseburger und Cola aus, und ich konnte ihn ganz aus der Nähe beobachten. Und seither sind wir Freunde."[15]
Neil und CRAZY HORSE wirkten dann auch bei den Aufnahmen für das besagte erste GRIN-Album auf drei Stücken mit.
Jetzt hätte Neil Lofgren jedoch gerne für seine neue LP am Piano gehabt - obwohl der zu jener Zeit eigentlich kaum Klavier spielen kann. Neil sucht jedoch gerade einen Pianisten, der sich auf das Rhythmische zu beschränken weiß und er kennt Lofgren's Fähigkeiten am Akkordeon. Und da die rechte Hand dort das gleiche spielt wie beim Piano, muß er ja 'nur' noch mit der linken üben ... Neil: *"You can play piano!"*[16]
"Bis heute weiß ich nicht, warum er mich bat, dieses Instrument zu lernen." (Lofgren im Jahr 1991)[17]

Neil holt außerdem noch Stephen Stills (der soeben seine eigene erste Solo-LP fertiggestellt hat) und Greg Reeves für die restlichen Aufnahmen in sein Studio im Topanga Canyon.
Nach kurzer Zeit ist *AFTER THE GOLDRUSH*, inspiriert durch ein gleichnamiges Drehbuch von Dean Stockwell & Herb Berman, im Kasten - und das, obwohl Neil's geliebte schwarze 'Les Paul'-Gitarre abhanden gekommen war. Neil: "Ich habe sie in diesen Laden zum Reparieren gebracht, und als ich sie in der nächsten Woche wieder abholen wollte, war der Laden nicht mehr da."[18]

Nils Lofgren erinnert sich an die Aufnahmen: "Nach wenigen Tagen hat alles geklappt ... Er hatte all diese halbfertigen Songs und die wurden nun zu Ende gebracht. Wir benötigten vier Tage für das ganze Album. Es herrschte eine wirklich entspannte und zwanglose Atmosphäre."[19]

12.5.   Auftakt einer neuen Tournee von CSN&Y in Denver. Am Bass nun Calvin 'Fuzzy' Samuels, nachdem Greg Reeves einige Tage zuvor gefeuert worden war. Crosby: "Wir mußten das tun, weil Greg auf einmal dachte, er sei ein Medizinmann der Apachen. Er ist einfach ausgeflippt ..."[20]

13./14.5.   Chicago: Die beiden geplanten Auftritte werden nach heftigen Auseinandersetzungen innerhalb der Gruppe kurzfristig abgesagt; ebenso alle für die nächsten 14 Tage vorgesehenen Termine.
Nach Greg Reeves wird nun auch Drummer Dallas Taylor rausgeschmissen. "Neil dachte, ich würde seine Songs mit Absicht verhunzen. Aber das war überhaupt nicht der Fall. Fuzzy verpatzte einiges, da er die Stücke nicht kannte. Und ich konnte Neil's harte Grooves nie spielen. Er sagte mir nie, was er wollte. Mir wurde immer vorgeworfen, ich könne Neil nicht leiden. Doch ich habe mich wirklich bemüht, ihn zu verstehen, aber das gelang mir nie. Und nach dieser Show in Denver habe ich außerhalb der Garderobe gehört, daß Neil sagte 'Entweder Dallas geht, oder ich'." (Taylor)[21]

Neil fährt nach diesen Turbulenzen mit Crosby und Tourmanager Leo Makota für ein paar Tage nach Pescadero, etwa 30 Meilen südlich von San Francisco, um dort etwas auszuspannen.

19.5.   Am 4. Mai war es an der 'Kent State University' in Ohio wegen des Einmarsches der amerikanischen Streitkräfte in Kambodscha zu Unruhen gekommen; vier Studenten wurden von der 'National Guard' auf dem Campus der Universität erschossen.
Angeregt durch die Berichte darüber schreibt Neil innerhalb weniger Stunden den Song 'Ohio'.
Crosby: "Wir waren oben in Pescadero und ich habe mitgekriegt, wie er's geschrieben hat. Es war nicht so, daß er vorgehabt hätte, einen Protestsong zu schreiben. Eigentlich ist es mehr ein Folksong ...
Er hat sich dieses Thema nicht ausgesucht, es ist einfach in sein Bewußtsein gedrungen, obwohl er damit eigentlich nichts zu tun haben wollte und sehr bemüht war, seinen Kopf für persönliche, angenehme Sachen frei zu halten. Aber es fällt sehr schwer, sowas wie 'Kent State' zu ignorieren."[22]
Neil, laut Crosby: *"I don't know, never wrote anything like this before ... but there it is."*[23]

20.5.   *WOODSTOCK*, der Film, hat Premiere in London. Auch der dazugehörige Soundtrack wird in Form einer Dreifach-LP veröffentlicht; er enthält CSN&Y's 'Wooden Ships' und 'Sea Of Madness'.

21.5.   'Ohio' wird in weniger als einer Stunde in Los Angeles zusammen mit Crosby, Stills und Nash aufgenommen, und ist dann auch binnen zwei Wochen in den Plattenläden - dank der besonderen Unterstützung durch Labelchef Ahmed Ertegun.

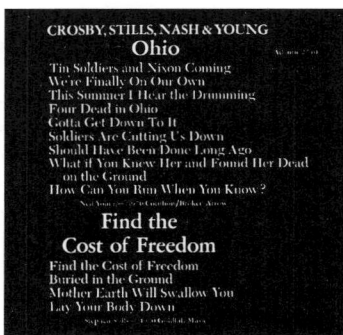 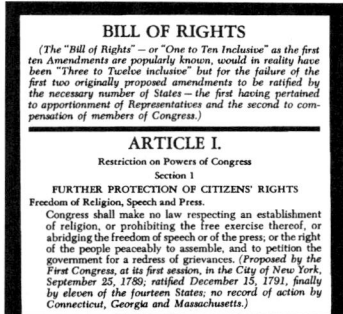

Später, in den 'Liner notes' zu *DECADE*, schreibt Neil: "Aufgenommen völlig live in L.A., David Crosby hat nach dieser Aufnahme geweint." Nach dem Erscheinen der Single bezeichnet Vizepräsident Spiro Agnew Rockmusik als 'antiamerikanisch' ...

29.5.   Boston: die CSN&Y-Tournee wird fortgeführt. Ex-TURTLES-Drummer Johnny Barbata ersetzt Dallas Taylor.

Juni/Juli   Bei den Konzerten in New York ('Fillmore East', 2.-7.6.), Los Angeles ('The Forum', 26.-28.6.) sowie in Chicago ('Auditorium', 4./5.7.) entstehen die Aufnahmen für das spätere Live-Album *4 WAY STREET*.

Crosby euphorisch nach einem Auftritt in Oakland:
"Die Musik war so gut, daß wir die nächsten zehn Jahre wohl jedes Jahr eine Tournee und eine LP machen werden, soweit ich es sehe. Steve und Neil haben sich nach den Shows immer umarmt und die Hände geschüttelt. Und wenn Willie [= Graham Nash] und die anderen es schaffen, daß die beiden so weitermachen ..."[24]

Noch immer vermitteln die akustischen Teile der Konzerte den Zuhörern das Gefühl von *love and peace*; bei den elektrischen Sets jedoch wird immer häufiger die alte Rivalität von Stills und Neil bemerkbar. Mal verlängert Stills ein Gitarrensolo in Neil's Gesangsteil hinein, mal dreht Neil mitten während Stills' Gesang den Verstärker auf, und in der Garderobe geraten beide nach den Konzerten nicht nur einmal handgreiflich aneinander.

Konzertplakat,
Portland, Oregon,
16.6.70

9.7.   Letzter Auftritt der Tour in Minneapolis.
Ein großes Dinner zum Abschluß - und die Wege aller Beteiligten trennen sich.
Elliott Roberts: "Ich habe das Auseinanderbrechen von CSN&Y vom ersten Tag an kommen sehen. Es war eine Kombination von vier sehr guten Songschreibern und sehr starken Individualisten. Und ich wußte, daß es nicht allzu lange dauern würde, bis Neil mit seinen eigenen Sachen mehr als genug zu tun haben würde."[25]
Crosby inspirieren die Ereignisse während der Tournee zu dem 'Cowboy Song' auf seiner ersten Solo-LP *IF I COULD ONLY REMEMBER MY NAME*. Einige Jahre später kommentiert er das vorläufige Ende von CSN&Y mit den Worten: "Wir sind alle vier verdammt Schuld daran."[26]
Ein Film über die gesamte Tournee - mit all den großen musikalischen Momenten, aber auch den Auseinandersetzungen untereinander - wird nicht veröffentlicht.

August   Neil nimmt mit Nash und Crosby 'Music Is Love' für Crosby's Solo-LP auf.

20.8.   Er besucht im 'Whisky A Go Go' in Hollywood ein Konzert von Little Richard.

Ende des Monats begleitet Neil Joni Mitchell zum Festival auf der Isle Of Wight; einen geplanten Soloauftritt unterläßt er, nachdem Mitchell ausgebuht wird.

September Der Soundtrack zu *THE STRAWBERRY STATEMENT* (deutsch: *BLUTIGE ERDBEEREN*), einem Film von Stuart Hagman über die Studentenunruhen in Berkeley, wird veröffentlicht; er enthält Neil's (bereits veröffentlichte) Stücke 'The Loner', 'Helpless' und 'Down By The River'.

Oktober *AFTER THE GOLDRUSH* erscheint - und ist bereits vor Erscheinen in den USA 'vergoldet'.

'Only Love Can Break Your Heart' wird als Single ausgekoppelt und Neil's erster 'Top 40'-Hit (sie erreicht Platz 33).

Die LP erscheint ursprünglich mit einem Textblatt (geschrieben in Neil's spezifischer, nicht leicht zu entziffernder Handschrift), das ganz unten eine unkommentierte Liste von 9 Songs enthält, von denen nur zwei auf der Platte selbst erscheinen - ein Hinweis auf die Aufnahmen mit CRAZY HORSE vom Beginn des Jahres.

Bei den Kritikern ist das Werk umstritten:
"Der brilliante Kanadier, von einer immer größer werdenden Zahl amerikanischer Bewunderer als ein größeres Talent als Crosby, Stills und Nash zusammen betrachtet, wird ohne Zweifel zu einem der Giganten der Siebziger werden ...
GOLDRUSH, sein drittes Soloalbum, ist bis heute sein gelungenstes Werk und präsentiert sein Talent so, wie es unzweifelhaft am besten zur Geltung kommt - mit vorwiegend akustischer Begleitung."[27]
"Neil Young-Anhänger werden sich in den kommenden paar Wochen verzweifelt einzureden versuchen, daß *AFTER THE GOLDRUSH* gute Musik sei. Aber da machen sie sich was vor. Denn trotz der Tatsache, daß das Album auch potentiell erstklassiges Material enthält, ragt keiner der Songs aus der einförmig trägen Oberfläche heraus ... Dieser Kuchen ist nur halb gebacken; zu früh wurde er der Öffentlichkeit vorgesetzt."[28]
"Er vermag es, 'poetische' Texte zu schreiben, ohne dabei in Banalitäten zu verfallen, sogar wenn es um Ökologie oder den Zusammenbruch eines Weltreichs geht. Und trotz seiner hohen Stimme rockt er ganz schön. Eine wirkliche Rarität: *pleasant and hard at the same time.*"[29]
"Was die TWEN-Plattenbesprechung als ungeheuren emotionalen Reichtum der Musik schmackhaft zu machen versucht, kann man ebensogut als ziemlich aufdringliche Sentimentalität empfinden ... Eigentlich erreicht nur 'Southern Man', das längste Stück des Albums, das musikalische Niveau der ersten beiden Soloplatten."[30]

"Die schmerzliche Realität des Erwachsenwerdens, in einem Alter und in einer Zeit des Traums von ewiger Jugend, bildete das grundlegende Thema von Young's ersten drei Soloalben, einer Trilogie, die in *AFTER THE GOLDRUSH* gipfelte, vielleicht der Quintessenz aller Folk-Rock-Soloplatten um die Wende des Jahrzehnts." (Stephen Holden, 1974)[31]

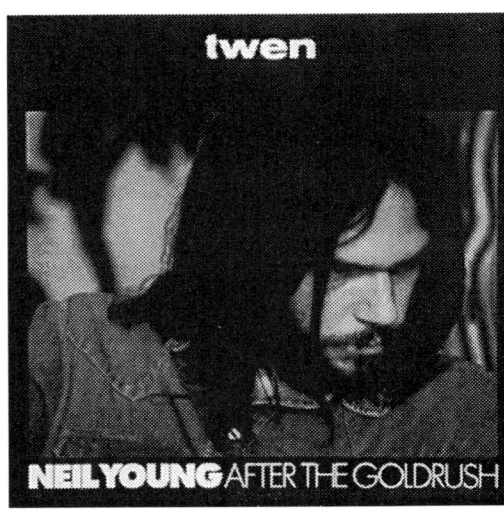

Deutsche Originalausgabe von AFTER THE GOLDRUSH

Neil: "Eine Menge harter Arbeit steckte da drin. Alles war vorhanden. Sie vermittelte ein starkes Bild. *AFTER THE GOLDRUSH* war der Geist von Topanga Canyon."[32]

Dort ist Neil inzwischen jedoch ausgezogen. Die Ende 1969 bereits spürbaren Probleme hatten sich zugespitzt, schließlich kommt es zur Scheidung von seiner Frau.
Er zieht ins Hotel 'Chateau Marmont' in Los Angeles, bis er schließlich eine alte Ranch, südlich von San Francisco in der Nähe von La Honda gelegen, erwirbt. Er zahlt dafür $340.000 in bar, "weil ich nicht sicher wußte, wie lange das gut gehen würde. Ich fühlte mich nicht sicher, deswegen wollte ich das gleich erledigen." (Neil einige Jahre später gegenüber seinem Vater)[33]
Neil nennt sie 'Broken Arrow Ranch', richtet sich dort ein Studio ein und beginnt bald mit einer eigenen Büffelzucht.

Zu den zwischenmenschlichen Problemen kommen jedoch auch noch gesundheitliche Schwierigkeiten: Neil muß sich nach anhaltenden

Rückenschmerzen einer Bandscheibenoperation unterziehen. Nur noch im Sitzen oder Liegen kann er längere Zeit eine Gitarre spielen.
Neil: "Lange Zeit mußte ich auf dem Rücken liegen. Das hat auch meine Musik beeinflußt. Mein ganzer Geist lag darnieder."[34]
"... Ich nahm 'ne Menge Drogen - mußte sie nehmen, um liegen bleiben zu können. Ich stand auf Soma-Verbindungen[35] - klingt hart, nicht wahr? ... *Horizontal Hero*, 12 Stunden am Tag. Ich hatte nichtmal 'nen Fernseher zu der Zeit. Ich war einfach weg - ich nahm Drogen und blieb liegen."[36]

November

Stephen Stills' erste Solo-LP *STEPHEN STILLS* erscheint; darauf u.a. ein Stück mit dem Titel 'We Are Not Helpless'. "Das ist *keine* Antwort auf Neil's 'Helpless' oder eine Veräppelung. Die Zeile *'We Are Not Helpless / We Are Men'* stammt aus dem Buch *FAILSAFE*." (Stills)[37]

Neil lernt in Los Angeles die Schauspielerin Carrie Snodgrass kennen, die er anrief, nachdem er sie in dem Film *DIARY OF A MAD HOUSEWIFE* (deutsch: *TAGEBUCH EINES EHEBRUCHS*) gesehen hatte.

21.11.

Neil zum ersten Mal auf dem Titelblatt des MELODY MAKER: Anlaß ist ein ursprünglich geplanter Auftritt in der 'Royal Festival Hall' in London, der kurzfristig auf Februar des kommenden Jahres verschoben wird.

30.11.

Bis zum 7.12. bestreitet Neil trotz seiner Rückenbeschwerden einige akustische Konzerte in Washington, D.C. und New York.

4./5.12.

New York City, 'Carnegie Hall':
Neil: "In der 'Carnegie Hall' mußt du gut sein. Das Geld, das du dafür kriegst, ist unwichtig. Ich würde es umsonst machen. In der 'Carnegie Hall' zu spielen - das ist das Wichtige."
Die beiden Konzerte zählen zweifelsohne zu den frühen Höhepunkten seiner Solo-Karriere - auch wenn er am zweiten Abend während 'Nowadays Clancy Can't Even Sing' wegen eines leichten epileptischen Anfalls die Bühne verlassen muß (*"I can't do it, folks ..."*) und erst nach einer kurzen Pause zurückkommen kann.
Neil präsentiert eine wohldurchdachte Mischung seiner Songs, von BUFFALO SPRINGFIELD-Stücken bis hin zu seinem neuesten, dem bis heute unveröffentlichten 'Bad Fog Of Loneliness'.
Ein begeisterter Jack Nicholson backstage: *"You sold out Carnegie Hall, man. You sold out!"*[38]

1   David Crosby, ROLLING STONE, 23.7.70

2   THE OBSERVER, 8.1.70

3   Chris Welch, MELODY MAKER, Januar 1970

4   FUSION, 17.4.70

5   NEW MUSICAL EXPRESS, 7.11.92

6   John Morthland, ROLLING STONE, 30.4.70

7   Neil vor dem Konzert; FUSION, 17.4.70

8   Robert Greenfield, FUSION, 17.4.70

9   FUSION, 17.4.70

10 P. Hoffer, SOUNDS (deutsch), 1970

11 ROLLING STONE, 30.4.70

12 BAM, 22.4.88

13 *CROSBY, STILLS & NASH*; S.111

14 MUSICIAN, 11/1987

15 VOX, Juni 1991

16 *NEIL AND ME*; S.108

17 VOX, Juni 1991

18 ROLLING STONE, 8.2.79

19 MELODY MAKER, 24.11.73

20 *CROSBY, STILLS & NASH*; S.124

21 *CROSBY, STILLS & NASH*; S.126

22 ROLLING STONE, 23.7.70

23 ROLLING STONE, 25.6.70

24 ROLLING STONE, 23.7.70

25 *CROSBY, STILLS & NASH*; S.136

26 ROLLING STONE, 29.8.74

27 Nick Logan, NEW MUSICAL EXPRESS, Oktober 1970

28 Langdon Winner, ROLLING STONE, 15.10.70

29 Robert Christgau, *CHRISTGAU'S RECORD GUIDE*, New Haven 1981; S.435

30 Michael Wallossek, SOUNDS (deutsch), 1970

31 ROLLING STONE, 26.9.74

32 ROLLING STONE, 14.8.75

33 *NEIL AND ME*; S.109

34 ROLLING STONE, 8.2.79

35 *"Soma, divine mushroom of immortality ..."* (R.G. Wassons)

36 MUSICIAN, Feb. 1992

37 ROLLING STONE, 4.3.71

38 beide Zitate: BROKEN ARROW 17 (1984)

1971

"... Neil Young is the most magic person you or I are ever likely to see."[1]

"Neil Young will be a colossus of music in the seventies."[2]

Januar   Neil setzt seine Solo-Auftritte fort, obwohl er wegen seiner Rückenbeschwerden ein Stützkorsett tragen muß:
"... das wird mich nicht davon abhalten, die Tour zu machen ... ich will sie wirklich durchziehen. Ich habe drei Tourneen mit CRAZY ᐧHORSE gemacht, zwei mit der größeren Band [CSN&Y], und jetzt möchte ich das Ganze abrunden. Ich will zurück zu den Wurzeln, mein eigenes Ding machen, und dann werde ich ein Jahr lang Pause machen vom Touren."[3]
Danny Whitten: "Neil liebt es, in Bands zu spielen, aber eigentlich ist er ein Solokünstler. Ich glaube nicht, daß er jemals lange in irgendeiner Gruppe spielen wird. Im Grunde seines Herzens weiß er, daß er die Sache alleine machen muß."[4]
Und: "Er ist einer der nettesten Menschen der Welt, aber er kann manchmal wirklich stur sein. Wenn er irgendetwas unbedingt will, kann ihn nichts davon abhalten."[5]

Dem englischen NEW MUSICAL EXPRESS erzählt Neil von anstehenden Filmplänen und von einem vierten Soloalbum, das bald erscheinen soll:
"Es wird ein Doppelalbum sein, mein erstes. Es ist eine Chronologie meiner Songs, beginnend mit den BUFFALO SPRINGFIELD-Tagen. Alle Tracks werden live sein, zusammengestellt aus Material, das wir vor einigen Wochen in der 'Carnegie Hall', im 'Cellar Door' in Washington und mit CRAZY HORSE im 'Fillmore' aufgenommen haben.
Das Album wird aus 15 Songs bestehen, drei davon sind mit CRAZY HORSE. Sieben der Songs sind völlig neu. Ich habe das Album auf einem Cassettenrecorder zusammengestellt, als ich im Krankenhaus lag. Die LP wird ein Bild abgeben von dem, was ich in den letzten vier Jahren getan habe. Das fünfte Album wird dann die Filmmusik sein."[6]
Das hier erwähnte 'vierte' Album wird nie erscheinen; eine Begründung für das Fallenlassen dieser Idee - im Grunde eine Art Vorläufer von *DECADE* aus dem Jahre 1977 - bleibt Neil schuldig.

22.1.   'Shakespeare Theatre', Stratford, Connecticut:
Das Konzert wird von Wim van der Linden für eine Dokumentation des
Westdeutschen Rundfunks, *SWING-IN MIT NEIL YOUNG*, gefilmt.

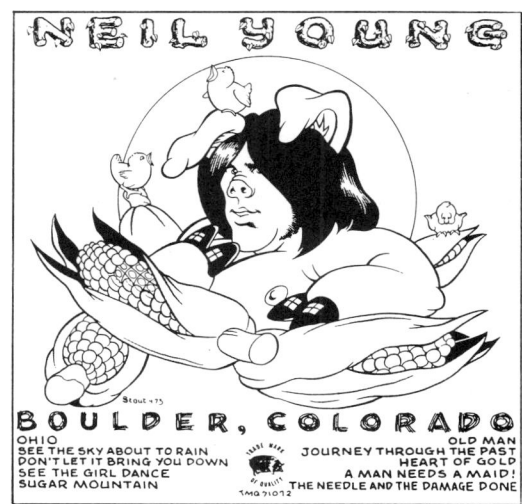

Bootleg-LP des
Konzertes vom
27.1. in Boulder,
Colorado.

30.1.   Los Angeles, 'Royce Hall':
An diesem Abend wird die später veröffentlichte Version von 'The
Needle And The Damage Done' mitgeschnitten.

1.2.   Letzter Auftritt der Tour im 'Dorothy Chandler Pavillion' in Los Angeles
mit Rambling Jack Elliott im Vorprogramm - alle Tickets waren im
Vorverkauf binnen zwei Stunden weg.
Eine Zeitung schreibt, Neil's Crew gleiche einer Horde mexikanischer
Banditen aus der Zeit um die Jahrhundertwende ...
"... sobald er auf der Bühne erschien, war die Menge aufmerksam und
zugänglich ... Neil Young hat soviel Musik zu bieten, daß er wirklich die
volle Entfaltungsmöglichkeit als Solokünstler verdient, anstatt durch
eine Gruppe eingeschränkt zu werden."[7]
"In fast allen seiner Songs klingt Young's Stimme geradezu schmerzhaft
verzweifelt und die Instrumentierung ist beeindruckend intensiv. Seine
Lieder bewegen sich zwischen Ausgeglichenheit, Hoffnung und tiefer
Verzweiflung ...
Trotz seiner kraftvollen Instrumentierung und der zerbrechlichen
Verzweiflung in seiner Stimme besitzt Young's Musik eine Art
hypnotischer Sanftheit, die in der heutigen Musikszene völlig einzigartig
ist ... am besten könnte man seine Musik wohl als *hard folk*
bezeichnen."[8]

5.2.	Für eine Aufzeichnung von *JOHNNY CASH ON CAMPUS* fliegt Neil nach Nashville. In der Vanderbuilt University, wo die Aufnahmen stattfinden, spielt er 'The Needle And The Damage Done' und 'Journey Through The Past'.
6.-8.2.	Neil nutzt die Gelegenheit zu Aufnahmen in den 'Quadrofonic Sound Studios' in Nashville. Die Sessionmusiker Tim Drummond (der bereits bei James Brown und Conway Twitty am Bass gespielt hatte), Kenny Buttrey, Ben Keith (der Beginn einer langen Freundschaft ...) und Jack Nitzsche bilden die STRAY GATORS, mit denen er 'Heart Of Gold', 'Old Man' und 'Bad Fog Of Loneliness' aufnimmt - *'additional vocals'* von Linda Ronstadt und James Taylor, die ebenfalls für *JOHNNY CASH ON CAMPUS* in Nashville weilen.

Produzent Elliot Mazer über Neil und diese Sessions:
"Von all den Künstlern, mit welchen ich gearbeitet habe, ist er der einzige, der eben nicht nur ein großartiger Künstler, sondern auch ein unglaublicher Arrangeur ist. Gewöhnlich spielt er einen Song erst vor, wenn er völlig fertig ist, und ein Song verändert sich ab diesem Punkt kaum mehr. Er besitzt eine erstaunliche Fertigkeit, Stimmungen zu erzeugen, seien es zarte Romantik oder Hass, Gewalt, Angst oder Abscheu."[9]

17.2.	Ausstrahlung von *JOHNNY CASH ON CAMPUS*.
20.2.	Neil fliegt mit Jack Nitzsche und einer kleinen Crew nach London.
23.2.	Ein etwa einstündiger Auftritt im Fernsehstudio der BBC für eine Folge von *IN CONCERT*, der später für die Ausstrahlung im April auf 30 Minuten gekürzt wird.

Neil beginnt mit dem neuen 'Out On The Weekend', spielt dann u.a. 'Old Man', 'I Am A Child', 'Love In Mind' und beendet den Set mit 'Dance, Dance, Dance':
"Solo ist seine Stimme klar und deutlich, seine Songideen sind kurz und auf den Punkt gebracht. Er besitzt die Fähigkeit, mit einfachen Worten Geisteshaltungen auszudrücken, die (auf die eine oder andere Weise) von vielen Menschen geteilt werden, sodaß man sich manchmal fragt, warum noch kein anderer diesen Song vorher geschrieben hat."[10]

27.2.	Solokonzert in der 'Royal Festival Hall'.

Neil kündigt einen neuen, erst in der Nacht zuvor im Hotel geschriebenen Song mit dem Titel 'Harvest' spontan als das Titelstück seiner nächsten LP an.
"Ich habe erkannt, wieviel Kommunikation man doch mit dem Publikum erreichen kann. Dieser Auftritt in der Festival Hall war eine der besten Sachen, die ich je gemacht habe." (Neil)[11]

Into London and into hiding, yet the NME brings you the exclusive non interview NEIL YOUNG never gave! - so die Überschrift des NEW MUSICAL EXPRESS vom 27.2. zu einem Artikel Allan McDougall's, dem Neil ein Interview verweigert hatte.

McDougall: "Trotzdem ist er ein guter Mann, und ich bin mir sicher, daß alles, was er der Öffentlichkeit mitzuteilen hat, in seinen Songs zu hören ist."

McDougall berichtet auch, daß für Neil eine sehr teure Suite in einem Hotel am Grosvenor Square gemietet worden war. "Ihre Nachbarn sind König Hussein, Raquel Welch und Michael Caine," bemerkt der Portier diensteifrig bei Neil's Ankunft - woraufhin dieser sofort zurück in seine Limousine klettert und nach einer etwas weniger exklusiven Bleibe verlangt:

"Wer auch immer diesen Platz für mich ausgesucht hat, sie haben jedenfalls nie richtig meinen Songs zugehört - sonst würden sie wissen, daß das nichts für mich ist. Ich bin nicht der König von Jordanien."

Das Echo in der englischen Musikpresse auf das Konzert in der 'Royal Festival Hall':

"... ein Konzert, wie man es sich besser nicht hätte wünschen können. Der unausweichliche Vergleich war, denk ich, mit dem Dylan von '65 ... Während der alte Dylan aber magnetisierend, hypnotisch wirkte, entrückt und doch faszinierend, war Neil Young am letzten Samstag in der Royal Festival Hall ein alter Freund, der gekommen war, um uns ein paar Lieder vorzuspielen ...

Live, allein und nur mit einer Gitarre und einem Piano, besticht die auf das Wesentliche beschränkte Einfachheit von Neil's Songs ... Seine Texte, und seine Melodien, entsprechen genau dem, was er ausdrücken will und ufern nicht aus. Nicht viele können das heutzutage." (Richard Williams)[12]

"Neil Young persönlich zu sehen, brachte eine Wärme in seine Songs, die ich vorher nur zur Hälfte gespürt hatte. So gelang es ihm schnell, eine Beziehung zu seinem Publikum schaffen, was sich auch am Schluß zeigte, als dieses eine Viertelstunde lang schrie und stampfte, bis er zu einer zweiten Zugabe zurückkam." (Steve Peacock)[13]

"In der Minute, als die schlaksige, lässig gekleidete Figur über die nur schwach beleuchtet Bühne zum Piano und den drei Gitarren trottete, die in der Mitte auf einem Teppich plaziert waren, und mit einer wortlosen, würdevollen Bewegung eine Gitarre nahm und unmittelbar mit seiner ersten Nummer begann, da war *magic in the air* ..." (Nick Logan)[14]

"Neil Young ist zweifelsohne der stärkste und interessanteste Singer/Songwriter seit langem ... Wenn jemand wie Neil Young auftaucht, kopiert der keinen anderen oder übernimmt gar dessen Rolle, er fügt vielmehr dem, was wir kennen, eine neue Dimension hinzu." (Steve Peacock eine Woche später)[15]

1.-3.3. Mit dem LONDON SYMPHONY ORCHESTRA werden 'A Man Needs A Maid' - "Einige Leute meinten, es wäre überproduziert, aber Bob Dylan sagte mir, es sei eines seiner Lieblingsstücke! Ich hörte mehr auf Bob."[16] - und 'There's A World' unter der Regie von Jack Nitzsche in der 'Barking Town Hall' für das nächste Album eingespielt.

April CSN&Y's Doppel-LP *4 WAY STREET* erscheint - live aufgenommen im Vorjahr in Chicago, New York und Los Angeles.
Mitte Mai ist das Album die Nr. 1 der amerikanischen LP-Charts.
"Das Album verdeutlicht klar ihre Grenzen als eine Gruppe, aber Crosby, Stills, Nash und Young sind allesamt zweifellos talentierte Künstler, und *4 WAY STREET* ist - besonders, weil sie sich nicht gegenseitig im Weg stehen - sicherlich ihr bislang bestes Album."[17]
"Eine Zeit lang schien es, CSN&Y wären die amerikanischen BEATLES und Young wäre ihr John Lennon, der besessene, ein bißchen exzentrische Rocker, der der Gruppe ihr Profil verlieh ... Aber CSN&Y zerstörten sich selbst."[18]
"Wir waren nie eine Gruppe im üblichen Sinne. Wir sind nur vier Typen, die von Zeit zu Zeit zusammenkommen, um Platten und Auftritte zu machen. Und es wird wieder eine Zeit kommen, wo wir uns anrufen und einer sagt, 'Ich hab' da einen netten Song, den wir mal live spielen sollten', oder 'Hey, ich hab' was für unser nächstes Album geschrieben'." (Graham Nash)[19]

Neil nimmt im Laufe des Monats mit den STRAY GATORS auf seiner Ranch u.a. 'Harvest' und 'Out On The Weekend' für das neue Album auf.

Mai Er arbeitet in Nashville weiter an *HARVEST*, obwohl die Schwierigkeiten mit den Bandscheiben wieder größer werden.

Eine anstehende Tournee mit CRAZY HORSE muß deswegen auch abgesagt werden.

Juli Graham Nash's erste Solo-LP *SONGS FOR BEGINNERS* erscheint. Unter dem Pseudonym 'Joe Yankee' ist Neil darauf bei den Stücken 'Better Days' und 'Man In The Mirror' am Piano zu hören.

11.8. Erneute Rückenoperation.
Neil: "Zwischen *AFTER THE GOLDRUSH* und *HARVEST* bin ich zwei Jahre lang in Krankenhäusern ein- und ausgegangen ... Ich konnte meine Gitarre nicht mehr halten. Deshalb habe ich während der ganzen Solotour im Sitzen gespielt. Ich konnte mich kaum bewegen, deswegen habe ich mich auch für längere Zeit auf meine Ranch zurückgezogen und hatte keine Kontakte mehr nach außen. Ich habe auch ein Stützkorsett getragen. Eines Tages, als Crosby kam, um nach mir zu schauen, machten wir einen Spaziergang und ich brauchte 45 Minuten bis zum Studio, das nur 400 Yards vom Haus entfernt ist. Ich konnte nur vier Stunden am Tag stehen. So habe ich den größten Teil von *HARVEST* in dem Stützkorsett aufgenommen. Eben deswegen ist es ein so mildes Album. Ich konnte schon rein körperlich keine elektrische Gitarre spielen. 'Are You Ready For The Country', 'Alabama' und 'Words' wurden alle erst nach der Operation aufgenommen."[20]

Er verbringt auch die meiste Zeit nach der Operation auf der Ranch und beginnt, an einem neuen Filmprojekt zu arbeiten - mit dem Titel *JOURNEY THROUGH THE PAST*.

August Crosby & Nash beginnen eine USA-Tournee; ab und zu spielt auch Stephen Stills am Schluß eine halbe Stunde mit den beiden, im weiteren Verlauf - so im September in Boston - wird auch Neil ein paarmal dazustoßen.

September Die ursprünglich für diesen Monat geplante Veröffentlichung von *HARVEST* wird wegen Neil's Operation und den dadurch entstandenen Zeitproblemen verschoben.
Neil überarbeitet in seinem Studio auf der Ranch einige der für das Album vorgesehenen Songs.

26./27.9. Neil filmt die Aufnahmearbeiten von 'Alabama' und 'Words' auf seiner Ranch. Ausschnitte sind später in *JOURNEY THROUGH THE PAST* zu sehen.

4.10. New York, 'Carnegie Hall': ein weiteres Konzert von Crosby und Nash mit einem Gastauftritt von Stills und Neil.

"Es gab ein paar falsche Anfänge und zwischendurch wurde auch mal eine Strophe vergessen, aber das störte niemanden, denn die Stimmung war riesig. Sie sangen 'Helpless', 'Triad', 'Chicago' und 'Ohio'; die Leute stampften und johlten während der Songs und riefen schon nach ihren Lieblingnummern, wenn das vorherige Stück noch garnicht zuende war."[21]

"Crosby, Stills, Nash & Young - nur mit akustischen Gitarren - sangen ihre alten Songs, so wie sich ehemalige Zimmergenossen vom College Geschichten in der Eckkneipe erzählen. *The magic hadn't died.*"[22]

Ein paar Tage später in Berkeley noch ein Auftritt Neil's mit Crosby und Nash (diesmal allerdings ohne Stills), bei dem er seinen neuen Song 'Alabama' vorstellt.
Spontane Pläne, Aufnahmen dieser gemeinsamen Konzerte als Live-LP zu veröffentlichen, werden später leider verworfen.

Promo-LP; 1971

Dezember   Ein weiterer Veröffentlichungstermin für *HARVEST* verstreicht.
Neil ist auf der Suche nach dem richtigen Material für das Plattencover: er möchte eine biologisch sich selbst abbauende Substanz, um dadurch Abfall vermeiden zu helfen ...

1   Allan McDougall, NEW MUSICAL EXPRESS, 27.2.71

2   Nick Logan, NEW MUSICAL EXPRESS, 6.3.71

3   NEW MUSICAL EXPRESS, 9.1.71

4   *NEIL AND ME*; S.115

5   NEW MUSICAL EXPRESS, 9.1.71

6   NEW MUSICAL EXPRESS, 9.1.71

7   Allan McDougall, NEW MUSICAL EXPRESS, 27.2.71

8   Robert Hilburn, LOS ANGELES TIMES, 2.2.71

9   TROUSER PRESS, 4/1980

10   Geoffrey Cannon, RADIO TIMES, April 1974

11   MELODY MAKER, 25.8.73

12   MELODY MAKER, 6.3.71

13   SOUNDS, 6.3.71

14   NEW MUSICAL EXPRESS, 6.3.71

15   SOUNDS, 13.3.71

16   Neil, TROUSER PRESS, 4/1980

17   George Kimball, ROLLING STONE, 27.5.71

18   James Henke, ROLLING STONE, 2.6.88

19   ROLLING STONE, 4.3.71

20   ROLLING STONE, 14.8.75

21   Tim Cahill, ROLLING STONE, 11.11.71

22   *CROSBY, STILLS & NASH*; S.153

1972

"Just a shot away: Expecting, happily, are Neil Young and Carrie Snodgress, about six months from now."[1]

Februar

Endlich erscheint *HARVEST* - auch wenn die Plattenfirma den Wunsch nach dem 'Bio-Cover' nicht ganz erfüllen konnte (oder wollte), so wird die LP doch immerhin in einer unlackierten Hülle ausgeliefert. Im Laufe des Jahres wird sie in den USA zum meistverkauften Album. Bei einigen Kritikern findet sie jedoch keine Gnade:
"Bei dem Versuch, seine Unfähigkeit zu vertuschen, eine gute Kopie seiner selbst zustandezubringen, beschwört Neil Young nahezu alle der bei L.A.'s Superstars üblichen langweiligen Klischees ... Man sollte (mit Bedauern) erwähnen, daß keines der auf *HARVEST* mit einem Symphonieorchester eingespielten Stücke in punkto Produktion oder allgemeiner emotioneller Kraft auch nur annähernd an 'Expecting To Fly', von 1967, heranreicht ... nur eine frohe Nachricht bleibt: Neil singt noch immer schrecklich schön, und oft sogar richtig bewegend. Generell scheint er jedoch vergessen zu haben, was seine Musik einst so einzigartig interessant und herausfordernd gemacht hatte und so ist er nur noch einer unter vielen nett-singenden Solo-Superstars."[2]

"Seine Lieder dokumentieren jene Geisteshaltung des isolierten und introvertierten Großstädters, der seine reale Situation mit ihrer Verklemmung und Kommunikationsschwierigkeit durch den Traum von einer goldenen Zukunft zu ignorieren sucht ...
So alte Hüte wie das Problem des gegenseitigen Vertrauens, des Altwerdens und immer wieder Reflexionen auf die eigene Person im

Verhältnis zur Umwelt sind weitere Themen des Youngschen Repertoires ... Um aber seine Musik überhaupt ansatzweise erfassen zu können, bedarf es beim Hörer der gleichen emotionalen Voraussetzungen, mit anderen Worten: Man muß sich Romantik, Sentimentalität und einen guten Schuß Schwachsinn bewahrt haben ... *HARVEST* liegt im Niveau noch unter *AFTER THE GOLDRUSH* und ist nur rührseligen Heimchen zu empfehlen."[3]

Neil selbst meint dagegen: "Ich war halt zur richtigen Zeit am richtigen Ort, um eine wirklich ruhige, aufrichtige Platte zu machen, denn genauso war mein Leben damals ... Ich glaube, *HARVEST* war die schönste Platte, die ich je gemacht habe, aber für mich ist das wirklich ein einschränkender Begriff. Sie ist wirklich 'schön' ... aber damit hat sich's auch."[4]

März

Die Single-Auskopplung 'Heart Of Gold' wird Neil's einzige Nr.1 in den amerikanischen Charts:
"Mit diesem Song landete ich sozusagen mitten auf der Straße. Dort zu fahren, wurde aber sehr bald langweilig und so fuhr ich im Graben weiter. Etwas anstrengender, aber ich traf dabei die interessanteren Leute."[5]

Bob Dylan meint 1985 in einem Interview:
"Ich haßte es, wenn ich es im Radio hörte; ich sagte mir: 'Shit, das bin doch ich. Wenn es klingt wie ich, dann sollte es auch ich sein.'"[6]

Mai

Um die Antikriegskampagne von Präsidentschaftskandidat George McGovern zu unterstützen, schreibt Neil den 'War Song' (*"There's a man says he can put an end to war ..."*). Er nimmt ihn zusammen mit Graham Nash und den STRAY GATORS auf und veröffentlicht ihn auf Single als 'Neil Young and Graham Nash'.

Nash: "Er hätte ihn natürlich auch als seinen eigenen Song herausbringen können. Es war eine nette Geste von ihm, daß er meinen Namen mit dazunahm."[7]

In der nächsten Zeit arbeitet Neil hauptsächlich an seinem Filmprojekt: "Es ist ziemlich persönlich, ein Versuch, über mein Leben in den letzten paar Jahren - und jetzt - zu erzählen."[8]

16.7. Neil's einziger 'regulärer' Auftritt des ganzen Jahres beim 'Mariposa Folk Festival' in Toronto, Canada.
Er spielt 'Helpless', 'Harvest', 'Sugar Mountain' und 'Heart Of Gold'.

Wenige Tage später gastiert Neil zusammen mit Graham Nash bei einem Konzert von Stephen Stills' Gruppe MANASSAS im 'Berkeley Community Theater'. Mit Stills singen sie 'Helpless', 'Carry On' und 'Find The Cost Of Freedom'.
"Für Stills war es eine ziemlich emotionelle Sache, und er gab sein Bestes, um bei 'Helpless' mit den anderen beiden zu harmonieren, doch eigentlich klang es mehr wie *hopeless* ...
Als er die Bühne verließ, meinte Neil zu der Menge: 'Hoffentlich klingen wir beim nächsten Mal besser, und hoffentlich gibt es ein nächstes Mal'."[9]

8.9. Carrie und Neil's gemeinsamer Sohn Zeke wird geboren.
Erst nach einigen Monaten wird von den Ärzten erkannt, daß er an Zerebralparese, einer Art Kinderlähmung als Folge einer frühkindlichen Hirnschädigung, leidet.

26.10. Neil tritt mit vier eigenen Songs ('Harvest', Only Love Can Break Your Heart', 'Heart Of Gold' und 'The Needle And The Damage Done') als Gast bei einem 'Prison Benefit'-Konzert von Crosby & Nash im 'Winterland' in San Francisco auf.

November   Neil besucht - neben John Lennon und anderen Größen der Musikszene - die Eröffnungsparty des 'Record Plant'-Studios in Sausalito.

Die Proben für eine neue Tour beginnen - mit den STRAY GATORS und Danny Whitten, dessen Heroinabhängigkeit die Arbeit jedoch sehr erschwert.

18.11.   Danny Whitten stirbt an einer Überdosis Heroin.
Neil erinnert sich: "Wir probten mit ihm, aber es ging nicht, er konnte sich an überhaupt nichts mehr erinnern. Er war völlig daneben. *Too far gone.* Ich mußte ihn nach L.A. zurückschicken. 'Es hat keinen Sinn, Mann. Du bist zu schlecht drauf.' Er meinte nur, 'Ich hab' doch nichts, wo ich hingehen könnte. Wie soll ich das meinen Freunden erklären?'"
Mit $50 und einem Flugticket in der Tasche macht sich Whitten auf den Weg nach L.A. ...
"Am gleichen Abend noch rief dann ein Untersuchungsrichter aus L.A. an und teilte mir mit, daß er eine Überdosis genommen hatte. Das hat mich umgehauen. Völlig umgehauen. Ich habe Danny geliebt. Ich hab mich verantwortlich gefühlt."[10]

Dezember   'Warner/Reprise' veröffentlicht noch vor der Premiere des Films den Soundtrack zu *JOURNEY THROUGH THE PAST.*
Neil: "Die Plattenfirma meinte, daß sie mir den Film nur finanzieren würden, wenn ich ihnen dazu ein Soundtrackalbum liefern würde. Sie erhielten das Ding und brachten es sofort heraus. Und dann erzählten sie mir, daß sie den Film nicht vertreiben wollten, weil er nicht ... naja, sie wollten ihn nur im Paket mit ein paar anderen Filmen herausbringen ...
Das war im übrigen der einzige Fall von Disharmonie oder eines Mißverständnisses, den ich je mit 'Warner' hatte."[11]
"Traurig, aber wahr, daß die besten Sachen auf *JOURNEY* von BUFFALO SPRINGFIELD stammen ... eine deprimierende Kombination sich dahinschleppender Musik und verbaler Lückenfüller ... unglaublich, daß dieses Album überhaupt veröffentlicht wurde ... Es ist der Tiefpunkt in Neil Young's Schaffen."[12]

1   ROLLING STONE, 2.3.72

2   John Mendelssohn, ROLLING STONE, 30.3.72

3   Bernd Gockel, SOUNDS (deutsch), 1972

4   NEW MUSICAL EXPRESS, 28.6.75

5   Neil's Kommentar zu 'Heart Of Gold' auf *DECADE*, 1977.

6   Paul Williams, *BOB DYLAN. PERFORMING ARTIST.*
    The Early Years, London 1994; S.268

7   *CROSBY, STILLS & NASH*; S.158

8   *NEIL AND ME*; S.121

9   MELODY MAKER, 5.8.72

10 ROLLING STONE, 14.8.75

11 ROLLING STONE, 14.8.75

12 Jim Miller, ROLLING STONE, 1.3.73

1973

"Charly und ich saßen oft da und gossen eine Tasse grimmen Kaffee nach der anderen in uns hinein und hörten Neil Young's *AFTER THE GOLDRUSH*. Wir saßen in dem dunklen Lokal und lauschten Neils klagender Stimme, diskutierten über Bücher und versuchten, unsere Zukunft zu erraten."[1]

"*TICKETS WANTED. Two for Neil Young concert. Will trade 50 mm camera & bong plus cash. Call Joe or Jackie.*"[2]

4.1.
Eine dreimonatige Tournee mit den STRAY GATORS beginnt in Madison, Wisconsin; teilweise zusammen mit Linda Ronstadt und ihrer Band. Mit einer gecharterten 'Lockheed Electra' geht es durch die Staaten. 65 Städte stehen auf dem Programm - die *TIME FADES AWAY*-Tour, später so benannt nach dem dabei aufgenommenen Livealbum, wird eine der bis dahin finanziell erfolgreichsten Tourneen der Rockgeschichte.
Neil spielt im ersten Teil der Konzerte solo-akustisch, dann mit Band zuerst ältere, bekannte Songs, bevor er es in der zweiten Konzerthälfte so richtig krachen läßt; Kritiker Tom Zito meint allerdings über die Band, sie seien "zwar technisch gute Musiker, die sich aber trotzdem vergeblich abmühten, denn ihr Background in der Countrymusik ist einfach völlig ungeeignet für die Art und Lautstärke von Young's quasi Hardrock."[3]

23.1.
"Im fast ausverkauften 'Madison Square Garden' von New York sprangen am Dienstagabend rund 18.000 zumeist junge Menschen jubelnd von ihren Sitzen hoch. Der Rocksänger Neil Young hatte gerade einen den in Vietnam stationierten US-Soldaten gewidmeten Song beendet, als man ihm einen Zettel auf die Bühne reichte. Er überflog ihn kurz und gab dann bekannt: *'The war is over'*. Die Mitteilung wurde mit langanhaltendem Klatschen und Stampfen begrüßt."[4]

"Neil Young ... erschien mit den STRAY GATORS - der nahezu perfekten Band von *HARVEST* - und einigen guten neuen Songs. Und noch wichtiger, er zeigte nicht mehr diese Nervenanspannung, die ihm einige seiner Konzerte während der letzten Tour vermasselt hatte. Diesmal war seine Haltung entspannt und aufbauend ...

Nach 'Heart Of Gold' wechselte er zu seiner Lonnie-Mack-artigen elektrischen Gitarre und drehte die Lautstärke hoch. Für den Rest des Konzertes waren wir abwechselnd wunderschön intensivem Gesang, blendenden neuen Songs und sehr langen, eher mittelmäßigen Improvisationen ausgesetzt ...
Für mich wurde all das von einem Song überragt - 'Alabama'. Ich glaube, er hat den besten Refrain, den Neil Young je geschrieben hat, und live ist er so majestätisch aufgebaut, wie es für die besten Stücke der ROLLING STONES charakteristisch ist ..."[5]

26.1.   Philadelphia, 'The Spectrum':
"Neil Young ist ein Star in der Tradition Dylan's. Er ist keine extreme Persönlichkeit, an ihm ist nichts extrovertiert oder hochgeistig und er redet auch nicht besonders viel, aber vielleicht ermöglicht gerade dies seinen Zuhörern, die eigenen Phantasien auf ihn zu projezieren - als ob er ein Kreation ihrerselbst wäre ... 'Warner Brothers' haben die Show für eine Platte aufgenommen, und ich glaube, die Platte wird zeigen, daß Young's unterkühlter Zauber auch dann wirkte, wenn er garnichts weiter sagte als 'das Ding muß gestimmt werden'."[6]

Im Laufe der Tournee jedoch sieht sich Neil mit einigen unerwarteten Schwierigkeiten konfrontiert:
So verspürt er beim Singen zunehmend größere Schmerzen, hervorgerufen durch Probleme mit den Stimmbändern.
Die Road-Crew und die Band fordern - aufgrund des großen Erfolges der Tournee - eine bessere Bezahlung. "Jeder wurde ein wenig geldgierig", so Tourmanager Leo Makota.[7]
Kenny Buttrey war schon kurz nach Beginn der Tour ausgestiegen; Ersatz-Drummer John Barbata erinnert sich, daß jeder Musiker letztendlich ungefähr $100.000 erhält.[8]
Schließlich ist Neil mit der Band selbst - ohne Danny Whitten - ziemlich unzufrieden. Nochmal Leo Makota: "Die Band konnte nachmittags beim Soundcheck noch so gut jammen, abends beim Auftritt klappte es nie. Deshalb schien Neil nie besonders glücklich oder zufrieden zu sein."[9]
Neil selbst: "Weil zu all dem noch dazukam, daß Danny kurz vor der Tour gestorben war, war die *TIME FADES AWAY*-Tour für mich wirklich ein frustrierendes Erlebnis."[10]

18.2.   Baton Rouge, 'Louisiana State University':
Bei diesem Auftritt wird die Liveversion von 'Last Trip To Tulsa' mitgeschnitten, B-Seite der im Herbst erscheinenden 'Time Fades Away'-Single.

25.2.   Ben Keith, Linda Ronstadt und Neil besuchen in der 'Liberty Hall' in Houston ein Konzert von Gram Parsons und seinen FALLING ANGELS

81

(mit Emmylou Harris). Danach lädt Neil Parsons und seine Band zu einer Party in sein Hotel ein, bei der bis in die Morgenstunden gejammt wird.

März   Neil holt sowohl Crosby als auch Nash (*"I was ready to help a friend in need."*) als 'Verstärkung' für die letzten Konzerte der Tournee:
"An ihrem Mitwirken war das Wichtigste jedoch die dadurch wieder für möglich gehaltene 'Reunion' von Crosby, Stills, Nash & Young, und nicht so sehr das, was die beiden musikalisch beitrugen."[11]

20.-22.3.   San Francisco, 'Winterland':
"Young spielte sieben neue Songs am letzten Mittwoch ... und machte aus ihnen - durch die Energie seines Auftritts und aufgrund ihrer Qualität - die Höhepunkte des Abends. Die Songs, speziell 'Time Fades Away' und 'Don't Be Denied', dürften sein nächstes Album wohl zu einer der am sehnlichsten erwarteten Neuerscheinung dieses Jahres machen."[12]

31.3.   Beim Auftritt im 'Coliseum' in Oakland kommt es zu einem Zwischenfall:
Während Neil und die Band 'Southern Man' spielen, wird vor ihren Augen ein Konzertbesucher von einem Polizisten verprügelt. Neil stoppt und verläßt aufgebracht die Bühne.
"Ich konnte nicht mehr weiterspielen - und das bei einem wirklich wichtigen Konzert! Es war eine schreckliche Angelegenheit ... ich konnte einfach nicht glauben, was ich gesehen hatte. Ich war wie vor den Kopf gestoßen. Ich ging raus und sagte mir: ist das nötig?
Hab ich es nötig, da vorne für 20.000 Leute ein Punkt in der Ferne zu sein und den Cops den Grund zu liefern, sich aufzuspielen und den Kids zu verbieten, glücklich zu sein?
... Ich bin's leid, für Cops zu singen, das ist alles."[13]
Neil will auf diesen Vorfall hin 'Southern Man' nicht mehr singen - noch über ein Jahr später (im 'Bottom Line' in New York City) weigert er sich und erzählt dem Publikum von seinem Abgang in Oakland.

8.4.   Auf dem 'U.S. Film Festival' in Dallas findet die Uraufführung von *JOURNEY THROUGH THE PAST* statt.
Neil ist bei der Premiere anwesend und diskutiert anschließend mit den Besuchern.
Eine Beschreibung des Films fällt schwer: ein junger Mann, 'Graduate' genannt (gespielt von Richard Lee Patterson), ist quasi die Hauptperson. Er wird grundlos geschlagen, in der Wüste ausgesetzt, er trifft auf Soldaten, Priester und Manager, die ihm alle das Leben schwer machen. Junkies und Jesus-Freaks tauchen auf; Träume von mit schwarzen Ku-Klux-Klan-Hüten bekleideten Männern auf schwarzen Pferden wechseln

mit Dokumentaraufnahmen von Richard Nixon und Auftritten von BUFFALO SPRINGFIELD, CSN&Y und den STRAY GATORS ...

Neil: *"... no plot, no point and no stars."*[14]

"Im Grunde ist der Film über mich selbst. Es ist eine Ansammlung von Gedanken. Jede Szene hatte eine bestimmte Bedeutung für mich - obwohl ich bei manchen nicht sagen kann, was für eine."

"Es ist der bewußte Versuch, keinen Musikfilm zu machen, keinen Konzertfilm ... Aber ich muß Neil auch nochmal fragen, worum es eigentlich geht." (Produzent Fred Underhill)

"Mit *JOURNEY* steht er als Filmemacher ungefähr da, wo er zu Beginn seiner Karriere als Musiker auch war." (Bob Porter, Filmkritiker aus Dallas)[15]

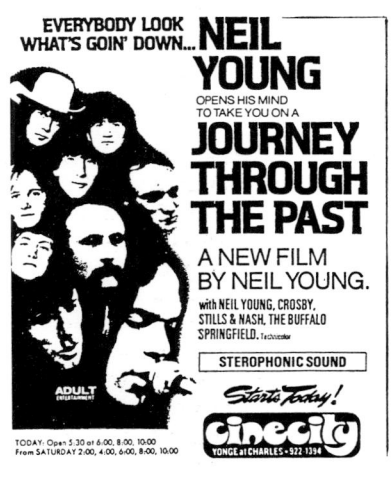

Mai	Geplante Auftritte mit den STRAY GATORS in England müssen wegen der sich verschlimmernden Stimmbandprobleme abgesagt werden. Eine Operation, wie zeitweilig befürchtet, ist jedoch nicht notwendig.
	Neil stellt aus dem Live-Material der abgelaufenen Tour eine LP zusammen, die unter dem Titel *TIME FADES AWAY* erscheinen soll: "Man fühlt sich unbehaglich, wenn man sie anhört ... Es war ein Kapitel, von dem ich wünschte, es wäre nie geschrieben worden, aber ich wußte, daß ich sie herausbringen mußte, denn sie dokumentierte etwas."[16]
Juni	CSN&Y treffen sich auf Maui, Hawaii, um an einem neuen Album zu arbeiten. Sie proben viel neues Material auf Crosby's Schiff und in einem alten Haus am Strand, das Neil gemietet hat; nach einem Song Neil's, den Nash als den "perfekten Titelsong für ein Album" bezeichnet,

soll es *HUMAN HIGHWAY* heißen. Sogar ein Cover-Photo wird bereits aufgenommen.[17]
Ende des Monats wechseln die vier in Neil's Studio auf der Ranch, wo laut Bassist Tim Drummond "ungefähr sechs Songs"[18] - u.a. eben 'Human Highway' und Stills' 'See The Changes' aufgenommen werden.
Doch wieder einmal driftet alles auseinander - Uneinigkeiten, wie die Songs aufzunehmen seien, wie sie auf der Bühne gespielt werden sollen, Terminschwierigkeiten ...
"Keiner konnte Kritik von seien Partnern ertragen. Es war unmöglich." (Stills)[19]
"It just turned into a piece of shit." (Nash)[20]

Juli

Neil hatte nach der Rückkehr aus Hawaii erfahren müssen, daß auch Bruce Berry, Roadie bei CSN&Y, an einer Überdosis Heroin gestorben ist.
Er ruft Ralph Molina, Billy Talbot, Nils Lofgren und Ben Keith zusammen und probt mit ihnen neue Songs in Ken Berry's 'Studio Instrument Rentals' in Hollywood.
Man muß sich Neil's Situation zu dieser Zeit vor Augen führen:
- zwei sehr gute Freunde, Danny Whitten und Bruce Berry, sind innerhalb kurzer Frist gestorben;
- in der Beziehung zu Carrie kriselt es (doch da ist noch ihr gemeinsamer Sohn Zeke);
- die geplante Zusammenarbeit mit Crosby, Stills und Nash ist eben gescheitert, nachdem vorher bereits die STRAY GATORS-Tour nicht gerade zur Zufriedenheit Neil's abgelaufen ist.
Vor genau diesem Hintergrund entwickeln sich jetzt die Ideen für ein neues Album. In langen Nächten, nach reichlichem Genuß von Tequila und endlosen Billardspielen, entsteht so der Grundstock für Neil's 'dunkelste' LP - die dann aber erst zwei Jahre später erscheinen wird: *TONIGHT'S THE NIGHT.*

11./12.8.

Vier Auftritte mit Ben Keith, Lofgren, Talbot und Molina im 'Corral Club' im Topanga Canyon (Joni Mitchell und die EAGLES bestreiten das Vorprogramm):
"... Neil Young stampft förmlich in die erste Nummer des Abends, ein kleines Stück aus seinem nächsten Album mit dem Titel 'Walk On', das er heute abend insgesamt viermal spielen wird ...
Die Songs, fast alle neu, ... sind eigentlich nichts besonderes. Worum es auch ging, er hat das alles schon mal gesagt. Vielleicht ist er jetzt einfach zu glücklich da oben in La Honda mit Carrie und ihrem Kind Zeke ...
Was das Ganze aber rettet, was die künstlerischen Schwächen überdeckt, ist die Wirkung seiner Persönlichkeit. Dieser zerzauste Junge

vom Land, der seine Gitarre wie eine Kettensäge schwingt, hier bei einem Heimspiel... Und er hat immerhin einen sehr faszinierenden neuen Song, 'Open Up Your Tired Old Eyes' heißt er. *Great hip-dramatic intro ...*"[21]

20.-25.8.   Innerhalb weniger Tage wird ein Großteil der Songs für *TONIGHT'S THE NIGHT* in 'Studio Instrument Rentals' eingespielt.

"Wir waren alle high - nicht zu high, soweit wir halt gehen konnten. Ich meine, ich bin kein Junkie und ich würde das Zeug nicht mal ausprobieren, um es zu testen, aber wir waren richtig high - tranken viel Tequila, gerade bis zu der Grenze, wo wir wußten, daß wir auf die Schnauze fallen könnten und es als Musiker nicht mehr packen würden ... Und so haben wir bis mitten in die Nacht hinein gewartet, bis die entsprechende Stimmung da war und dann gespielt ... Wir haben 'Tonight's The Night', 'World On A String', 'Mellow My Mind', 'Speakin' Out' und 'Tired Eyes' ohne Pause zwischendrin eingespielt ...

Bei den neun Stücken, die wir bei 'S.I.R.' aufgenommen haben, gab es kein 'Overdubbing'. So haben's auch die alten Blues-Leute gemacht. *It was really real.* Und die Mixes haben wir an Ort und Stelle gemacht."[22]

"... da war ein Haufen Gerede mit drauf, viel Gemurmel und Gespräche zwischen der Gruppe und mir, das klang alles noch viel wirrer und kaputter als die Musik selbst, aber das waren die Intros für die Songs. Kein Zählen, sondern kleine Diskussionen, drei oder vier Worte zwischen den Songs, und das gab dem Ganzen ein noch eigenartigeres Feeling. Als ob man nicht sicher sein konnte, daß diese Jungs am nächsten Morgen überhaupt noch am Leben sein würden - so wie sie sich unterhielten."[23]

"... *it sounded like an old funky club, three in the morning.*"[24]

25.8.   MELODY MAKER veröffentlicht ein Interview mit Ray Coleman, in dem Neil erklärt, warum er es vorzieht, wieder in kleineren Clubs zu spielen:

"Ich hab diesen ganzen Trip mit den riesigen Zuhörermengen hinter mir und mein Ego ist befriedigt. Ich denke, man muß das mal mitmachen, und all die Bands, die es machen, müssen das auch tun, aber wenn du es hinter dir hast, warum dann weitermachen? Man merkt, daß das mit Kommunikation überhaupt nichts zu tun hat.

Eine Halle mit 20.000 Plätzen zu füllen, ist nicht Rock'n'Roll, sondern *rock'n'roll business* ...

Ich möchte die Leute sehen, für die ich spiele, und ich möchte, daß diese Leute merken, daß ich nur für sie spiele - so bringst du sie zum Tanzen. Steh auf, spring herum, laß es dir gut gehen, betrink dich - und laß uns zumindest gegenseitig sehen. Deswegen geht man zu einem Konzert."

Auf die Frage, ob er denn nicht bald wieder einen Single-Hit in der Art von 'Heart Of Gold' im Sinne habe, meint Neil:

"Nein, ich hab 'Heart Of Gold' jetzt sogar aus meinem Repertoire gestrichen, daran kann man wohl sehen, wieviel Wert ich auf meine Singles lege! ...
Ich habe gesehen, wie es einigen Künstlern mit ihren Singles ergangen ist, weil sie eben eigentlich Album-Künstler sind ... wenn du klug bist, bleibst du bei dem, was du wirklich kannst.
Ich möchte mir selbst treu bleiben ... und so hoffe ich, daß es von meinem nächsten Album keine Single gibt."

20.-23.9. Neil und seine neue Band bestreiten die Eröffnungskonzerte des neuen 'Roxy Theater' in Hollywood.
Die acht Auftritte (jeweils zwei pro Abend) sind nach wenigen Stunden ausverkauft - kein Wunder bei einem Eintrittspreis von nur $5. Viele Musikerkollegen sind im Lauf der vier Abende unter den Gästen zu finden, so z.B. Elton John, Jackson Browne, Herb Alpert, Bob Dylan, Carole King und Alice Cooper.
Im Vorprogramm treten CHEECH & CHONG, Graham Nash (und einige Gogo-Girls) auf; dann erscheint Neil mit Ben Keith, Lofgren, Talbot & Molina - den SANTA MONICA FLYERS, wie er seine neue Band jetzt nennt.
Auf der Bühne stehen - in fahles Licht getaucht - eine große hölzerne Indianerfigur, eine dürre Palme, und in der Mitte ein Flügel, von dem einige alte Stiefel baumeln.
Die Band spielt an allen Abenden nur die 9 neuen Songs und als Zugabe jeweils eine sehr lange Version von 'Cowgirl In The Sand'. Neil, immer mit Sonnenbrille, murmelt ständig etwas von *"Welcome to Miami Beach"* - und gibt beim zweiten Auftritt eine Lokalrunde aus, was logischerweise zu kleinen Unstimmigkeiten mit den Betreibern des 'Roxy' führt.
An einem weiteren Abend verspricht er jeder Frau, die 'oben ohne' auf die Bühne käme, einen silbernen Plateaustiefel. Doch nur eine traut sich: seine Frau Carrie.

Oktober Ein kurzer Auftritt Neil's, zusammen mit Crosby und Nash, bei Stills' Konzert mit MANASSAS im 'Winterland' in San Francisco.
Neue Pläne für eine CSN&Y-Tournee werden geschmiedet ...

TIME FADES AWAY, das Dokument der Frühjahrs-Tour, erscheint.
Beliebter Kommentar: *"Neil Young fades away ..."* - aber es gibt auch andere Meinungen:
"Dieses Album wird für Neil Young's immer schlechter werdendes Image wohl dasselbe bewirken wie *PAT GARRETT & BILLY THE KID* für Dylan's. Aber genau wie Dylan's vielgescholtener Soundtrack hat *TIME FADES AWAY* seine Stärken, wenn man es für sich selbst betrachtet und nicht als das neueste Werk eines Superstars ...

Mehr als all seine bisherigen Werke verdeutlicht diese Platte eben Young's Weigerung, zu einer 'öffentlichen' Person werden zu wollen ... *TIME FADES AWAY* ist das ganz persönliche Werk eines der eigenständigsten Künstler im ganzen Rockgeschäft. Auch wenn dem Album kein Erfolg beschieden sein sollte, so ist es doch das aufschlußreiche Selbstportrait eines immer faszinierenden Mannes."[25] "Die Platte vermittelt eine Angst und Traurigkeit, die einem sofort unter die Haut geht. Solcherart schreckliche Schönheit traut man eigentlich eher Lou Reed zu; *TIME FADES AWAY* ist ein perverses Meisterwerk, sofern man es überhaupt bis zu Ende ertragen kann."[26]
"... wow, out of tune, way too loud, deranged guitar solos - that sounds like a good thing to me. And I loved it."[27]
Neil selbst: "Es klingt nervös, aber genau das drückt aus, wie ich damals war, denn es ist ein direkter Nicht-Hit, ein geplanter Fehlschlag. Es war ein Live-Album von Songs, die vorher noch nie jemand gehört hatte, in einem völlig anderen Stil als vorher ... Ich war nervös und fühlte mich in diesen großen Hallen einfach nicht wohl."[28]

In der Meldung einer französichen Nachrichtenagentur wird das Gerücht verbreitet, daß Neil in Paris an einer Überdosis Rauschgift gestorben sei. Neil's Vater: "Ich griff zum Telephon und rief ihn an. Er meldete sich. *'Are you dead?'* fragte ich ihn. *'Not that I know of,'* sagte er."[29]

28.-30.10.   Drei Konzerte mit den SANTA MONICA FLYERS in Kanada.

3.11.   Manchester, England, 'Palace Theatre':
Der erste von sieben Auftritten mit den SANTA MONICA FLYERS in Großbritannien; im Vorprogramm die EAGLES.
"... als Sid Vicious in Amerika bei einem Interview nach seinen größten Einflüssen gefragt wurde, nannte er Neil's *TONIGHT'S THE NIGHT*-Tour, die er in Manchester gesehen hatte, weil sie so dunkel und rauh und 'anti-pop' war und er keine seiner alten Songs spielte."[30]

Go home Neil Young!

NEIL YOUNG: sad concert

5.11.   London, 'Rainbow Theatre'.
*"I play more than I talk so
the more I talk the more I
play."* (Neil)

"Fast zwei Stunden lang mußten wir ertragen, wie Neil Young über alles
philosophierte, was ihm gerade in den Sinn kam. Er unterbrach das nur
mit bisher nicht gehörtem Songmaterial, meist unter dem von ihm zu
erwartenden Standard, und mit einigen Bemerkungen über Rentner in
Miami ... Dazu kann ich nur sagen, daß die Gerüchte wohl wahr sind -
der wirkliche Neil Young ist tot." (Leserbrief im MELODY MAKER
vom 17.11.73 - unter der Überschrift *Go Home Neil Young!*)

10.11.   London, 'Royal Festival Hall':
Letztes Konzert in England. Auch hier spielt Neil zuerst 40 Minuten
lang die für das Publikum unbekannten *TONIGHT'S THE NIGHT*-
Nummern. Dann kündigt er an: "Ich werde nun ein altes Stück für Euch
spielen. Eines, das Ihr alle schon mal gehört habt." - um sogleich noch
einmal 'Tonight's The Night' zu singen, den Song, mit dem er das
Konzert begonnen hatte.
Die etwas verunsicherten Zuhörer quittieren es mit einer Mischung aus
Lachen und ungläubigem Staunen - aber Neil geht noch einen Schritt
weiter: er und die Band verschwinden erstmal von der Bühne und lassen
so einen Teil des Publikums in dem Glauben, das sei bereits das Ende
des Konzerts.
Nach einer kurzen Pause kommen sie jedoch zurück und spielen noch
einige altbekannte Nummern wie 'Cinnamon Girl' und 'Southern Man',
aber auch eine Frühversion von 'Human Highway' (das ja erst fünf Jahre

später auf Platte erscheinen wird); sie beenden den Gig schließlich mit einer dritten Version von 'Tonight's The Night'.

Neil: "Als wir nach England kamen, waren wir schon ziemlich gut. Und wir wußten, was wir taten. Das war, als uns die SEX PISTOLS, Sid Vicious, Johnny Rotten und diese Jungs sahen. Einige haben das später erwähnt. Nicht, daß ich damit sagen will, daß sie auf uns abgefahren wären, keineswegs. Aber sie haben sich immerhin daran erinnert. In Bristol war keiner der großen Musikkritiker dagewesen, aber es war eine dieser Nächte, wo wir unser Bestes gaben, und noch mehr."[31]
"Ich bin aus meiner Haut geschlüpft und habe etwas gemacht, was ich leichter ertragen konnte ... und was das Bild, das sich die Leute von mir machen, zerstören würde. Ich möchte nicht gerne beurteilt werden, bevor ich etwas getan habe ... Vielleicht habe ich das Publikum mit einigen der Shows vor den Kopf gestoßen, aber ihre Meinungen wurden gehörig durcheinander gebracht und das ist ja mehr, als man gemeinhin von Konzerten erwarten kann. Für mich war's wirklich heilsam. Zu lange war ich schon derselbe gewesen.
Wir haben versucht, die ganze Show für unter fünfzig Dollar zu machen. 'Alles ist noch billiger, als es ausschaut', war unser Motto. So hängten wir eine nackte Glühbirne auf die Bühne ... Ich nahm die EAGLES mit auf die Tour genommen - die dachten, ich sei ganz schön verrückt. Sie waren damals 'ne gute, brave Countryband, und sie klangen genau so, wie mich viele Leute nach *HARVEST* erwartet hatten. Die dachten: 'Das wird ein Abend mit wirklich nettem Country-orientierten Rock'n'Roll und Folkrock.' *And then we just came out and ... took 'em all to Miami Beach.*"[32]

Elliot Roberts: "... es war wahrscheinlich das erfogreichste, was Neil je getan hat, nicht im kommerziellen Sinne, aber in puncto Stolz und Selbstvertrauen, und ich glaube, daß Neil von da an als Künstler viel zuversichtlicher war."[33]
Nils Lofgren erinnert sich fast zwanzig Jahre später: "Einige meinten, wir waren wie die erste Punkband - es wäre damals viel ziemlich bizarrer Widerwille zum Ausdruck gekommen. In England boten wir nur 'Anti-Shows' und brachten die Zuhörer ganz schön auf die Palme. Sie buhten und schrien nach den alten Hits, die Neil aber nicht spielen wollte ... Die ganze Tour war der helle Wahnsinn."[34]

11.11.   Neil besucht einen Auftritt von THE WHO im 'Lyceum Ballroom' in London.

15.-20.11.   Weitere Gigs mit den SANTA MONICA FLYERS im Nordosten der USA.

16.11.	Neil beim Konzert in der 'Boston Music Hall': "Ich möchte Euch meine Gitarre vorstellen. Ihr Name ist 'Old Black'. Sie ist auf vielen meiner alten Platten zu hören und sie hatte ein Pickup verloren, aber nun hab' ich sie zurück. Hiermit verkünde ich: *Black is back!*"
23.11.	Gastauftritt bei einem CRAZY HORSE-Konzert in Berkeley.
7.12.	Zusammen mit Crosby und Nash tritt Neil im 'Civic Auditorium' in San Francisco auf: sie spielen u.a. 'Only Love Can Break Your Heart', 'New Mama' und 'Ohio' - die Hoffnung der Fans auf eine Wiedervereinigung von CSN&Y wächst.
Dezember	Die Plattenfirma überzeugt Neil, auf die für Anfang nächsten Jahres geplante Veröffentlichung der nahezu unbearbeiteten Original-Version von *TONIGHT'S THE NIGHT* erstmal zu verzichten. Neil: "... ich erinnere mich, wie die Plattenfirma ankam und meinte: 'Neil, warum willst du diese Platte rausbringen? Weißt du, was passiert, wenn du sie veröffentlichst? Niemand wird sie spielen, niemand wird sie mögen. Sie ist nicht kommerziell und technisch liegt sie unter dem Durchschnitt. Warum also?'"[35] Er beginnt deshalb mit der Arbeit an einer Alternativ-Version.

1   Ingvar Ambjörnsen über das Frühjahr 1973 in seinem Roman *WEISSE NIGGER*, Hamburg 1988.

2   Kleinanzeige in der WASHINGTON POST im Januar 1973.

3   WASHINGTON POST, 29.1.73

4   SÜDDEUTSCHE ZEITUNG, 25.1.73

5   John Landau, ROLLING STONE, 1.3.73

6   Daniel Webster, PHILADELPHIA INQUIRER, 27.1.73

7   ROLLING STONE, 8.2.79

8   TROUSER PRESS, 4/1980

9   ROLLING STONE, 8.2.79

10   *NEIL AND ME*; S.126

11   Robert Hilburn, LOS ANGELES TIMES, 24.3.73

12   Robert Hilburn, LOS ANGELES TIMES, 24.3.73

13   Neil, MELODY MAKER, 25.8.73

14   Q, 5/1988

15   alle Zitate: ROLLING STONE, 24.5.73

16   *NEIL AND ME*; S.131

17   veröffentlicht 1991 in der *CSN*-Box

18   ROLLING STONE, 29.8.74

19   *CROSBY, STILLS & NASH*; S.165

20   RECORD COLLECTOR, Juli 1991

21   Michael Watts, MELODY MAKER, 25.8.73

22   Neil, NEW MUSICAL EXPRESS, 28.6.75

23   Neil, MELODY MAKER, 14.9.85

24   Tim Drummond, ROLLING STONE, 29.8.74

25   Bud Scoppa, ROLLING STONE, 3.1.74

26   Jon Young, TROUSER PRESS, 4/1980

27   Peter Buck von REM; MUSICIAN, April 1993

28   NEW MUSICAL EXPRESS, 28.6.75

29   *NEIL AND ME*; S.143

30   Elliot Roberts, BROKEN ARROW 7 (1982)

31   *NEIL AND ME*; S.139

32   ROLLING STONE, 8.2.79

33   BROKEN ARROW 7, August 1982

34   VOX, Juni 1991

35   *ROCKLINE*, 18.8.86

1974

"... you're all just pissin' in the wind."[1]

Januar *BUFFALO SPRINGFIELD*, eine Doppel-LP mit den wichtigsten Songs der Gruppe, wird veröffentlicht. Sie enthält u.a. die bislang unveröffentlichte 9-minütige Originalversion von 'Bluebird'.

Auch Graham Nash's zweite Solo-LP *WILD TALES* kommt auf den Markt. Auf ihr das Stück 'And So it Goes', bei dem Neil - wie schon bei Nash's erstem Album unter dem Pseudonym 'Joe Yankee' - am Klavier zu hören ist.

14.2. Neil besucht das Konzert von Bob Dylan & THE BAND im 'Forum', Los Angeles.

März Im Studio auf der Ranch beginnt Neil mit den Aufnahmen für ein neues Album, u.a. mit Rick Danko und Levon Helm von THE BAND.

26.3. San Louis Obispo, California, 'Cuesta College':
Neil unterstützt ein Benefizkonzert für ein Kulturzentrum der Red Wind-Indianer. Nachmittags tritt er zusammen mit den EAGLES auf (u.a. spielen sie 'Helpless' und 'Down By The River'), am Abend spielt er solo-akustisch (u.a 'Revolution Blues' und 'Ambulance Blues'). Außerdem werden den Indianern zwei Büffel aus Neil's eigener Zucht übergeben.

April Crosby und Nash besuchen Neil in den 'Sunset Sound'-Studios in Los Angeles, wo inzwischen die Aufnahmen für das neue Album *ON THE BEACH* weitergehen. Auf 'Revolution Blues' spielt Crosby Rythmusgitarre, Nash bei 'On The Beach' das Piano.

Elliot Roberts stellt schließlich endgültig die Weichen für eine Wiedervereinigung von CSN&Y. Er handelt für jeden eine Garantiesumme von 1 Mio. Dollar für eine zweimonatige Tour aus.
Und da die Schwierigkeiten innerhalb der Gruppe meist im Studio entstanden waren, entscheidet man sich diesmal, erst die Tour zu machen und dann eine neue LP in Angriff zu nehmen.
35 Auftritte werden gebucht, davon 27 in Stadien, "etwas, was bisher nicht mal die STONES gewagt haben ...

Nun, wir haben eine Tour wegen der Kunst und der Musik gemacht und eine andere wegen der Girls. Diese jetzt machen wir wegen der Kohle."
- so Stephen Stills freimütig gegenüber Cameron Crowe.[2]

16.5. Vor dem Beginn der Proben für diese Tournee gibt es noch einen Soloauftritt Neil's im 'Bottom Line' in New York City:

Ein rein akustischer Set mit zumeist ganz neuen Stücken aus der noch nicht erschienenen LP, aber auch mit der Uraufführung eines der großen bisher nicht veröffentlichten Songs aus Neil's Werk, 'Pushed It Over The End' (hier noch 'Citizen Kane Junior Blues' betitelt), und mit dem Traditional 'Greensleeves'.

presents

MAY 16,1974

MR.YOUNG

Mai/Juni CSN&Y proben auf Neil's Ranch, wo dieser eine riesige Bühne im Freien installieren läßt, um besser die Auftritte in den Stadien einüben zu können (das ist kein Problem - Neil hat inzwischen die benachbarte Ranch mit 700 Acres ebenfalls erworben).
Zusätzliche Musiker für die Tour sind Tim Drummond am Bass, Joe Lala an den Congas und Russ Kunkel am Schlagzeug.

Drummond: "Auf den Hügeln rund um Neil's Grundstück saßen die Leute und lauschten unserer Musik, die geradewegs von den Baumwipfeln zu kommen schien."[3]
Über Neil sagt er: "Neil ist ein anderer Mensch geworden. Er ist nun ganz einer von uns, ein besessener Musiker. Er ist viel offener als früher und er legt viel mehr Wert darauf, Musik zu spielen, als darauf, im Vordergrund zu stehen. Ich glaube, er läßt sich einfach nicht mehr unter Druck setzen. *Just play, and fuck all that other shit.*"[4]
Nach einiger Zeit des Übens meint Crosby: "Wir sind jetzt in so guter Form, daß wir zwei- oder dreimal abends nach dem Proben in Neil's Studio gegangen sind, nur um ein bißchen akustisch rumzuklampfen, und beim ersten oder zweiten Take gleich fertige Masteraufnahmen hatten."[5]
So entstehen u.a. 'Through My Sails' (wird 1975 auf *ZUMA* erscheinen) und 'Little Blind Fish' - laut Graham Nash der einzige CSN&Y-Song, den die vier wirklich gemeinsam komponiert haben, der aber bis heute unveröffentlicht ist.

Juli   *ON THE BEACH* erscheint.

Neil: " ... wahrscheinlich eine der depressivsten Platten, die ich je gemacht habe."[6]

"Young hat gewagt, was außer John Lennon noch kein anderer weißer Rocksänger gemacht hat - die kollektive Paranoia und Schuldhaftigkeit dieser kaputten Gesellschaft aufzugreifen, zu artikulieren und vielleicht sogar mindern zu helfen, indem er sie ohne Entschuldigung oder Erklärung einfach darstellt ...

ON THE BEACH ist eines der verzweifeltsten Alben des Jahrzehnts, das bittere Vermächtnis eines Mannes, der immer wieder durchs Feuer geht."[7]

Auch Ian McDonald zieht einen Vergleich mit Lennon:

"*ON THE BEACH* ist das Äquivalent zu Lennon's Album *PLASTIC ONO BAND* ... Nichts wird nunmehr versüßt - weder durch nette Melodien noch durch Poesiegirlanden. Stattdessen dreimal Blues, eine ganz einfache Countrynummer und Textzeilen wie *'You're all just pissing in the wind / You may not know it but you are.'* ...

Trotzdem ist *ON THE BEACH* aber nicht, wie fälschlicherweise interpretiert, Ausdruck von Neil Young's Hang, alles negativ zu sehen, sondern in Wirklichkeit ein ganz positives Werk in der Art des *'Merciless Realism'* Lennon's, dessen wichtigster Schaffensperiode ...

In den Anzeigen für das Album dreht er sich um [im Gegensatz zum Albumcover selbst, wo er mit dem Rücken zum Betrachter steht] und grinst - ja, *grinst* - in die Kamera. Und das soll *depressiv* sein ...?"[8]

"... melodisch uninspiriert und instrumental reizlos: lahme Soli auf der E-Gitarre, die akustische Gitarre müde und schleppend, ein dahingestolpertes Banjo. Und er jammert und jammert und wehklagt den Blues ..."[9]

"Wie immer man es auch betrachtet, eine deprimierende Platte. Und zwar deswegen, weil *Depression* die Stimmung ist, die hervorgerufen wird.

94

Aber auch, weil Neil Young nicht mehr so gute Songs schreibt wie früher ... und er und die restlichen Musiker auf *ON THE BEACH* nicht so gut spielen wie früher."[10]

"Solange man die 'On The Beach'/'Motion Picture'/'Ambulance Blues'-Trilogie auf *ON THE BEACH* (und 'Don't Be Denied' auf *TIME FADES AWAY*) nicht versteht, kann man überhaupt nicht vernünftig über Neil Young schreiben. Aber wenn man diese Songs versteht, muß man die erregende Möglichkeit in Erwägung ziehen, daß Young vielleicht der erste (und einzige?) Post-Romantiker des Rock'n'Rolls ist. Daß er etwas weiß, was wir nicht wissen, aber wissen sollten."[11]

"Einer der Schlüssel-Songs auf *ON THE BEACH* war 'Revolution Blues', eine Räuberballade, in der Young in die Rolle eines waffenvernarrten Psychopathen schlüpft, welcher es auf die verhätschelten Superstar-Bewohner des Laurel Canyon abgesehen hat. Beim Nachdenken über den Song stößt Young auf etwas unangenehmes Terrain.

'Das basierte auf meinen Erfahrungen mit Charlie Manson. Ich traf ihn ein paar Mal, und äh ... eine sehr interessante Person. Man spürte, er war ziemlich *aufgedreht*.'

Schluck. Vor oder ... *nach* den Sharon Tate-Morden?

'Vorher. Ungefähr sechs Monate vorher. Er ist ein recht guter Songschreiber und Sänger, wirklich ungewöhnlich - sehr ungewöhnlich, und er wollte unbedingt eine Plattenvertrag. Ich traf ihn in (Beach Boy) Dennis Wilson's Haus. Ein paar Mal."

(Neil in einem Interview mit Adam Sweeting im Jahr 1985)[12]

"Er setzte sich mit einer Gitarre hin und begann zu spielen und zu improvisieren, immer wieder neue Sachen, es sprudelte nur so aus ihm heraus. Und wenn er dann aufhörte, würde man es nie mehr wieder hören ...

Es war viel Energie zu spüren, wenn er da war. Und er war außergewöhnlich. Das merkte man sofort. Man mußte ihn nur anschauen. Wer ihn einmal gesehen hat, kann man ihn nie mehr vergessen. Das kann ich Euch sagen. Irgendwas an ihm ist ... Ich kann es nicht vergessen." (Neil; ebenfalls 1985)[13]

9.7.   Seattle, 'Coliseum':
Das erste Konzert der über zwei Monate dauernden CSN&Y-Tournee. Ein fast 4-stündiger Auftritt mit 44(!) Songs; im Vorprogramm Jesse Colin Young, Joe Walsh und THE BAND.
"Nur Minuten, nachdem Crosby, Stills, Nash und schließlich auch Young die Bühne für das erste Konzert ihrer 'Reunion'-Tour betreten hatten, war klar, daß es nie eine andere Gruppe gegeben hatte, die sie während ihrer Trennung hätte ersetzen können - nicht AMERICA, nicht BREAD, nicht POCO, nicht die EAGLES ... nicht einmal MANASSAS oder die wiedervereinigten Original-BYRDS.

Es sind vier Jahre seit ihrer letzten Tour vergangen, und jedes der Mitglieder hat große Veränderungen durchgemacht. Aber auf der Bühne ist das kaum festzustellen. Die Geist von Woodstock '69 lebt noch ..."[14]

Stills läßt Neil - in neuer Kurzhaarfrisur mit dicken Koteletten und reflektierender Sonnenbrille - erstaunlich viel Raum für seine Solos; nichts ist mehr von der früher so oft aufbrechenden Rivalität der beiden zu spüren.

"Neil und ich, wir haben beide Nachwuchs bekommen, und das führt dazu, daß wir uns jetzt wirklich gut verstehen. Vieles von den Kindereien früherer Tage ist so verschwunden." (Stills)[15]

Unter Neil's eigenen Titeln bei diesem ersten Gig sind neben einigen Songs von ON THE BEACH u.a. auch die zu jener Zeit noch unveröffentlichten 'Human Highway' und 'Long May You Run', sowie 'Love Art Blues'; im Laufe der Tournee werden noch weitere neue Songs von ihm im Repertoire auftauchen, z.B. 'Traces', 'Home Fires' und 'Hawaiian Sunrise'.

Promoter Bill Graham erinnert sich: "Sie begannen den zweiten Teil der Konzerte immer damit, daß jeder von ihnen ein bißchen was akustisch spielte. Das führte dazu, daß keiner nach Neil spielen wollte. Also kam Neil als letzter dran."[16]

Neil reist separat vom Rest der Gruppe in seinem ausgebauten Bus, begleitet von seinem Sohn Zeke und Hund 'Art'. Er vermeidet fast jeden Kontakt mit der Presse, hält sich vor den Konzerten nur im Kreis der Band auf und verschwindet danach sofort.

Crosby: *"He loves driving down the old highway."*[17]

"Unfreiwillig lieferte er einen der Höhepunkte der Tour, als er eines Nachmittags während der Hauptverkehrszeit mitten auf der 'Brooklyn Bridge' stehen blieb und kein Benzin mehr hatte."[18]

22.7. "Exklusiv-Interview mit Neil Young am 22. Juli im 'Civic Center Coliseum' in St. Paul, Minnesota:
'Neil, meinst du, du hast nach der Show eine halbe Stunde Zeit für ein kurzes Gespräch?'
'Nun, ich fahre gleich nach der Show weiter, es sind 22 Stunden Fahrt bis Denver. Und du weißt ja, ich bin sowieso nicht besonders gut im Interviewgeben. Aber ich kann dir sagen, ich hab' viel Spaß und es wird jeden Tag besser'."[19]

Die Tour wird ein absoluter Erfolg und füllt überall auch die großen Stadien. Doch Neil sieht im Nachhinein auch die Kehrseite der Medaille:
"Es ist 'ne große Geldsache, und das ist eigentlich genau das Gegenteil von dem, was die Leute erwarten, wenn sie uns spielen sehen wollen. Das ist das Problem."[20]

August Zur Tournee bringt 'Atlantic' eine Zusammenstellung von CSN&Y-Songs (inkl. 'Ohio' und 'Helpless') mit dem Titel *SO FAR* und einem von Joni Mitchell gezeichneten Cover auf den Markt.

27.8. Chicago, 'Soldier Field':
Hier wird Neil's 'Pushed It Over The End' mitgeschnitten. Diese Version sollte später eigentlich auf *DECADE* veröffentlicht werden, erscheint dann jedoch lediglich als Teil eines sehr raren italienischen Box-Sets im September 1982.

14.9. Für ein einziges Konzert kommen CSN&Y nach Europa:
Im Londoner 'Wembley'-Stadion findet der letzte Auftritt der Tour vor über 70.000 Zuhörern statt - zusammen mit Joni Mitchell, Tom Scott, Jesse Colin Young und THE BAND.
"Von den Vieren war es Young, der die meisten Höhepunkte lieferte. Crosby und Nash - interessanterweise die beiden, die vor der Formation von CSN&Y die kommerziell erfolgreichsten waren - schienen das Bedürfnis zu haben, sich etwas zurückzuhalten und den anderen zwei den Vortritt zu lassen.
Und doch bekam jeder etwas für sein Geld geboten; niemand wurde enttäuscht. Es war der typische Fall von 'Für jeden etwas' - jedem gefiel zumindest irgendwas, und den meisten gefiel alles.
Trotzdem, für uns war Neil Young *der* Mann."[21]

Nach dem Konzert jammen Neil und Stills u.a. mit Rick Danko und Levon Helm von THE BAND, sowie Jimmy Page und John Bonham von LED ZEPPELIN bis drei Uhr morgens in einem Club in Soho.

Die Wege der vier Hauptdarsteller trennen sich zunächst; Crosby prophezeit gar:
"Ich würde sagen, wir bleiben nicht zusammen. Wir machen noch ein Album, aber wir bleiben nicht zusammen ... wir treffen uns und spielen miteinander, wenn es uns inspiriert - und das tut es halt nicht, wenn man es dauernd macht."[22]

23.9.   Neil startet mit Graham Nash, Joel Bernstein und einigen anderen aus der Tourcrew in einem bei 'Antique Worlds' in Fulham, London, erstandenen 1934er 'Rolls Royce' zu einem Trip durch Europa, der allerdings nach einem kurzen Aufenthalt in Amsterdam bereits in Brüssel endet, wo das Gefährt nach diversen Schwierigkeiten seinen Geist aufgibt. Neil kehrt nach Los Angeles zurück.

Oktober   Dort treten die Schwierigkeiten mit Carrie wieder in den Vordergrund.
"Rock'n'Roll und das ganze Musikerleben stellen sich als ziemlich schädlich für eine Familie heraus. Carrie sucht das Einfache, über das ich immer singe, aber selbst nur mit Schwierigkeiten erreiche." (Neil in einem Brief an seinen Vater am 22.10.74)[23]

November   Carrie zieht mit Sohn Zeke nach Santa Barbara; Neil mietet sich ein Haus in Malibu:
"Da hingen einfach zuviele Leute bei mir herum, die mich nicht mal richtig kennen ... und ich will einfach nicht sagen müssen 'Haut ab von hier!'. Deswegen hab' ich jetzt halt verschiedene Häuser."[24]

In Chicago beginnen mit CRAZY HORSE die Aufnahmen für ein neues Album.
Billy Talbot stellt ihm dabei Frank Sampedro, den er während einer Reise nach Mexico kennengelernt hatte, als den neuen Leadgitarristen von CRAZY HORSE vor. Sampedro erinnert sich:
"Als ich das erste Mal für ihn spielen sollte, hatte ich ihn vorher noch nie getroffen. Billy rief an und sagte, wir müßten nach Chicago fliegen wegen einer Session in den 'Chess'-Studios. Nie hätte ich mir träumen lassen, diesen Ort überhaupt einmal zu sehen, geschweige denn darin aufzunehmen. So kamen wir also hin und versuchten, einiges für das *HOMEGROWN*-Album, das eigentlich mehr in Richtung Country ging, aufzunehmen. Und bei dieser Gelegenheit muß ihm klar geworden sein, daß CRAZY HORSE durchaus wieder die alte Band mit zwei Gitarren, Bass und Drums sein konnte."[25]

"Ich habe ein bißchen auf seiner 'White Falcon' gespielt und all diese tollen Sounds kamen raus - schließlich wurde ich richtig laut. Verblüfft drehte sich Neil herum und meinte 'Hey, den Sound kenn' ich doch'!"[26]

Dezember Neil ist mit den Ergebnissen der Sessions in Chicago jedoch nicht zufrieden; er entscheidet sich dafür, in Nashville weiter an der neuen LP zu arbeiten.
Mit Tim Drummond, Ben Keith, Karl T. Himmel, Rufus Thibodeaux und Emmylou Harris nimmt er dort u.a. 'Love Is A Rose', 'Star Of Bethlehem', 'Deep Forbidden Lake', 'Vacancy', 'Daughters' und 'White Line' auf. Produziert von Elliot Mazer, wird *HOMEGROWN* bereits nach nicht einmal zwei Monaten fertiggestellt sein.

ZIGZAG, Dezember 1974

Kurz vor Weihnachten lernt er Pegi Morton, seine spätere Frau, kennen - eine festere Beziehung sollte daraus aber erst viel später werden. Noch im Sommer nächsten Jahres meint Neil nämlich:
"Es ist zum ersten Mal, soweit ich mich erinnern kann, daß ich eine Beziehung beende und nun wirklich keine neue beginnen möchte. Es interessiert mich einfach nicht. Ich fühle mich so wohl in dem Freiraum, den ich jetzt habe. Wie im Frühling."[27]

1   Elliot Roberts' unzweideutige Meinung zu den Soloaktivitäten
     der einzelnen CSN&Y-Mitglieder zu Beginn des Jahres 1974;
     zitiert von Neil in 'Ambulance Blues' auf *ON THE BEACH.*

2   *CROSBY, STILLS & NASH*; S.171

3   *CROSBY, STILLS & NASH*; S.173

4   ROLLING STONE, 29.8.74

5   ROLLING STONE, 29.8.74

6   ROLLING STONE, 14.8.75

7   Stephen Holden, ROLLING STONE, 26.9.74

8   NEW MUSICAL EXPRESS, 17.8.74

9   SOUNDS (deutsch), 1974

10   Steve Clarke, NEW MUSICAL EXPRESS, 20.7.74

11   Paul Nelson, ROLLING STONE, 11.8.77

12   MELODY MAKER, 14.9.85

13   Bill Flanagan, *WRITTEN IN MY SOUL*, Chicago 1986; S.122

14   Ben Fong-Torres, ROLLING STONE, 15.8.74

15   ROLLING STONE, 29.8.74

16   CIRCUS, November 1993

17   ROLLING STONE, 29.8.74

18   TROUSER PRESS, 4/1980

19   Ben Fong-Torres mit Neil; ROLLING STONE, 29.8.74

20   ROLLING STONE, 8.2.79

21   NEW MUSICAL EXPRESS, 21.9.74

22   ROLLING STONE, 29.8.74

23   *NEIL AND ME*; S.152

24   ROLLING STONE, 14.8.75

25   MUSICIAN, 11/1987

26   TROUSER PRESS, 4/1980

27   ROLLING STONE, 14.8.75

Sacramento, April 1991; Photo: Dave Sigler

101

1975

"The whole thing is about life, dope and death."[1]

"Play it loud but stay in the other room."[2]

Januar   CSN&Y beginnen wie geplant mit den Sessions für ein neues Album in der 'Record Plant' in Sausalito, Cal.; sie nehmen dort u.a. Neil's 'Through My Sails', Nash's 'Wind On The Water' und Crosby's 'Homeward Through The Haze' auf.
Crosby begeistert: *"We smoked and burned!"*[3]
Doch schon nach kurzer Zeit das alte Lied: nach einigen heftigen Streitereien - speziell zwischen Stills und Nash (die damit enden, daß Stills das fertiggestellte Masterband von 'Wind On The Water' mit einer Rasierklinge zerstört!) - und etlichen fruchtlosen Diskussionen verläßt Neil eines Abends das Studio und kommt nicht mehr zurück:
"Jeder von uns hat einen anderen Standpunkt und normalerweise dauert es halt immer eine Weile, bis wir sie unter einen Hut bringen ... aber jetzt sind wir gerade in einer neuen Phase, wo wir alle heiß auf unsere eigenen Soloprojekte sind ...
Vielleicht gibt es ja ein Livealbum von der Tour im letzten Sommer. Ich weiß, daß es von meinen Songs mindestens 25 Minuten gibt, die man auf jeden Fall veröffentlichen könnte." (Neil)[4]

Februar   *HOMEGROWN* ist inzwischen fertig (mit einer etwas anderen Songauswahl war kurz auch eine LP unter dem Titel *MEDITERRANEAN* im Gespräch); Neil gibt für Freunde und Bekannte im 'Chateau Marmont'-Hotel in Los Angeles eine Party, auf der er das Tape mit den neuen Aufnahmen vorstellt.
Auf der gleichen Spule befinden sich jedoch auch noch die alten *TONIGHT'S THE NIGHT*-Aufnahmen, die Elliot Roberts für eine geplante Broadway-Show über das Leben von Bruce Berry mit einigen anderen - musikalisch und thematisch dazu passenden - Stücken Neil's kombiniert hat.
Nach mehrmaligem Hören fragen sich einige der Gäste, u.a. Rick Danko und Richard Manuel von THE BAND, später aber auch Neil selbst, ob man nicht besser diese unter die Haut gehenden Aufnahmen anstelle der *'easy listening'*-Songs von *HOMEGROWN* veröffentlichen solle:
"... als ich nun diese zwei Alben hintereinander auf der Party hörte, begann ich die Schwächen von *HOMEGROWN* zu erkennen. Ich habe

mich dann für *TONIGHT'S THE NIGHT* entschieden, weil es von der Ausführung und vom Feeling her einfach stärker ist ... Ich bin sicher, Teile von *HOMEGROWN* werden auf anderen Scheiben von mir wieder auftauchen. Es gibt da einige wunderschöne Sachen, wo Emmylou Harris mitsingt."[5]

Einige der Stücke erscheinen später tatsächlich auf diversen LPs wie *DECADE*, *AMERICAN STARS'N BARS* oder *HAWKS & DOVES*, andere bleiben bis heute unveröffentlicht - z.b. 'Daughters' oder 'We Don't Smoke It No More', aber auch 'Separate Ways', das von Neil jedoch anläßlich seiner Tour mit BOOKER T & THE MGs im Jahre 1993 (!) wieder aufgegriffen wird.

23.3. Neil tritt in San Francisco bei einem Benefiz-Konzert zugunsten von 'S.N.A.C.K.' ('Students Need Athletics, Culture and Kicks') auf, einer von Konzert-Veranstalter Bill Graham gegründeten Organisation zur Unterstützung des von einer drastischen Budget-Kürzung bedrohten kommunalen Schulsystems.
Im 'Kezar Stadium' kommt es zum ersten gemeinsamen Auftritt mit dem vorher nur als *'Special mystery guest'* angekündigten Bob Dylan - zusammen mit Garth Hudson, Rick Danko und Levon Helm von THE BAND, sowie Tim Drummond und Ben Keith. Sie spielen u.a. 'Are You Ready For The Country', 'Looking For A Love' und ein Medley aus 'Helpless' und Dylan's 'Knocking On Heaven's Door'.

Noch im Frühjahr beginnen Sessions mit der neuen CRAZY HORSE-Besetzung in Billy Talbot's Haus am Silver Lake in Los Angeles. Neil zuversichtlich:
"A lot of long instrumental guitar things - progressive ... progresso supremo? Es geht um die Inkas und Azteken. Ich werde da zu einer anderen Person, in einer anderen Zivilisation. Ein verlorenes Wesen, eine Art Seele, die von einem Schauplatz der Geschichte zum anderen schlüpft auf der Suche nach sich selbst ... Wir machen das alles am Morgen. Früh am Morgen, wenn die Sonne aufgegangen ist."[6]
"It's weird ... Time travel stuff ... Ich glaube, ich nenne es *MY OLD NEIGHBORHOOD.* Entweder so oder *RIDE MY LLAMA.*"[7]
Nun - es sollte *ZUMA* daraus werden, weil die meisten der endgültigen Aufnahmen für das Album schließlich im Juli in David Briggs' Haus nahe Zuma Beach stattfinden.

Mai Ex-BUFFALO SPRINGFIELD-Drummer Dewey Martin verklagt seine ehemaligen Kollegen, den damaligen Manager und die Plattenfirma 'Atlantic' auf Zahlung von $150.000 - Tantiemen, auf die er seit 1968 angeblich aus Leichtgläubigkeit verzichtet habe.

Juni   *TONIGHT'S THE NIGHT* wird veröffentlicht - mit Pressekonferenz und einer großen Party; letztendlich hat die Plattenfirma die 'Elliot Roberts-Version' doch noch akzeptiert.

Neil im einem Interview mit Bud Scoppa:
"Ich höre mir dieses Album nun seit ungefähr zwei Jahren an und es langweilt mich immer noch nicht, es ist wie ein guter Freund. In mancher Hinsicht glaube ich, daß mehr Leben in ihm steckt als in allem, was ich bisher gemacht habe ... da ist ein wirklich starkes Feeling zu spüren."
"Es ist ein richtig fließendes Album, je higher du bist, desto besser. Und das stimmt bei dieser Platte wirklich, im Gegensatz zu manch anderer ... man sollte sie spät nachts anhören ...
Am Morgen kannst du die DOOBIE BROTHERS auflegen. Sie sind gut für 11 Uhr vormittags. Aber nicht dieses Album. Es ist wie gemacht für nachts."[8]

Billy Talbot erzählt: "Die Aufnahmen für diese Platte waren wie ein Leichenschmauß. Jemand ist gestorben, aber man sitzt nicht herum und weint. Jeder schweigt für eine Minute und dann holt man die Getränke. Man ißt und trinkt, die Person liegt im Raum nebenan und man feiert eine Party. Das war *TONIGHT'S THE NIGHT* für mich. Danny Whitten war gestorben, aber wir saßen nicht traurig herum und weinten ...
Wenn Leute Musik machen und in einer besonderen Stimmung sind, und es gelingt, diese Stimmung auf Band einzufangen, das ist es, worum es geht. Und bei diesem Album gelang das wirklich."[9]
"It was a drunken rock & roll party album." (Elliot Roberts)[10]

"Nach 'professionellen' Kriterien hätte Young, der von den Todesfällen [Whitten's und Berry's] so tief getroffen war, ein wenig warten sollen, bis er an dieses Album etwas objektiver herangehen konnte. Aber was er an Objektivität vermissen ließ, gewann er dafür an Echtheit hinzu. Und dieses Authentische war für ihn offensichtlich zu wertvoll, zu

104

ehrlich gemeint, um es im Studio nachträglich zu glätten oder die Texte anzutasten ...

Der spezielle Wert dieses Albums besteht darin, daß es einen Blick gestattet auf die verwundbaren Stellen eines Künstlers, die man normalerweise nicht zu sehen kriegt."[11]

"Es ist genau diejenige Art einer reichlich feuchten und schrägen Session, wie sie Jimmy Reed geliebt hätte - mit dem besten Sprechgesang eines Weißen seit Hank Williams ...

TONIGHT'S THE NIGHT ist die letzte große Rockabilly-Platte, und dabei mußte Young nicht mal einen Stehbass anheuern oder sich Gel ins Haar schmieren."[12]

"*TONIGHT'S THE NIGHT* enthält all jene düsteren, gespannten, melancholischen Eigenschaften, die wir von Young's Musik erwarten, aber es besteht ein wichtiger Unterscheid zu seinen anderen Platten: Wo die meisten seiner ernsten Songs ihre dunkle Stimmung direkt hervorrufen - durch wiederkehrende Metaphern des Fliegens und des Tanzens zum Beispiel, und der mysteriöse Indianer von 'Broken Arrow' - erreichen diese Songs ihre Ausdruckskraft durch das explizite erzählte Detail. Young wurde zum Geschichtenerzähler, zum Schauspieler."[13]

"Die Musik vermittelt dieses Gefühl von spontaner und direkter Ungeschliffenheit, die in letzter Zeit nur von [Bob Dylan's] *BLOOD ON THE TRACKS* erreicht wurde ... das ist *desert music*, ganz sicher, und zwar aus dem rauhesten Teil der Wüste."[14]

"... Geschichten von Drogengewalt und Tod und Kifferphantasien, ausgepresst in hilfloser Wut und hoffnungsloser Verwirrung."[15]

"... die stärkeren Titel von *TONIGHT'S THE NIGHT* erinnern alle sehr stark an *EVERYBODY KNOWS THIS IS NOWHERE*, allerdings lassen sie die Spontaneität derselben vermissen ... Überraschung der Platte ist jedoch eine Live-Aufzeichnung von 1970 aus dem Fillmore East mit Neil Young und CRAZY HORSE (Danny Whitten als Sänger), da stimmte noch alles ... damals."[16]

Neil urteilt später im Rückblick:

"In dieser Periode hab ich ziemlich radikale Sachen gemacht. Und ich habe dafür viel kommerzielles Potential geopfert. Aber in 50 Jahren, wenn sich einer ein Bild von der Drogenkultur der 60er und 70er Jahre machen will - es ist alles auf *TONIGHT'S THE NIGHT*. Die LP läßt dich denken, ich müßte eigentlich schon tot sein ..."[17]

"Es scheint, sie symbolisierte wirklich vieles von dem, was damals ablief. Die Freiheit der Sixties und freie Liebe und Drogen und all das ... sie war das Preisschild. Hier hast du die Rechnung. Freunde, junge Kerle, die starben, Kids, die nicht wußten, was sie taten und mit was sie da herumspielten."[18]

| **Juli** | Die Aufnahmen für *ZUMA* in David Briggs' Haus - wo sich auch 'Nachbar' Bob Dylan einmal sehen läßt - werden innerhalb von zwei Wochen abgeschlossen. |

Sampedro erzählt: "Jeder denkt, Neil sei so ein ernsthafter Mensch, und so wollen sie immer nur ernstes Zeug mit ihm reden. Aber in Wirklichkeit ist er ein ganz unkomplizierter Typ. Eines Nachts, als wir an *ZUMA* arbeiteten, fühlte er sich garnicht wohl und wollte eigentlich nach Hause. Ich sagte: 'Komm, Neil, wir gehen noch weg und trinken uns einen an.' Und ich glaube, wir waren in jeder Bar in Malibu. Am nächsten Tag rief er mich an und meinte: 'Ich weiß zwar nicht wann, aber ich habe letzte Nacht drei Songs geschrieben und als ich heute aufwachte, lag ich auf ihnen.' Einer oder zwei von diesen Songs landeten dann auch auf *ZUMA*."[19]

Neil bekommt erneut Probleme mit seinen Stimmbändern; eine Operation wird unumgänglich. Die für den Sommer geplante Tournee mit CRAZY HORSE muß abgesagt werden.

25.7. Ein spontaner Gig als Gitarrist mit Stephen Stills im 'Greek Theatre' in Los Angeles:
Neil kann zwar nicht singen und sich nur mit handgeschriebenen Notizen verständigen, aber die beiden spielen u.a. großartige Versionen von 'The Loner', 'New Mama' und 'On The Beach'. Ganz begeistert verkündet Stills gegen Ende des Konzerts, daß er von nun an für jede seiner Soloplatten mindestens einen Song von Neil aufnehmen will.

14.8. In einem von Cameron Crowe für ROLLING STONE geführten Interview spricht Neil zum ersten Mal offen über seine Epilepsie:
"Über Epilepsie weiß niemand so recht Bescheid. Ich weiß nur, daß sie ein Teil von mir ist. Teil meines Kopfes, Teil von dem, was in mir vorgeht. Irgendetwas in meinem Hirn löst sie ab und zu aus. Und manchmal, wenn ich richtig high bin, ist es eine wirklich psychedelische Erfahrung, einen Anfall zu haben. Du gleitest in eine andere Welt. Dein Körper bebt und du beißt dir in die Zunge und dein Kopf schlägt auf den Boden, aber dein Geist ist irgendwo ganz anders.
Das einzig wirklich Erschreckende an all dem ist nicht, daß du in dieses Stadium gerätst, sondern daß du feststellst, daß du dich total wohlfühlst in dieser ... Leere. Und das treibt dich dann wieder zurück in die Realität. Eine sehr verwirrende Erfahrung. Es ist schwer, dich dann wieder in den Griff zu kriegen."
Crowe: "Ist es jemals auf der Bühne passiert?"
Neil: "Nein. Nie. Ich habe ein paarmal gedacht, es passiert und habe deswegen die Bühne verlassen. Aber ich war nur zu high oder sowas. Es ist nur der Druck von der Umgebung. Deswegen mag ich auch Menschenansammlungen nicht allzusehr."

ROLLING STONE,
August 1975

September Auf seiner Ranch nimmt Neil ohne Begleitmusiker eine Handvoll neuer Songs auf: u.a. 'Pocahontas', 'Captain Kennedy' und 'Powderfinger'.

November *ZUMA* erscheint.
Neil: "Ich erinnere mich, als ich in Zuma war, sagte ich zu Carol King, sie solle doch mal vorbeischauen und sich mein neues Album anhören. Es sei das sauberste Album, das sie je von mir gehört hätte. Sie kam, hörte es sich an und sagte: 'Das ist doch kein *Studio*album! Wovon redest du eigentlich? Und James Taylor auf 'Heart Of Gold' - komm', Neil, mach doch endlich mal 'ne richtige Platte!'"[20]

Bud Scoppa: "*ZUMA* ist bei weitem das beste Album, das er gemacht hat; es ist das bündigste (aber dennoch nicht das offensichtlichste) Konzeptalbum, das ich kenne ...
War *TONIGHT'S THE NIGHT* traurig und gespenstisch dunkel, so ist *ZUMA* - sozusagen Young's *MORNING*-Album - trotzdem nicht gerade mit Sonnenlicht und Blumen überhäuft. Es scheint, daß leichte Düsternis noch das Hellste ist, was dieser von Liebe und Tod verfolgte geniale Epileptiker heutzutage ertragen kann ...
Aber was dieses Album endgültig zu seiner Größe erhebt, ist die Präsenz von CRAZY HORSE, die in Frank Sampedro an der Rythmusgitarre endlich einen adäquaten Ersatz für Danny Whitten gefunden haben. Sampedro's überlegene Rythmusarbeit läßt Young so kraftvoll Gitarre spielen wie noch nie zuvor ..."[21]

"*ZUMA* - mit CRAZY HORSE aufgenommen - ist ein in seiner inneren Konsistenz von Text und Melodie, Gesang und Instrumentierung bewundernswertes Album ... und etabliert Neil Young wieder als einen der kreativsten Musiker der Rock-Szene."[22]
"*BLOOD ON THE TRACKS*, aber mit mehr 'Blut' und mehr 'Spuren'. Als Singer-Songwriter und Rock'n'Roller scheint Young, das Mona Lisa-Lächeln der Siebziger, etwas zu wissen, das wir nicht wissen - aber wissen sollten. In mancher Hinsicht ist dieser postromantische Psycho-Abenteurer vielleicht der Größte von allen ..."[23]
Lou Reed begeistert: "Das Gitarrenspiel ist quälend schön ... hör dir das an. Er hat echt daran gearbeitet. Es hat mich zum Weinen gebracht. Wahrscheinlich ist es das beste, das ich in meinem Leben gehört habe."[24]
"Dan Stuart von GREEN ON RED gibt freimütig zu, daß ihre LP *GAS FOOD LODGING* stark von Young's epischem Werk *ZUMA* beeinflußt wurde ('Wenn du klaust, dann von den Besten', wie es Stuart ausdrückt)."[25]
Die spanischen Zensurbehörden, noch unter Franco, mögen Neil's Abrechnung mit der Eroberungspolitik Cortez' und der Ausrottung der Azteken übrigens garnicht - bei der spanischen Ausgabe von *ZUMA* wird deshalb aus 'Cortez The Killer' der Titel 'Cortez, Cortez' ...

Mitte des Monats nimmt Neil mit CRAZY HORSE in seinem Studio u.a. 'Like A Hurricane' und 'Homegrown' (beide landen später auf *AMERICAN STARS 'N BARS*), sowie 'Lotta Love' (wird erst 1978 auf *COMES A TIME* erscheinen) auf.

Die Planungskommission des San Mateo County tagt ebenfalls im November, um über ein geplantes Open Air-Festival zu entscheiden, das nicht weit von Neil's 'Broken Arrow Ranch' stattfinden soll.

Neil taucht unerwartet bei der Sitzung auf - und spricht sich strikt dagegen aus. Der Kommissionsvorsitzende Tom Woolfe nach der Entscheidung, das Festival nicht zu genehmigen:
"Er hat uns erzählt, daß er sich mit Open Air-Konzerten auskennt und daß er schon auf 50 oder 60 in fünfzehn verschiedenen Ländern gespielt hat. Und er hat uns die Drogenprobleme vor und hinter der Bühne geschildert, und daß 50 Leute, wenn sie wirklich reinkommen wollen, auch reinkommen, ob da Polizisten sind oder nicht."
Einer der Initiatoren des Festivals meint daraufhin: "Es dürfte einem ziemlich schwerfallen, sich nach dem, was Young hier hat verlauten lassen, noch 'Sugar Mountain' anzuhören."
Neil's Freund David Klein dagegen: "Sie können sich nicht vorstellen, wie es auf der Ranch zugeht. Dauernd kommen Leute hingefahren und warten darauf, mit Neil über seine letzte Platte reden zu können oder bei ihm einen Job als Roadie zu kriegen. Er möchte dort aber allein sein."[26]

SOUNDS, November 1975

22./23.11.   Bei zwei Konzerten in Palo Alto und Los Angeles tritt Neil wieder mit Stephen Stills auf. Sie spielen einige Songs zusammen, z.B. 'Long May You Run', 'Human Highway' und Fred Neil's 'Everybody's Talkin". Stills enthusiastisch:
"The spirit of the BUFFALO SPRINGFIELD is back."[27]

12.12.   Cotati, California, 'Inn At The Beginning':
Der erste einer Reihe unangekündigter Gigs von Neil und CRAZY HORSE in Clubs und Kneipen an der Westküste, der *NORTHERN CALIFORNIA BAR TOUR* - auch *ROLLING ZUMA REVUE* genannt

(nach Bob Dylan's zur gleichen Zeit stattfindenden *ROLLING THUNDER REVUE*).

Das Programm umfaßt Stücke sowohl von Neil (z.B. Cowgirl In The Sand', 'Cinnamon Girl', 'Driveback', 'Southern Man'), als auch aus dem Repertoire von CRAZY HORSE und wird eine Zeit lang sogar für eine gemeinsame LP mit dem Titel *RANCH ROMANCE* in Erwägung gezogen.

Sehr schnell ist es jedoch wieder vorbei mit der nahezu privaten Atmosphäre dieser Auftritte. Immer mehr Journalisten heften sich an Neil's Fährte und berichten davon: die Folge ist eine Invasion von Fans und weiteren Reportern und damit ein schnelles Ende der Tour.

22.12. Point Reyes, California, 'Marshall Tavern' - letzter Auftritt der 'Bar-Tour':

"Wir parkten im Schlamm am Straßenrand und liefen durch den halben Ort (fünf Häuser) zu der Bar. Die Türen waren geöffnet. Keiner verlangte Eintritt. Drinnen war es warm und trocken und alle tranken. 100 Leute hätten reingepaßt, aber es war nicht voll.

Young und CRAZY HORSE kamen aus dem Nebenzimmer und bestiegen die Treppe zur Bühne. Young begann mit 'Down By The River' und machte dann mit Sachen von *ZUMA* weiter. 'Don't Cry No Tears' brachte die Leute zum Ausflippen, dann drehte der Mixer die Lautstärke runter ..."[28]

31.12. Stephen Stills und Neil geben in 'Alex's Bar', nicht weit von Neil's Ranch, einen kostenlosen Silvester-Konzert.

2 ORIGINALS OF NEIL YOUNG (die ersten beiden LPs im 'Doppelpack'); 1975

1   Neil über *TONIGHT'S THE NIGHT*;
    ROLLING STONE, 14.8.75
2   Neil über *TONIGHT'S THE NIGHT*;
    NEW MUSICAL EXPRESS, 28.6.75
3   *CROSBY, STILLS & NASH*; S.177
4   ROLLING STONE, 14.8.75
5   ROLLING STONE, 14.8.75
6   NEW MUSICAL EXPRESS, 28.6.75
7   ROLLING STONE, 14.8.75
8   NEW MUSICAL EXPRESS, 28.6.75
9   SONG TALK, Winter 1991
10 ROLLING STONE, 29.8.74
11 Robert Hilburn, LOS ANGELES TIMES, 10.8.75
12 Jimmy McDonough, VOICE R&R QUARTERLY, Winter 1989
13 Bud Scoppa, SOUNDS (deutsch), November 1975
14 Dave Marsh, ROLLING STONE, 28.8.75
15 S. Holden, VILLAGE VOICE, 7.7.75
16 Joseph Schlögl, SOUNDS (deutsch), 1975
17 NEW YORK TIMES, 27.11.77
18 MELODY MAKER, 14.9.85
19 TROUSER PRESS, April 1980
20 Neil im Oktober 1982; NEW MUSICAL EXPRESS, 4.5.91
21 ROLLING STONE, 15.1.76
22 Michael Schlüter, SOUNDS (deutsch), 1976
23 Paul Nelson, ROLLING STONE, 15.12.77
24 TROUSER PRESS, 4/1980
25 MELODY MAKER, 14.9.85
26 alle Zitate aus: ROLLING STONE, 15.1.76
27 *CROSBY, STILLS & NASH*; S.183
28 ROLLING STONE, 12.2.76

1976

"People think I'm a junkie, but I wouldn't go anywhere near any of that stuff, not even snorting it."[1]

"This man, the longest living rock-n-roll star, died searching for a Heart Of Gold. He never found it, but he turned a few people on."[2]

3.3. Eine vierwöchige Tournee mit CRAZY HORSE durch Japan und Europa beginnt in Nagoya. Es ist Neil's erster Auftritt in Japan:
"Niemand da hat mit uns gesprochen, und die Reaktionen waren ganz anders als im Westen, aber ich glaube, sie haben uns verstanden und gaben uns einen tollen Empfang ... es war erstaunlich, daß Leute zu den Shows kamen und sogar meine Art der Kleidung kopiert hatten, die Jeans mit den Flicken. Das ist zwar immer und überall so gewesen, aber bei Leuten einer ganz anderen Kultur ... ist das schon sehr verblüffend."[3]

15.3. Der europäische Abschnitt der Tour beginnt mit einem Konzert in Oslo und führt Neil zwischen dem 18. und 21. März zum ersten Mal nach Deutschland - nach Heidelberg, Offenbach, Köln und Hamburg.

21.3. Hamburg, 'Congress Centrum':
"Trotz all der in Kalifornien und unterwegs verbrachten Jahre scheint die spröde Zartheit des klassischen Folksongs immer noch seine Heimat zu sein. Den Gospel-Sound und die Blue-Note des Südens meidet er. Ein Hauch von Neu-England ist um ihn ...
Sehr schnell fühlt man sich bei ihm zu Hause. Er schlendert von der Gitarre zum Klavier und wieder zurück zum Banjo, das er ganz wider Folk-Brauch nicht zu archaisierendem Schrumm-Schrumm mißbraucht, sondern mit oft schon polyphoner Virtuosität handhabt. Aus mit Wasser gefüllten Zahnputzgläsern holt er sich die jeweils passende Mundharmonika, die er sich dann in das traditionelle Drahtgestell direkt vor den Mund klemmt. Ganz auf sich gestellt, singt er Lieder vom Pfiff der Lokomotive und vom Glück an der Gartenpforte, von 'Heart Of Gold', aber auch von der Nadel und was sie dir antut ...
Nach der Pause gesellen sich dann die Begleitmannen dazu. In der klassischen Besetzung der BEATLES - drei Gitarren und Schlagzeug - treten sie auf, aber das täuscht. CRAZY HORSE nennen sie sich, und dementsprechend machen sie auch viel Wind und Lärm."[4]

28.-31.3. London, 'Hammersmith Odeon':
"Kurz nach acht Uhr kommt Neil Young auf die Bühne, etwas widerwillig und lustlos, scheint es. Er ist hager wie kaum jemand sonst, den ich je vor einem Publikum gesehen habe, und seine Körpergröße, die krumme Haltung und die schlampige Kleidung verstärken dieses ausgemergelte Erscheinungsbild ...
Im Verlaufe des akustischen Sets bekommt man den Eindruck, daß er diese Songs nicht allzu gerne singt. Einige davon machen einen etwas gehetzten Eindruck, besonders 'The Needle And The Damage Done' ...
Wie auch immer, beim elektrischen Set mit den neuformierten CRAZY HORSE wirkte Young wesentlich zufriedener ... Die allgegenwärtigen Talbot und Molina sind eines der wirklich großen Rythmus-Gespanne in der Rockmusik und haben eine völlig eigenen Stil. Sie sind ein festgefügtes Team und bewahren doch gleichzeitig eine gewisse Lockerheit."[5]
"Neil Young und CRAZY HORSE sind, wie der wilde elektrische Set des 'Hammersmith'-Konzerts deutlich machte, noch immer die großartigste Kneipen-Band der Welt ...
Höchst unwahrscheinlich, daß wir in diesem Jahr von einem Künstler seines Status einen beeindruckenderen Auftritt sehen werden."[6]

Neue Songs im Repertoire des Tourprogramms sind u.a. 'Too Far Gone', 'Stringman', 'Country Home' und vor allem 'Like A Hurricane' (mit riesigem Ventilator seitlich auf der Bühne), der die Leute regelmäßig zum Ausflippen bringt.

Die ganze Tournee wird gefilmt - die Auftritte, Backstage-Szenen, Neil in der Limousine, im Hyde Park, beim Aufwachen im Hotelbett; auch die Presse-Party in der 'Maunkberrys'-Bar in London's Jermyn Street am 30.3., wo sich Neil vor seinem Abgang von einem Photographen eine Torte ins Gesicht werfen läßt.

Neil: "Ich mag es einfach, gutes Filmmaterial zu haben. Zuhause auf meiner Ranch habe ich 'ne ganze Ladung davon; ich werde weiter Musik machen, zumindest auf Platten, aber vielleicht will ich auch mal Filme drehen. Ich habe alles, was man zum Filmen benötigt, zuhause, und es ist mehr als nur ein Hobby - es ist eine Obsession."[7]

2.4.   Letzter Auftritt der Tournee im 'Apollo Theatre' in Glasgow.
Innerhalb von 18 Tagen gaben Neil und Band 15 Konzerte in acht Ländern.

Neil: "Es war, wie wenn man sich Europa durch einen dieser kleinen 'Viewmaster'-Diabetrachter anschaut ... Die Leute backstage in jeder Halle dachten wohl, wir seien verrückt - wir nicken ihnen zu und reden mit ihnen, als ob wir gestern Nacht auch schon hier gewesen wären, dabei waren wir in einem ganz anderen Land und wissen überhaupt nicht, wo wir gerade sind."[8]

Billy Talbot: "Ich erinnere mich daran, wie wir in Rotterdam von der Bühne kamen und Paul McCartney dastand. Wir hatten eben unseren Auftritt beendet, wir vier rennen durch diesen Tunnel zu unseren Garderoben und McCartney steht einfach so da. Er nickt mir zu, so von Musiker zu Musiker halt. Ich dachte nur ... wir vier. *Die* vier. Sind wir nun eine Band, oder *was* sind wir?"[9]

Pläne für ein Live-Album sehen vor, akustische Songs aus dem Konzert im 'Hammersmith Odeon' in London mit elektrischen Stücken, aufgenommen in Budokan, Japan, zu koppeln.

"Wir hatten eine großartige Version von 'Stringman' ... Man kann die Pedale des Klaviers quietschen hören. Wie im Aufnahmestudio, so still war es in der Halle." (Produzent David Briggs)[10]

Doch auch diese Live-Platte wird nicht erscheinen ...

10.4.   *NEIL: FEELIN' GROOVY!* - so der Titel eines Interviews im MELODY MAKER, das Ray Coleman mit Neil geführt hat.

Neil über die Beweggründe, auch die älteren, bekannten Songs auf der Tour zu spielen: "Ich mag diese Songs und ich bin jetzt in der Lage, den Neil Young von heute von der Person zu trennen, die sie geschrieben hat. Ich bin älter - klar - und wenn all diese Songs mir helfen, dadurch Leute mit neueren Sachen zu erreichen, so ist das für mich in Ordnung. Trotzdem hab' ich es nie gemocht, wenn sie nach den alten Songs schreien, sobald ich einen neuen beendet habe. Das ist schon ein bißchen entmutigend. Du hängst dich voll in einen Song rein, den du

gerade geschrieben hast, gehst ganz darin auf. Applaus. Toll! Du denkst:
'Ah, der kommt an.' Doch kaum wird der Beifall dann langsam leiser,
ruft einer nach 'Southern Man'! Und du fluchst: 'Ach, sie finden die alten
immer noch besser. Zur Hölle mit den alten ...
Ich glaube, ich habe immer Songs geschrieben, bei denen die Leute
dachten, ich sei traurig - aber es sind doch nur Songs ... ich wünschte,
ich könnte etwas Fröhliches schreiben. Aber denkt daran - all die Leute,
die meinen, Neil Young-Songs seien eine Zumutung, weil sie dich runter
bringen - es ist ein Zeichen von Stärke und nicht von Schwäche, wenn
du als Hörer mit ihnen zurechtkommst. Gute Songs müssen den Geist
des Hörers anregen - sie dürfen die Story nicht zu Ende erzählen ...
Eines Tages wird Neil Young einen fröhlichen Song schreiben. Aber den
verkaufe ich dann wahrscheinlich an's Fernsehen für Werbung."

Anzeige im MELODY MAKER, 1.5.76   ADVERTISEMENT

| April | Nach Abschluß der Tournee trifft sich Neil mit Stephen Stills zu gemeinsamen Aufnahmen in den 'Criteria Studios' in Miami (Stills hat, wie angekündigt, auf seiner neuen LP *ILLEGAL STILLS* tatsächlich einen Song von Neil, 'The Loner', gecovert). |

"Jeder hatte gehört, daß Stills und Young nie miteinander auskamen.
Aber in Miami verhielten sie sich wie richtige Freunde." (Gerry Caskey,
Roadie der beiden)[11]
Trotzdem ist Neil mit den Ergebnissen der Sessions nicht so ganz
zufrieden. Graham Nash erinnert sich:
"Neil rief mich von Japan aus an und meinte, hör mal, Stephen und ich
haben da ein Album in Miami aufgenommen, mit ganz tollen Stücken
und wirklich guten Leadvocals, aber es fehlt noch der ganz spezielle

Sound. Ich sagte, klar doch, da fehlen David und ich, und er stimmte sofort zu."[12]

Neil schlägt ihm vor, zusammen mit Crosby nach Miami zu kommen, und Nash sagt zu, nachdem er ein paar Tage später in seinem Haus in San Francisco die bisher gemachten Aufnahmen zu hören kriegt. Sie beginnen sofort mit der Arbeit im Studio und nehmen dabei auch ein paar neue Stücke auf, u.a. den Crosby/Nash-Song 'Taken At All'.

Nach etwa 14 Tagen fliegen Crosby und Nash jedoch zurück nach Los Angeles, da sie dort Studiozeit für ihr eigenes gemeinsames Album *WHISTLING DOWN THE WIRE* gebucht haben.

Etwas verärgert reagieren Neil und Stills: eine bereits feststehende Tour im Juni/Juli vor Augen, aus der nun doch nicht mehr die erhoffte CSN&Y-Tournee wird, entschließen sie sich, die fertigen Overdubs von Crosby und Nash zu löschen - nicht, ohne vorher Kopien von den gemeinsamen Aufnahmen gemacht zu haben (vgl. 'Taken At All' im CD-Box Set *CSN* von 1991).

Stills' Manager Michael John Bowen: "Das Magische der früheren Tage war einfach nicht vorhanden. Es war eben zu eindeutig Stills und Young."[13]

Nash: "Ich habe gelesen, die Sessions seien nicht produktiv gewesen, aber das ist Quatsch. Völliger Quatsch. Ich habe fast ein ganzes CSN&Y-Album auf Band, das dich umhauen würde ... Daß Stephen und Neil nun behaupten, der Zauber hätte gefehlt und wir wären nicht hungrig genug gewesen, alles Quatsch ...

Nie mehr werde ich mit ihnen arbeiten. Hol sie der Teufel. Sie machen das alles nicht aus dem richtigen Beweggrund, sie machen es wegen des Geldes, benutzen uns und denken nur an ihre Karriere, während ich es wegen guter Musik mache ...

Ich sehe Stephen's Karriere den Bach hinuntergehen, und Neil's Karriere ebenso, und es ist mir völlig egal. Zwei hoffnungslose Fälle ..."[14]

Während der Zeit in Miami hält sich Neil gerne in Coconut Grove, rund um den Yachthafen, auf. Er entwickelt zusehend Interesse für Schiffe und kauft sich schließlich eine 55-Fuß-Yacht aus den zwanziger Jahren, die er 'Evening Coconut' tauft. Schon bald ist sie ihm jedoch zu klein und er erwirbt ein 1913 in Dänemark gebautes, doppelmastiges Segelschiff, in das er und einige Freunde viel Arbeit stecken müssen (Neil: "eine wunderbare Erfahrung"). Er nennt es nach seinem Großvater mütterlicherseits 'W.N. Ragland'.

23.6.   Detroit, 'Pine Knob Theatre':
Obwohl die Aufnahmen für das gemeinsame Album noch nicht ganz beendet sind, startet die Tournee der Stills/Young-Band; mit POCO im Vorprogramm soll sie nahezu drei Monate dauern (ursprünglich für eine

Tour mit CRAZY HORSE gebuchte Termine werden dafür übernommen).

"Doch wenn die Leute erhofft hatten, eine frische Brise Kreativität von einer Hälfte von CSN&Y zu erhaschen, dann mussten sie wohl sehr enttäuscht sein. Die gegenwärtige Tour ... präsentiert Young und Stills eigentlich nur als Solokünstler, die ihre jeweilige Führungsrolle das ganze Konzert hindurch bei jedem Stück wechseln."[15]

Im weiteren Verlauf der Tour erreichen die Konzerte dann speziell bei alten BUFFALO SPRINGFIELD-Nummern ihre Höhepunkte.

"Das Beeindruckendste an der Show ist ihr Spektrum. Es besteht aus elektrifizierten und akustischen Teilen und umfasst nahezu alle wichtigen Kompositionen, die die beiden in den letzten zehn Jahren geschrieben haben."[16]

An den freien Tagen zwischen den Konzerten werden die Aufnahmen für die inzwischen *LONG MAY YOU RUN* betitelte LP in Miami fertiggestellt.

9.7. Largo, Maryland, 'Capitol Center':
"Stills hatte Probleme mit dem Singen am Mikrophon und manchmal sogar mit den Texten. Die Harmonien klangen holprig. Young, darum bemüht, den Gesang sauber klingen zu lassen, war zu angespannt, um locker Gitarre spielen zu können. In typischer Young-Manier blieb er danach nicht da. Er fuhr direkt von der Bühne zum Flughafen, wo ein 'Lear Jet' wartete, und flog nach Miami, um dort einen Tag lang am Gesang für *LONG MAY YOU RUN* zu arbeiten. 'Wenn wir beide hinfliegen,' sagte er zu Stills, 'wird keiner von uns zurückkommen wollen.'"[17]

13.-15.7. Cleveland, Cincinatti, Pittsburgh ... die Auftritte werden nach Stills' Meinung immer besser:
"There was definitely some magic happening out there!"[18]

18.7. Der letzte Abend der Tournee in Charlotte, Virginia:
Vor dem nächsten Auftritt in Atlanta packt Neil seine Sachen und fährt nach Hause - 'offizieller' Grund ist eine Rachenentzündung ...
Neil: "Es hatte mir ziemlich Spaß gemacht, aber die Kritiken haben uns gegeneinander ausgespielt. Stephen hat sie gelesen. Ich habe versucht, sie nicht zu lesen. Aber sogar die Überschriften waren, na ja, wie *YOUNG'S HOT, STILLS'S NOT.* Und so dachte Stephen bald, andere Leute bei der Tour wären gegen ihn und würden versuchen, ihn vor der Öffentlichkeit schlecht zu machen. Es wurde dann richtig persönlich ...
Ich traf die Entscheidung, aufzuhören, nach dem Konzert in Charlotte: er hatte auf der Bühne herumgeschrien und danach gab es eine große Schlägerei. Nicht mit mir, aber mit anderen."[19]

117

Er schickt ein Telegramm an Stills: "Lieber Stephen, lustig, daß manche Sachen, die spontan beginnen, auch genauso enden. *Eat a peach, Neil.*"

Plakatankündigung zweier Konzerte, die nicht mehr stattfinden werden ...

August   LONG MAY YOU RUN, das gemeinsame Album, erscheint trotzdem und erreicht immerhin Platz 25 in den amerikanischen Charts.
"Wenn LONG MAY YOU RUN überhaupt von irgendetwas handelt, dann von der Wichtigkeit der Freundschaft. Das wird schon am Cover deutlich, das eine Zeichnung von zwei kraftvoll rennenden Büffeln zeigt; und es zeigt sich auch im Titelsong selbst, augenscheinlich eine etwas eigenartige, aber liebevolle Widmung Young's an ein altes, geliebtes Auto (vielleicht an seinen legendären Lieferwagen?), die man aber auch als eine Feier der gemeinsamen Zeiten, die er und Stills miteinander erlebten, auslegen könnte."[20]
Stills: "Neil hat fast alle Songs spontan geschrieben, so als ob er keinen besonderen Song vergeuden wollte. Er hat mir bei den Arrangements für 'Black Corral' und 'Guardian Angel' sehr geholfen. Aber nur sporadisch. Manchmal schien er mir einfach nicht richtig bei der Sache zu sein ...
Der Weg zur Hölle ist gepflastert mit guten Vorsätzen. Und wir sind leider über die Vorsätze nie hinausgekommen."[21]
"Verglichen mit ihren letzten Soloprojekten, bedeutet LONG MAY YOU RUN für Young einen Stillstand (nichts hier hat das Potential auch nur eines Songs von ZUMA oder TONIGHT'S THE NIGHT), für Stills aber einen ermutigenden Schritt vorwärts (all seine Stücke hier sind besser als die auf der kriminellen ILLEGAL STILLS). Keine wichtige Platte, aber sicherlich eine interessante."[22]
"So sehr sich die 5 Neil Young-Kompositionen von den 4 Stephen Stills-Titeln unterscheiden: Man kann LONG MAY YOU RUN durchaus als gemeinsames Unternehmen akzeptieren ...
Neil Young's Songs entsprechen genau dem, was man von ihm erwartet: melodisch starke Country-Rock-Nummern ... Stephen Stills' Titel sind in

ihrer jazzigen Orientierung und dem aufwendigen Arrangement etwas ungewohnt und auch nicht von der direkten Eingänglichkeit wie Neil's Stücke ...
Eine LP mit neun ausnahmslos guten Songs, nicht nur für West-Coast-Freaks."[23]

28.8.   Im 'Civic Auditorium' von Santa Monica hat Neil bei einem Konzert von FIREFALL und SPIRIT zwei kurze Gastauftritte.
Dabei kommt es bei SPIRIT's Version von 'Like A Rolling Stone' zu einem kleinen Eklat. Randy California erinnert sich:
"Ich roch diesen Whiskey-Atem und hörte diese Stimme, die völlig neben den Harmonien lag, an meinem rechten Ohr, und es war nur eine natürliche Reaktion von mir, ihn wegzustoßen ... Also, ich stieß ihn zurück und drehte mich um, und alle anderen aus der Band stellten ihre Instrumente hin und gingen von der Bühne - alle meine Freunde."[24]
"Der konsternierte California mußte seine Gruppe vor aller Augen zurückholen, um das Konzert beenden zu können. Daß er in den kommenden Jahren nicht gerade gut auf Young zu sprechen war, ... ist nicht verwunderlich."[25]

Oktober   Joni Mitchell's LP *HEJIRA* erscheint: Neil spielt Mundharmonika bei 'Furry Sings The Blues'.

1.11.   Eine gut dreiwöchige US-Tour mit CRAZY HORSE beginnt im 'Dorothy Chandler Pavilion' in Los Angeles:
"Neil Young's eigentlich lohnendes Konzert am Montagabend wurde lediglich durch den Einsatz von etwas zuviel neuem Songmaterial geschmälert ... Young begann seinen elektrischen Set jedoch brilliant mit einem Dreierschlag, der auch 'Thankful For My Country Home' (ein neuer, sehr eingängiger Country-Rock-Song) beinhaltete ... das Konzert steigerte sich dann gegen Schluß hin zu einem der besten, das wir in diesem Jahr hier zu sehen bekamen, bevor es - zu früh - endete. Aber das Problem, so stellte sich heraus, war nicht Young's fehlender Wille, mehr Songs zu spielen. Vielmehr mußte sich Young - nach strikter Anweisung seines Managers Elliot Roberts - schonen, um seine angegriffenen Stimmbänder nicht zu schädigen."[26]

17.11.   New York City: nach einem Besuch in 'Max's Kansas City' am Tag vor dem ersten seiner vier Konzerte im 'Palladium' lädt Neil Patti Smith und den Gitarristen ihrer Band, Lenny Kaye, zu seinem Gig am Samstagabend ein.

18.-20.11.   Vier Konzerte im 'Palladium' in New York City:
"Die Show war in zwei Hälften geteilt, eine akustische und eine elektrische, und die Atmosphäre war sehr locker. Mir wurde erzählt, daß

Young bei der gegenwärtigen Tour sein Repertoire fast täglich ändert, oft brandneue Songs einbaut, die manchmal erst kurz vor dem Konzert geschrieben werden, oder einfach irgendwas aus seinem riesigen Songkatalog spielt ...
Erfolglos ermunterte er das Publikum, bei 'Sugar Mountain' mitzusingen und verließ dann die Bühne mit der Bemerkung, daß er hoffe, sein elektrischer Set würde besser aufgenommen.
Das war der Fall. Vom ersten Ton von 'Are You Ready For The Country' an lag etwas Magisches in der Luft, und obwohl sich die Band anstrengen mußte, um das Tempo zu halten, stand Young die nächsten 60 Minuten lang unter Strom. Mehr noch als sein Gesang brillierte seine Gitarrenarbeit, mühelos kamen seine Soli ..."[27]

24.11.   Die Tournee endet mit einem Auftritt in Atlanta.

Bootleg-LP eines Mitschnitts des Konzerts im 'Forum' in L.A., 4.11.76

25.11.   'Thanksgiving Day': Das Abschiedskonzert von THE BAND - mit Bob Dylan, Muddy Waters, Ronnie Hawkins, Van Morrison, Emmylou Harris u.v.a. - wird von Martin Scorcese für den Film *THE LAST WALTZ* aufgenommen.
Neil singt zusammen mit THE BAND und Joni Mitchell 'Helpless' und 'Four Strong Winds'; nur ersteres ist später im Film zu sehen.
Zwölf Jahre später wird Neil im ROLLING STONE nach dem Kokain gefragt, dessen Spuren an seiner Nase vor dem Auftritt nicht zu übersehen waren. Er antwortet:

"Ich hatte ziemlich Schiss beim *LAST WALTZ*. Ich war auf dem Weg zur Bühne, ich fiel fast hoch, da sagte jemand: 'Komm, nimm was davon.' Ich war seit zwei Tagen wach, also nahm ich etwas. Und schon war ich weg. Ich bin nicht gerade stolz darauf; ich glaube nicht, daß das jemand sehen sollte und dann denkt: 'Wow, das ist cool.'
Als der Film fertiggestellt wurde, hat man mich dann auch gefragt, ob ich das rausgeschnitten haben möchte. Und Robbie Robertson meinte: 'So, wie du da bist, darum geht es eigentlich in dem Film - wenn du so weiter machst, stirbst du irgendwann, also laß uns damit aufhören.' Sie haben mich eben zu einem schlechten Zeitpunkt erwischt."[28]

Eigentlich sollte bereits zu diesem Zeitpunkt das Dreifach-Album *DECADE* erscheinen, eine Art 'Bestandsaufnahme' von Neil's Schaffen im ersten Jahrzehnt seiner Karriere.
Das Projekt wird jedoch zuerst einmal verschoben, denn Neil hat bereits etwas anderes im Sinn - eine neue LP mit dem Titel *CHROME DREAMS*, für die er im November mit CRAZY HORSE einige Songs (u.a. 'Too Far Gone', 'Hold Back The Tears', Sedan Delivery' und 'Look Out For My Love') aufgenommen hat:
"Das neue Zeug klingt so gut - ich habe da diesen Song 'Hurricane', der geradezu *abhebt* - ich glaube, ich bringe lieber was Neues raus. Es ist noch nicht die richtige Zeit, um zurückzublicken."[29]

1   Neil, NEW MUSICAL EXPRESS, 10.4.76

2   Neil zu Ray Coleman auf die Frage, was einmal auf seinem Grabstein stehen solle; MELODY MAKER, 10.4.76

3   Neil, MELODY MAKER, 10.4.76

4   Werner Burkhardt, SÜDDEUTSCHE ZEITUNG, 5.4.76

5   Steve Clarke, NEW MUSICAL EXPRESS, 3.4.76

6   Allan Jones, MELODY MAKER, 3.4.76

7   MELODY MAKER, 10.4.76

8   MELODY MAKER, 10.4.76

9   ROLLING STONE, 8.2.79

10   WOODEN NICKEL, Nr. 20/1991

11   *CROSBY, STILLS & NASH*; S.184

12   SOUNDS, 18.9.76

13   ROLLING STONE, 1.7.76

14   SOUNDS, 18.9.76

15   Jack Lloyd, PHILADELPHIA INQUIRER, Juli 1976

16   Larry Rother, WASHINGTON POST, 10.7.76

17   Cameron Crowe, ROLLING STONE, 9.9.76

18   *CROSBY, STILLS & NASH*; S.186

19   *NEIL AND ME*; S.161

20   MELODY MAKER, 18.9.76

21   *CROSBY, STILLS & NASH*; S.187

22   Ken Tucker, ROLLING STONE, 21.10.76

23   Michael Schlüter, SOUNDS (deutsch), 1976

24   DARK STAR, Juni 1978

25   Albrecht Piltz in: *ROCK SESSION 5*, Reinbek 1981; S.158

26   LOS ANGELES TIMES, 4.11.76

27   Chris Charlesworth, MELODY MAKER, Dezember 1976

28   ROLLING STONE, 2.6.88

29   ROLLING STONE, 8.2.79

1977

**_"I never had any brothers, but I got two, actually I got three,
but the other one, he's just a loner, you know?"_**[1]

Januar   Neil arbeitet weiter an CHROME DREAMS (bzw. SEDAN DELIVERY -
               auch dieser Name wird kurzzeitig in Betracht gezogen); u.a. nimmt er
               'Will To Love' auf.

März   Die ersten Testpressungen unter dem Namen CHROME DREAMS
               liegen vor. Außer den Stücken vom November letzten Jahres finden sich
               darauf Aufnahmen vom September und November 1975, sowie mit 'Star
               Of Bethlehem' auch ein Song von der unveröffentlichten
               HOMEGROWN-LP aus dem Jahr 1974. Neil ist mit dieser Auswahl
               jedoch noch nicht zufrieden.

_Bootleg-CD der
Testpressung von
CHROME DREAMS
vom März 1976_

Er wendet sich an Linda Ronstadt an, um sie zu fragen, ob sie ihm nicht
eine gute neue Sängerin empfehlen könne. Sie nennt ihm Nicolette
Larson, kommt aber schließlich auch selbst mit auf die Ranch, um an
einigen neuen Aufnahmen mitzuwirken.
Neil: "Eines Tages im Studio dachten die beiden, wir würden noch üben,
doch ich hatte 'Bite The Bullet' im Kontrollraum nebenan schon beim
ersten Take aufgenommen. Sie wollten es nicht glauben, als ich ihnen
sagte: 'Das war's. Wir sind fertig.'"[2]
"Ich habe einen Punkt erreicht, wo es gut tut, wieder mit Harmonien zu
arbeiten. Und diese Mädchen vermitteln uns ein völlig neues Gefühl.
CRAZY HORSE und ich, wir werden uns wie wirkliche Gentlemen
verhalten."[3]

April   Neil besucht Crosby, Stills und Nash bei den Aufnahmen für deren gemeinsame neue LP in Miami.
Graham Nash: "Als er hereinkam, sagte er: 'Ich bin gerade hier in Florida und ich habe mir gedacht, ich schau mal vorbei.' Wir haben ihm einiges vorgespielt. Es war toll. Man sieht, wir sind nie nachtragend. Es gibt da sowas wie unausgesprochene Familienbande zwischen uns."[4]

Juni   Die neue LP erscheint schließlich als *AMERICAN STARS'N BARS* - und dürfte strenggenommen eigentlich nur noch *AMERICAN BARS* heißen, da die ursprünglich geplanten Songs über *Stars* (beispielsweise 'Powderfinger', 'Captain Kennedy' und 'Sedan Delivery') garnicht mehr auf der Scheibe zu finden sind.
Neil: "Eine Seite sollte über die amerikanische Geschichte sein, die andere mehr soziokultureller Kommentar, speziell über die Form von 'Barkultur', die ich zu dieser Zeit gerade pflegte - sturzbesoffen in Bars rumhängen. Doch genau deswegen konnte ich mich an den Teil mit der amerikanischen Geschichte leider nicht mehr erinnern; wir mußten das also weglassen - so kam das Ganze zustande."[5]
"Die fünf Titel der ersten Seite wurden erst im April 1977 aufgenommen ... Die durchwegs angenehm zu hörenden Songs strahlen ein spontanes Live-Feeling aus, das zwar Charme hat, aber es sollte mich wundern, wenn die Musiker sehr viel länger als zwei Tage daran herumgewerkelt haben ...
Vier Stücke älteren Datums von Neil's wahrscheinlich ziemlich hohem Stapel unveröffentlichter Kompositionen gibt es auf Seite Zwei ... Höhepunkt der Platte ist 'Like A Hurricane', 1975 mit CRAZY HORSE live im Studio eingespielt. Ein sehr langer und sehr starker Titel mit einer enorm eingängigen Melodie und Neil's charakteristischem kantigen Gitarrenstil ...
AMERICAN STARS 'N BARS ist kein großes Neil Young-Album, aber für einige interessante Songs, hier besonders auf der zweiten Seite, ist Neil Young immer gut."[6]

"Trotz seiner eigenartigen und scheinbar zufälligen Drehungen und Wendungen (man spricht von nicht weniger als neun unveröffentlichten Alben), hat Neil Young eine sehr gute Chance, der wichtigste amerikanische Rock'n'Roll-Künstler der siebziger Jahre zu werden. Natürlich, man darf Bruce Springsteen, Jackson Browne und einige andere nicht übergehen, aber ich kenne keinen, der mit soviel Mut nach dem wirklich Essentiellen sucht. Und ich kenne auch keinen, der es, wie er, findet."[7]

Neil bietet LYNYRD SKYNYRD 'Powderfinger' und 'Sedan Delivery' für deren LP *STREET SURVIVORS* an.
"They play my kind of music. They sound like they mean it."[8]
"Auf jeden Fall spiele ich 'Sweet Home Alabama' lieber als 'Southern Man'. Als ich es zum ersten Mal hörte, hat mir sehr gut gefallen, wie sie ihre Gitarren spielten. Dann habe ich meinen eigenen Namen gehört [*"I hope Neil Young will remember / Southern Man don't need him around anyhow."*] und dachte, *das* ist ja Klasse ..." (Neil)[9]
Obwohl die Songs vorerst nicht verwendet werden, möchte Sänger Ronnie Van Zant 'Powderfinger' doch für ein zukünftiges Album aufheben - der Flugzeugabsturz LYNYRD SKYNYRD's im Oktober 1977 macht dies jedoch zunichte.

Juli   Neil mietet ein Haus am Strand von Santa Cruz und jammt dort mit der Band seines alten Freundes Jeff Blackburn, den er aus BUFFALO SPRINGFIELD-Zeiten her kennt. Bob Mosley von MOBY GRAPE spielt Bass, Johnny Craviotto sitzt am Schlagzeug.
Da es allen viel Spaß macht, beschließen sie, sich THE DUCKS zu nennen und in einigen Clubs von Santa Cruz ein paar Auftritte zu geben.

15./16.7.   Die ersten Gigs der DUCKS im überfüllten 'Crossroads' in Santa Cruz.
In den folgenden Wochen treten sie immer wieder in den verschiedensten Clubs von Santa Cruz, u.a. im 'New Riverside', im 'Catalyst', im 'Albatross' und im 'Steamship', auf - oft ohne vorherige Ankündigung. Für eine prozentuale Einnahmebeteiligung, meist nur wenige hundert Dollar, spielen sie ein Programm aus Rock-Klassikern (z.B. 'Gone Dead Train' und 'Johnny B. Goode') und Nummern von Blackburn, Mosley und Neil.
Dabei haben auch ganz neue Songs von Neil Premiere: 'Comes A Time', 'Cryin' Eyes' und 'Little Wing' z.B., und vor allem (das noch immer unveröffentlichte) 'Windward Passage' - ein Instrumental in der Tradition von 'Cortez The Killer', das zu den Höhepunkten der Gigs zählt.
"Ladies and gentlemen, THE DUCKS: Buck Duck, Johnny C. Duck, Bobby Blue Duck and - Young Duck!" - so die 'offizielle' Ankündigung bei ihren Auftritten durch Jeff Blackburn's Bruder Scotty.

Neil: "Diese Band besteht nicht aus mir und ein paar Begleitmusikern. Ich bin nur ein Teil der Band. Es erinnert mich ein wenig an die Zeiten mit BUFFALO SPRINGFIELD. Es macht Spaß mit dieser Gruppe. Blackburn und Mosley haben einige gute Songs und sie unterstützen mich und im Gegenzug unterstütze ich sie. Es ist, als ob ich das erste Mal in einer Band wäre."[10]

12.8.   Santa Cruz, 'Civic Auditorium': Angekündigt als *'local picker'*, nimmt Neil an einem Benefiz-Konzert David Crosby's für die 'United Farmworkers' in Santa Cruz teil.
Er spielt 'Human Highway', 'New Mama' (das er Carrie und Graham Nash's Frau Susan widmet), 'Only Love Can Break Your Heart' und - unterstützt von Crosby und dem ebenfalls überraschend auftretenden Nash - 'Sugar Mountain'.
Neil zum Schluß: "Diese Jungs singen verdammt gut - oder nicht, Santa Cruz?"

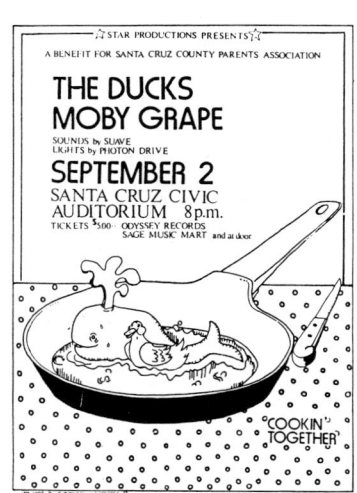

"Wenn die Situation einigermaßen ruhig bleibt, können wir das den ganzen Sommer lang machen", hatte Neil noch zu Beginn der Konzerte mit den DUCKS gehofft. Doch es endet wie die 'Bar-Tour' von 1975 - zuviele Reporter bekommen von der Sache Wind und zuviele Fans strömen zu den Gigs:

2.9.   Letzter Auftritt der DUCKS *featuring* Neil im 'Civic Auditorium' in Santa Cruz anläßlich eines Benefiz-Konzerts mit MOBY GRAPE zugunsten der 'Santa Cruz County Parents Association'.
"Das erste 'große Konzert' der DUCKS war auch ihr letztes mit Neil Young. Auch wenn es nicht so intensiv war wie die Bar- und Clubgigs, so hatte es doch seine Höhepunkte. Einer davon war für mich die emotionsgeladene, elektrische Version von 'Little Wing', von dem eine akustische Version drei Jahre später auf *HAWKS & DOVES* erscheinen sollte. Eine besonders wilde Leadgitarre spielte Neil an diesem Abend auch beim Eröffnungsstück, Bob Mosley's Rocker 'Gypsy Wedding'."[11]

Pläne für ein Doppelalbum der DUCKS, das auch Liveaufnahmen von Auftritten mit Neil enthalten sollte, werden später verworfen.

September Mit seinem inzwischen fünf Jahre alt gewordenen Sohn Zeke, der gerade eine Operation an der 'Mayo-Klinik' in Minnesota hinter sich hat, unternimmt Neil eine lange Fahrt mit dem Tour-Bus nach Florida, um dort am Boot und an neuen Songs zu arbeiten. Carrie besucht die beiden und schreibt an Neil's Vater: "Zeke ist in Florida bei seinem Papa, lebt auf dem Boot und geht zur Schule. Es war schön zu sehen, wie er seinen Vater liebt und neue Sachen lernt, die anscheinend nur ein Vater lehren kann."[12]

Oktober *DECADE* erscheint.

Die von Neil selbst zusammengestellte Auswahl der ersten 10 Jahre seiner Karriere - mit handschriftlichen Anmerkungen zu allen Songs - enthält vier bislang unveröffentlichte Stücke: BUFFALO SPRINGFIELD's 'Down To The Wire', sowie 'Deep Forbidden Lake', 'Winterlong' und 'Campaigner' (erst in allerletzter Minute war die ursprünglich ebenfalls vorgesehene CSN&Y-Version von 'Pushed It Over The End' aus dem Jahr 1974 fallengelassen worden).

"Neben Bob Dylan ist Neil Young wohl der wichtigste Komponist und Künstler der Rockmusik, den Nordamerika hervorgebracht hat. Doch bis jetzt wurde ihm die umfassende Anerkennung versagt, die Mr. Dylan zuteil wurde - vielleicht beginnt sich das durch diese Platten zu ändern."[13]

"Offensichtlich ist *DECADE* nicht das Abfallprodukt einer Plattenfirma, die einfach nur altes Material wiederverwerten will; Young hat Zeit und Mühe auf sich genommen, das Material zusammen mit den Produzenten David Briggs und Tim Mulligan selbst auszuwählen ...

Es ist das erste völlig zufriedenstellende Dreifach-Album der Rockmusik; es bekräftigt, wie wichtig Young ist und macht einem schmerzlich klar, daß noch immer einige großartige Neil Young-Songs - 'Traces' und 'Human Highway' z.B. - unveröffentlicht sind."[14]

"Zehn Jahre Neil Young, komprimiert auf ein Dreifachalbum von zweieinhalb Stunden Spieldauer, das ein Jahr auf Eis lag. Viele Bilder und zu jedem Titel ein persönlicher Kommentar ...

Der letzte Titel des Albums, 'Long May You Run', ist identisch mit der Stills-Young-Version bis auf eine Winzigkeit (?): Stephen Stills' Gesang ist hier nicht mehr zu hören. *Long may you run, Neil.*"[15]

Neil selbst: "*DECADE*, glaube ich, erzählt eine Geschichte. Es könnte das Album sein, das meinen Einfluß auf die Musikwelt in den letzten 10 Jahren definiert ...

Beim Produzieren habe ich von den BEATLES gelernt und das 'Soulige' kommt von den ROLLING STONES - und ab einem gewissen Alter waren die Einflüsse sowieso universell. Doch das Herzstück meiner Musik bleibt nordamerikanischer Rock'n'Roll, und Countrymusik ... Nach *HARVEST* war ich vier oder fünf Jahre lang versessen darauf, immer nur den jeweiligen Augenblick einzufangen und aufzunehmen. Alle anderen, die ich kannte, verbrachten immer mehr Zeit im Studio. Ich dagegen habe es für eine Art von Selbstmord gehalten, solch glatte Platten zu machen. Ja, je sauberer andere Platten waren, desto mehr hat mich das geärgert. Was ich von den ROLLING STONES wirklich gelernt habe, ist, daß *nichts* wichtiger ist als der Groove und das Feeling. Ich hätte leicht John Denver werden können, wenn ich gewollt hätte. An dieser Klippe stand ich schon ..."[16]

In Fort Lauderdale, Florida, nimmt Neil 'Goin' Back' und 'Human Highway' auf.

November
Er fährt von Florida nach Nashville, wo er Studiozeit für ein neues Album gebucht hat. Fünf der hier aufgenommenen Songs ('Comes A Time', 'Piece Of Mind', 'Already One', 'Motorcycle Mama' und 'Four Strong Winds') werden später auf *COMES A TIME* erscheinen.

19.11.
Im 'Bicentennial Park' in Miami, Florida, gibt er mit Nicolette Larson und dem 24-köpfigen, von ihm so genannten GONE WITH THE WIND ORCHESTRA, das aus den bei den Plattenaufnahmen in Nashville mitwirkenden Studiomusikern besteht, ein Benefizkonzert für Kinderkrankenhäuser.
Er beendet es mit einer Version von 'Alabama', die er "einigen Freunden oben im Himmel" widmet, und in der er gegen Ende 'Sweet Home Alabama' anklingen läßt - drei Wochen nach dem Flugzeugabsturz, bei dem LYNYRD SKYNYRD's Sänger Ronnie Van Zant und zwei weitere Bandmitglieder starben.

Dezember
Das neue Album ist fast fertig. Als Titel ist *GIVE TO THE WIND* vorgesehen; das Erscheinungsdatum steht noch nicht fest.
Gleichzeitig handelt Neil mit 'Warner/Reprise' einen neuen 5-Jahres-Vertrag über fünf LPs aus.

1   Stephen Stills in einem Radiointerview im Frühjahr 1977
2   *NEIL AND ME*; S.167
3   Neil, ROLLING STONE, 16.6.77
4   *CROSBY, STILLS & NASH*; S.193
5   Interview mit Mary Turner; NEW MUSICAL EXPRESS, 8.12.79
6   Michael Schlüter, SOUNDS (deutsch), 1977
7   Paul Nelson, ROLLING STONE, 11.8.77
8   Neil, ROLLING STONE, 15.7.76
9   ROLLING STONE, 8.2.79
10 GOOD TIMES, Santa Cruz, 21.7.77
11 David Zimmer, BROKEN ARROW 59, 1995
12 *NEIL AND ME*; S.169
13 John Rockwell, NEW YORK TIMES, 27.11.77
14 Steve Clarke, NEW MUSICAL EXPRESS, 12.11.77
15 Michael Schlüter, SOUNDS (deutsch), 1977
16 NEW YORK TIMES, 27.11.77

1978

"Irgendwie läuft es immer so, daß das, was ich gerade machen will, nicht das ist, was die Leute hören wollen - und trotzdem kommen sie beim nächsten Mal wieder. Noch habe ich nicht herausgefunden, warum."[1]

"Es war im Jahr 1978 oder so und ich war gerade mit Linda Ronstadt und Emmylou Harris zusammen, als dieser große, junge, wirklich nette Typ daherkam und geradewegs sagte: *'I got into showbusiness because of you.'* Er erzählte mir, er hätte mich einst in Winnipeg gesehen und meinte: *'You really moved me. Your performance that night made me decide to really go for becoming a professional musician.'* Erst später erfuhr ich, daß es Neil Young gewesen war."[2]

Februar   Neil unternimmt mit seiner neuen Freundin Pegi Morton die erste gemeinsame Reise, zur Yacht in Florida .

Nach einer kurzen Liaison mit Nicolette Larson während der Aufnahmen in Nashville im Herbst hatte Neil kurz vor Weihnachten eine engere Beziehung mit der nicht weit von seiner Ranch entfernt wohnenden langjährigen Bekannten begonnen.

März   Nach einer Reihe von Umstellungen in der Songreihenfolge werden mehrere Testpressungen von *GIVE TO THE WIND* hergestellt; als Erscheinungsdatum ist nun der 15.5. vorgesehen.

Noch im Frühjahr beginnt Neil mit den Dreharbeiten für eine Art moderner 'Dokumentar-Western' mit dem Titel *HUMAN HIGHWAY* - wohl nicht unbeeinflußt von Bob Dylan's Tournee-Roadmovie *RENALDO UND CLARA.*
Neil plant eine Mischung aus Konzertmitschnitten und Filmsequenzen, die auf seiner Ranch und in Taos, New Mexico, mit Dean Stockwell, Dennis Hopper, Sally Kirkland und der Gruppe DEVO gedreht werden.

Mai   Der Erscheinungstermin der neuen LP wird verschoben; Neil ist nicht zufrieden mit dem Sound des Mastertapes.

24.-28.5.   Im kleinen 'Boarding House' in San Francisco gibt Neil vor jeweils etwa 300 Zuhörern fünf Abende lang je zwei Konzerte, solo-akustisch, die zum Teil auch auf Film gebannt werden - seine *WORLD TOUR 1978.*

Elliot Roberts: "Er will nicht touren. Er hat so viele Tourneen gemacht, daß es ihm zur Zeit einfach reicht. Außerdem mag er die großen Hallen sowieso nicht. Sie sind unpersönlich und die Leute schreien immer nach den alten Songs. Er möchte aber seine neuen Sachen spielen."[3]
"*'Seventy-five bucks to see that shaved Orangutan?'* höhnte ein Vorbeigehender. *'That's right'*, antwortete ein Schwarzhändler - und bei allen Auftritten kam er zu seinem Geld."[4]

Mit einem drahtlosen Mikrofon im Mundharmonikahalter spielt Neil u.a. eine akustische Version von 'Shots', sowie andere neue Songs wie 'Pocahontas', 'Powderfinger', 'Motorcycle Mama', 'Thrasher' und das begeistert aufgenommene 'Out Of The Blue And Into The Black' (später 'My My, Hey Hey ...' bzw. 'Hey Hey, My My ...' genannt).

"Mr. Young hatte die Bühne mit drei hölzernen Indianern geschmückt, die ihn auch sonst bei Konzerten manchmal begleiten; nur leicht beleuchtet, wirkten sie jedoch noch mehr wie mystische Totems als gewöhnlich und dienten ihm gleichzeitig auch als eine Art 'Phantom-Band'. Einziges Manko war das etwas wacklige Soundsystem - aber vielleicht lag das an den drahtlosen Mikrofonen ...
Und immer war da diese schonungslose Intensität spürbar - wenn er rastlos über die Bühne huschte, sich über der Gitarre krümmte und mit irrem, verschwörerischem Blick ins Publikum spähte."[5]
"Im Gegensatz zu der Countrykneipen-Ruppigkeit von *AMERICAN STARS 'N BARS* im letzten Jahr ist Young's Musik jetzt teilweise so empfindsam, daß sie ein bißchen an Bob Dylan's *NASHVILLE SKYLINE* erinnert ... Doch der 'Boarding House'-Auftritt zeigte auch, daß er noch immer für Überraschungen gut ist: inmitten des zumeist leisen Sets versteckte er eine listige musikalische Verbeugung vor der Gallionsfigur des Punkrock, Johnny Rotten von den SEX PISTOLS."[6]

Juni   Im 'Mabuhay Gardens'-Club in San Francisco werden Filmaufnahmen mit DEVO gemacht; das allgemein erwartete Zusammenspiel mit Neil - von DEVO als 'Granpa Granola' vorgestellt - findet jedoch nicht statt.
Neil bemerkt, daß DEVO in ihre dort gespielte Version von 'Out Of The Blue And Into The Black' die Zeile *"... but rust never sleeps"* eingebaut haben. Sie stammt aus einer Werbekampagne für einen Rostentferner, die zwei Mitglieder von DEVO produzierten. Das gefällt ihm, weil er es auf seine eigene Karriere und seinen immerwährenden Kampf gegen Korrosion und Stillstand beziehen kann; ab sofort verwendet er diese Zeile auch in seiner eigenen Version.

Juli   Erneut wird eine Testpressung des nächsten Albums, inzwischen in *COMES A TIME* umbenannt, hergestellt.

2.8.   Pegi und Neil heiraten in Malibu, nur mit den engsten Freunden. Auch eine große Hochzeitsreise muß entfallen: Neil bereitet eine neue 'richtige' Tournee vor und arbeitet außerdem noch immer an dem Film. Doch immerhin findet die Jungfernfahrt der 'W.N. Ragland' endlich statt - von Fort Lauderdale zu den Bahamas.

Bei Neil reift die Idee mit den überdimensionalen Bühnennattrappen für die anstehende Tour, die er unter dem Motto *RUST NEVER SLEEPS* durchführen will:
"Ich glaube, das Ganze hat angefangen, als ich diese Berge von Verstärkern sah, als wir probten. Es war solch ein riesiger Haufen und als ich mir dann vorstellte, wie das wohl auf der Bühne aussieht, dachte ich, man könnte das ja vielleicht unter etwas verbergen ... wir könnten doch das Modell eines kleinen 'Fender'-Verstärkers bauen, aber riesig groß ... Es gab da kein Konzept, es hat sich halt so ergeben."[7]
"Das Musikgeschäft ist so riesig heutzutage, ich fühle mich da wie ein Zwerg. Ich meine, ich bring 'ne Platte raus und, na ja, sie verkauft sich gut. Jemand wie FOREIGNER oder BOSTON, die bringen 'ne Scheibe raus und verkaufen zehn mal soviel wie ich. Das ist toll. Aber ich fühle mich noch immer wie ... dieser kleine Junge."[8]

September   *COMES A TIME* erscheint - nach einer kompletten Neupressung, die Neil aus eigener Tasche bezahlt: er hatte die erste Pressung freigegeben, obwohl sie nicht in Ordnung war, und erst nach seinem Okay, bei einem Vergleich mit dem Mastertape im August, bemerkte er den beim Überspielen aufgetretenen Qualitätsverlust. Da zigtausende Exemplare bereits gepresst und nach Japan und Italien verschifft worden sind, muß er selbst für den Rückruf und die Neupressung dieser Platten an 'Warner/Reprise' bezahlen.
Um sicher zu gehen, daß die Fehlpressungen auch nicht unter die Leute kommen würden, greift Neil zu der etwas ungewöhnlichen Methode,

jeden einzelnen LP-Karton und damit jedes dieser Exemplare von *COMES A TIME* persönlich zu - durchschießen!
Ein Repräsentant von 'Warner/Reprise': *"If it doesn't suit Neil, it won't go out."*[9]

Die Kritiker über *COMES A TIME*:
"... der alte Folkie auf der Suche nach seinen wirklichen Wurzeln, der Folkmusik ... Young hat seit *AFTER THE GOLDRUSH* nicht allzuviel Tolles zustandegebracht. Nachdem es jetzt aber hingehauen hat - vielleicht hängen all die anderen ihre 'Martins' nun an den Nagel und werden Barkeeper."[10]
"... eine akustische Sammlung inneren Friedens und innerer Freude, das fröhlichste Album, das er oder gar überhaupt irgendjemand je gemacht hat. Und, Wunder über Wunder: er lächelt wirklich auf dem Cover!"[11]
"Obwohl es scheint, als sei *COMES A TIME* der Versuch, etwas leichter Akzeptanz zu erreichen und das Werk eines Mannes, dem es darum geht, seine ökonomische Basis zu verbessern, wirken der unausgewogene Gesang und die Moll-Töne eher wie das Gegenteil einer Anbiederung an die Plattenfirma: wie ein Weg, die Hörer zu testen, sie ein bißchen auf Distanz zu halten - damit diejenigen, die *COMES A TIME* lieben werden, daran denken, daß irgendetwas viel Rauheres sicherlich nicht allzulang auf sich warten lassen wird."[12]

COMES A TIME wird Neil's meistverkaufte LP seit *HARVEST*; er selbst meint zu dieser Zeit jedoch:
"Sie hätte ja eigentlich schon vor einem Jahr rauskommen sollen, aber die Probleme mit der Pressung haben das verhindert. Ich höre es im Radio und es klingt ganz nett ... aber ich bin inzwischen schon ganz woanders. Ich steh auf Rock'n'Roll."[13]
Auch er hat die Veränderungen in der internationalen Musikszene bemerkt: "Ich wußte, daß etwas vorging, als wir vor eineinhalb Jahren England besuchten. Die Kids hatten genug von den Rockstars, ihren Limousinen und ihren Staralüren. Sie hörten eine neue Art von Musik. Und sobald ich die Leute in meinem Alter sagen hörte: 'Gott, was ist den das ... na ja, in drei Monaten ist es wieder vorbei' - da wußte ich, daß es sie am Nerv treffen würde ... Die Leute wollen nicht immer und immer wieder dasselbe zu sehen kriegen. Es muß sich was ändern."[14]

18.9.   Die *RUST NEVER SLEEPS*-Tour mit CRAZY HORSE beginnt mit einem Konzert im 'Pine Knob Theatre' in Clarkston, Michigan.
Zum ersten Mal stellt Neil seine Musik in einen auffälligen optischen Rahmen - laut ROLLING STONE *"... a show like no other in rock'n'roll"*[15]:

- die schon erwähnten überdimensionalen Verstärkerattrappen werden durch ein ebensolches Mikrofon und ein blinkendes Schlagzeug-Logo im Hintergrund ergänzt;
- die Roadies sind als *Roadeyes* (mit großen Kapuzen und leuchtenden Augen) à la *STAR WARS* verkleidet, die Licht- und Soundcrew als verrückte Professoren ('Doctor Deaf' und 'Professor Decibel');
- aus den Lautsprechern erklingen im Verlaufe des Konzerts Jimi Hendrix's 'Star Spangled Banner' und 'A Day In The Life' von den BEATLES, sowie die bekannten 'Woodstock'-Ansagen (*'No rain, no rain ...'*).
"Ich wußte nur, ich mußte rausgehen und rocken. Aber ich wußte auch, daß es nicht so sein sollte, wie es schon immer gewesen war ... ich wollte, daß die Leute heimgehen und sagen, daß Neil Young's Show das Lauteste und Geilste gewesen war, was sie je gehört hätten."[16]

21.9. 'Capitol Center', Washington, D.C.:
"Bei seinem Konzert gestern abend im 'Capitol Center' zog Neil Young das Publikum in einen kulturellen Strudel, in dem Bilder und Symbole der vergangenen zwei Jahrzehnte aufeinanderprallten und sich verwoben.
Aus dem soziologischen Erbe der Sechziger und Siebziger formte er ein provokantes und manchmal auch vernichtendes Portrait der heranwachsenden und ins zarte Reifealter gelangten 'Woodstock'-Generation."[17]

22.10. San Francisco, 'Cow Palace':
An diesem Abend werden die Aufnahmen für den Konzertfilm *RUST NEVER SLEEPS* gemacht.

23.10. Los Angeles, 'The Forum':
"Was war das am Montagabend in Inglewood's 'Forum'? Eine Tourneeversion von *STAR WARS*? Ein weiterer von Alice Cooper's Alpträumen? In Wirklichkeit war es die Rückkehr Neil Youngs ...
Inmitten der gigantischen Bühnendekoration wirkte er wie überwältigt von der riesigen Maschinerie, die sich in der Popmusik seit den frühen Tagen des Rock'n'Roll entwickelt hat. In der zweiten Hälfte des Konzerts jedoch ließ die Wut in seiner Musik und seinen Themen erahnen, daß er zu den Überlebenden zählt ...
Einst ein Symbol des ernsthaften Folk-Rock der Sechzigerjahre, hat Young versucht, zu der chaotischen Rockszene der späten Siebziger Anschluß zu halten. Und obwohl die Show etwas schwerfällig war, so zeigte sie doch, daß er ein Mann mit Ideen ist und vor allem ein Künstler, der sich noch immer entwickelt."[18]

"... in zehn Reihen ist man wahrscheinlich die einzige Person über dreißig, in fünf Reihen die einzige Frau, und auf dem Platz neben dir kotzt gerade einer auf den Boden. Diese drogenschluckenden, betrunkenen, frustrierten Teenager aus den geisttötenden Schulen und endlosen Vorortsiedlungen sind sozusagen im wahrsten Sinne des Wortes der 'harte' Kern der amerikanischen Jugend, und sie hören sich eher Neil Young an als die CLASH."[19]

"In einer von Disco und einfältigem Stadion-Rock dominierten Pop-Welt entledigten sich der kleine Neil und seine Band des ganzen Mülls und gingen an's Eingemachte. *RUST NEVER SLEEPS* war Young's Demonstration seines Glaubens an die wahre Macht des Rock'n'Roll - daß man mit einem tollen Song und guten Kumpels in der Band die Welt aus den Angeln heben kann."[20]

23./24.10.   Die beiden letzten Auftritte der Tournee im 'Forum' in Los Angeles.

Während den Vorbereitungen für das erste Konzert erfährt Neil, daß sein Strandhaus in Malibu - einst Domizil des Dichters F. Scott Fitzgerald - durch eines der außer Kontrolle geratenen Herbstfeuer völlig abgebrannt ist. Er verliert dabei wertvolle Tonbandaufnahmen und seine gesamte Schallplattensammlung.

November   Die Tour kreuzte sich teilweise mit der Dylan's und so sind Vergleiche in der Presse, auch wenn das Neil garnicht recht ist, unvermeidlich.

"Der Meister vom Ruf eines Schülers übertroffen" - so das Magazin TIME in einer Überschrift. Und weiter:
"Dylan's Verdienst, wenn vielleicht nicht gerade aktuell, so aber doch in historischer Hinsicht, ist immens, wahrscheinlich konkurrenzlos. Young ist ein mehr für sich selbst schaffender Künstler, dessen stürmische Beziehung mit Crosby, Stills und Nash ihm den ersten Schub an Berühmtheit brachte. Zwölf aufeinanderfolgende Soloalben ... ergeben ein Werk, das kaum an schonungsloser Ehrlichkeit und in seiner ihm eigenen Art von Romantik ... übertroffen werden kann.
Dylan, in seiner inoffiziellen Stellung als Prophet seiner Generation, verspottete entweder oder glorifizierte. Young dagegen, in musikalischer Hinsicht mit den gleichen Ambitionen, blieb auf dem Boden und schlich sich in die Ruhmeshalle der Rockmusik mehr wie ein Straßenräuber."[21]
Neil ist ziemlich verärgert über diesen Artikel, speziell über die Überschrift:
"Ich will so einen Mist im TIME-Magazin nicht lesen müssen. Das ist unverantwortlicher Journalismus. Oberflächlich wie Discomusik. Und irgendjemand irgendwo glaubt das auch noch."[22]
Der Tenor eines Artikels in NEWSWEEK eine Woche später, der keinerlei Rivalität zu Dylan konstruiert, trägt jedoch zu Neil's Beruhigung bei:
"Außer Bob Dylan ist Neil Young, mit seinen zweiunddreißig Jahren, wahrscheinlich die auf Dauer interessante Person in der amerikanischen Rockmusik; bestimmt kein anderer hat soviel musikalischen Boden - Folk, Country und Rock - mit soviel Originalität beackert ... *His sound is easy to imitate; his spirit is not.*"[23]

Pegi & Neil's Sohn Ben kommt zur Welt.
Auch bei seinem zweiten Sohn diagnostizieren die Ärzte nach einigen Monaten der Ungewissheit Zerebralparese, verbunden mit spastischen Lähmungserscheinungen und Tetraplegie.

Dezember *COMES A TIME* erreicht Platz 7 in den amerikanischen Charts und ist damit Neil's bis dato erfolgreichstes Album seit *HARVEST*.

1   Neil, ROLLING STONE, 8.2.79
2   Roy Orbison in seinem letzten Interview, THE FACE, Februar 1989
3   LOS ANGELES TIMES, 27.5.78
4   NEW MUSICAL EXPRESS, 8.7.78
5   John Rockwell, NEW YORK TIMES, 29.5.78
6   Robert Hilburn, LOS ANGELES TIMES, 27.5.78
7   Interview mit Mary Turner; NEW MUSICAL EXPRESS, 8.12.79
8   ROLLING STONE, 8.2.79
9   ROLLING STONE, 5.10.78
10 *CHRISTGAU'S RECORD GUIDE*, S.437
11 Paul Zollo, SONG TALK, Winter 1991
12 Greil Marcus, ROLLING STONE, 30.11.78
13 ROLLING STONE, 8.2.79
14 ROLLING STONE, 8.2.79
15 Cameron Crowe, ROLLING STONE, 16.11.78
16 ROLLING STONE, 8.2.79
17 Eve Zibart, WASHINGTON POST, 22.9.78
18 Robert Hilburn, LOS ANGELES TIMES, 25.10.78
19 Ariel Swartley in *ROCK SESSION 5*, Reinbek 1981
20 David Fricke, ROLLING STONE, 4.6.87
21 TIME, 6.11.78
22 ROLLING STONE, 8.2.79
23 NEWSWEEK, 13.11.78

1979

"After all, it's just me and Frank Sinatra left on 'Reprise Records'."[1]

Das einzige Jahr in Neil's Karriere, in dem er überhaupt kein Konzert gibt.

Ben's Behinderung und die anhaltende Unsicherheit über mögliche Heilungschancen überschatten das gesamte Jahr.

Neil: "Sieben von 100.000 Kindern in diesem Land haben diese Behinderung. Und ich habe zwei davon."[2]

"Es ging weit über unsere Vorstellungskraft. Zu weit. Pegi ist totunglücklich, wir sind beide geschockt. Ich konnte es einfach nicht glauben. Da waren zwei verschiedene Mütter. Eigentlich konnte es garnicht zweimal passieren ...

Aber warum sind die Kids jetzt in dieser Situation? Was zum Teufel hat es verursacht? Was habe ich damit zu tun? Da muß wohl etwas mit mir nicht in Ordnung sein."[3]

"Doch die Ärzte waren der Meinung, daß es reiner Zufall sei. Natürlich ließ ich mich untersuchen, schließlich war ich der Vater von beiden Kindern. Aber sie sagten: 'Es mag schwer zu verstehen sein, es sind Ihre zwei Kinder, aber es gibt keinerlei Verbindungen zwischen den beiden Krankheiten. Es ist Zufall'."[4]

Januar

Neil stellt die Beendigung von *HUMAN HIGHWAY* erstmal zurück und nimmt stattdessen die Fertigstellung des Konzertfilms (mit den Aufnahmen vom 22.10. letzten Jahres) und eines neuen Albums (wofür er ebenfalls auf Livematerial der *RUST NEVER SLEEPS*-Tour zurückgreift) in Angriff.

CRAZY HORSE's LP *CRAZY MOON* erscheint. Neil spielt Gitarre bei fünf Stücken (*'Coproduced with Shakey Productions'*).

8.2.

THE LAST AMERICAN HERO - unter diesem Titel gibt Cameron Crowe im ROLLING STONE einen ausgedehnten Überblick über Neil's Karriere, basierend auf diversen Aufeinandertreffen und Interviews in den Jahren 1973 bis 1978.

Crowe: "Trotz seines zerzausten Aussehens und seiner 'Wo bin ich hier eigentlich?'-Haltung auf der Bühne ist Neil Young kein Drogenfall. Freunde erzählen, daß er jahrelang immer erst fragte 'Ist das starkes Zeug?', bevor einen Joint anrührte ('Wenn ich high bin, bin ich nicht zu gebrauchen', meint er). Er hat nie Acid genommen und nie Heroin ausprobiert."

... "Einer von Young's Dauerwitzen ist der, daß er sein bestes Material für sein sogenanntes *'Bus Crash'*-Album aufhebt. Die wenigen, die Beispiele aus Young's Tonband-Archiv zu hören bekamen - Songs, die nicht in das Konzept einer Platte paßten, komplette unveröffentlichte Alben, Live-Bänder, BUFFALO SPRINGFIELD-Sachen - stimmen überein, daß unter diesem unveröffentlichten Material einige seiner stärksten Aufnahmen sind."

Neil: "Sie sind ja nicht verloren. Aber es sind halt alte Songs ... Für mich ist das wie Frühgeschichte. Ich will mich um die Veröffentlichung dieser Sachen nicht kümmern müssen."

Crowe: "Bis Du eh nicht mehr da bist, um Dich darum kümmern zu können?"

Neil: "Genau. Dafür sind sie da. Ich denke, jeder Künstler plant so für die Zukunft. Ich habe die Sachen in etwa geordnet; wenn mir also etwas zustoßen würde, wäre es ziemlich klar, was zu tun wäre."

... "Ich habe noch was zu erledigen. Die achtziger Jahre stehen vor der Türe. Ich muß das ganze alte Zeug niederreißen und etwas Neues schaffen. Man muß es machen, solange es noch geht. Man wird zum Oldtimer ... Ich vielleicht auch ... Schließlich sind jetzt nur noch Frank Sinatra und ich übrig auf 'Reprise Records'."

Juli   *RUST NEVER SLEEPS*, das neue Album, erscheint.
Alle Songs sind überarbeitete Liveaufnahmen der letztjährigen Tour - u.a. auch 'Powderfinger' ("Neil Young's 'Maggie's Farm'"[5]) und 'Sedan

Delivery' - die ursprünglich für *AMERICAN STARS 'N BARS* gedachten Songs, die Neil später LYNYRD SKYNYRD angeboten hatte.

Und es enthält den bei den 'Boarding House'-Konzerten in San Francisco unter dem Titel 'Out Of The Blue And Into The Black' vorgestellten Song in zwei Versionen: einmal zum Auftakt der LP folkig-akustisch als 'My My, Hey Hey (Out Of The Blue)', am Ende dann brachial-elektrisch als 'Hey Hey, My My (Into The Black) - eine Hommage an den Rock'n'Roll, an Elvis Presley und nicht zuletzt an Johnny Rotten, den Sänger der SEX PISTOLS.

"Die Verbindung zwischen dem alten Rock-Establishment und den neuen Aufrührern mag etwas gewagt erschienen sein, aber Rotten selbst hatte erst kurz vor Erscheinen der Platte im Radio *ON THE BEACH* als einen seiner wichtigen Einflüsse genannt."[6]

"*RUST* ist das beste Album, das Neil Young je herausgebracht hat ... Wie schon sein einziger wirklicher Rivale, ein gewisser Herr Zimmermann, letztes Jahr meinte: 'Wenn die Achtziger kommen, müssen wir alle unsere Karten auf den Tisch legen, oder wir sind aus dem Spiel.' *RUST NEVER SLEEPS* ist die knallharte Antwort auf diesen Satz. Neil Young's Karten sind alles Trumpf-Assen. *RUST never sleeps. It explodes.*"[7]

"Daß der größte Rockmusiker des Jahrzehnts sein bestes Album 1979 herausbringt ist an sich noch nichts besonderes - auch die STONES machten *EXILE* als in Ehren ergraute Veteranen. Das Besondere ist, daß Young kaum älter klingt als im Jahr 1969; er ist weiser, aber nicht müder geworden - bisher also Sieger über das langsame 'Ausbrennen', vor dem er in seinem Song warnt."[8]

Neil: "Nach *RUST NEVER SLEEPS* hörten die Leute auf, mich zu fragen, warum ich mit CRAZY HORSE spiele ... Das HORSE ist wie eine starke Maschine, sehr einfach gebaut. Sie ist, was sie ist. Man sollte sie nicht benutzen, wo sie nicht hingehört, sonst macht sie alles kaputt. Sie ist schwerfällig, wie ein Elefant im Porzellanladen. Aber am richtigen Platz ist sie perfekt."[9]

11.7. *RUST NEVER SLEEPS*, der Film, hat Premiere. Neil, als Regisseur unter seinem Pseudonym 'Bernard Shakey' firmierend:
"Besser als ein Liveauftritt, besonders für diejenigen meiner Freunde, die das ganze Konzert-Drumherum sowieso nicht mögen - und ich weiß, daß die meisten Leute, die meine Musik hören, nicht besonders gerne ins 'Forum' gehen."[10]

"... nach Meinung einiger ist Mr. Young heutzutage die führende kreative Figur des Rock'n'Roll, und dieser Film hat wirklich bewegende, ja sogar glorreiche Passagen." - meint Kritiker John Rockwell.[11]

Robert Hilburn hingegen: "Konzertfilmen gelingt es selten, die Energie und das Erregende einer Liveshow einzufangen, und *RUST NEVER SLEEPS* macht da keine Ausnahme. Bei *THE LAST WALTZ* gelang Regisseur Martin Scorsese dagegen ein so intimes und kraftvolles Rock-Portrait, daß es die Grenzen dieses Genres überschritt.

Trotz der präzisen Schnitte und der lebendigen Kameraführung ist Young's Film so doch nur ein Souvenir für seine größten Fans. Und als solches ist es auf jeden Fall mehr für die Videokassette als für die Kinoleinwand geeignet."[12]

"Es gibt Momente während des Konzerts, die nicht geplant wirken ... Durch das Zugeben seiner Unzulänglichkeiten reduziert er den Rockstar auf ein menschliches Maß und offenbart zugleich eine bemerkenswerte Selbstsicherheit; er hat es, scheint er zu sagen, nicht nötig, perfekt zu sein."[13]

3.9. Mary Turner macht für Radio KMET, Los Angeles, ein Interview mit Neil, das von 'Warner/Reprise' anschließend auch als Promo-LP an andere Radiostationen in den USA verteilt wird:
"... es bringt die spitzbübische Art des alten Haudegens gut zum Ausdruck, und es verschafft einen seltenen und erstaunlichen Einblick in das Wesen desjenigen Mannes, den sie im *WOODSTOCK*-Film wegließen."[14]

Neil in dem Interview: "Schau dir doch mal all die alten Bands an, so besonders lustig sind die auch nicht; die Leute wollen aber lustig sein, es sich gut gehen lassen. Und genau deswegen ist Punk so gut und heilsam, denn die Leute nehmen sich nicht so ernst ... die Leute machen sich über die etablierte Rockszene lustig, DEVO und die anderen neuen Gruppen wie die RAMONES - die sind für meine Ohren sehr viel lebendiger als alles andere, was in den letzten fünf Jahren gelaufen ist. Trotzdem mag ich Donna Summer ..."

"Und deshalb denke ich: nimm dich nicht zu wichtig, laß' es dir gut gehen und häng' nicht an deinen alten Sachen in der Meinung, sie wären der Weisheit letzter Schluß."

"Natürlich mag ich es, wenn den Leuten meine Sachen gefallen, aber wenn es nicht so ist, auch recht ... Wenn ich immer wieder dasselbe rausbringen würde, eine perfekte Platte wie *HARVEST* oder *COMES A*

143

TIME, was ich durchaus tun könnte - na ja, zwei sind genug. Vielleicht versuche ich es in fünf Jahren wieder, nur um mich selbst davon zu überzeugen, daß ich es noch kann."

Über CRAZY HORSE meint Neil schließlich: "Ich weiß, meine Musikerkollegen und viele Leute denken, wir spielten zu einfach, der Bass wäre zu simpel, da seien keine Feinheiten und nichts. Aber wir wollen auch niemanden beeindrucken, wir wollen einfach mit Feeling spielen. Keiner von uns kann besonders schnell spielen, wir lassen es langsam angehen, sehr langsam, wir können extrem langsam spielen, aber auf keinen Fall schnell ... Manchmal klingt es so, als ob wir richtig schnell spielen würden, aber das täuscht. Alles dreht sich im Kreis und es beginnt zu schwirren und überwindet den Punkt, wo man es als schnell oder langsam bezeichnen könnte - glücklicherweise für uns, denn wir können ja nicht schnell spielen."

November *LIVE RUST* erscheint - sozusagen als Soundtrack zum Film, obwohl die Aufnahmen dieses Doppelalbums nicht mit denjenigen des Films identisch sind: es handelt sich zwar um die gleiche Songauswahl (plus ein Song extra), aber sie stammen nicht von dem auf Film gebannten 'Cow Palace'-Konzert, sondern von diversen anderen Auftritten der *RUST NEVER SLEEPS*-Tour.

Johnny Rogan bezeichnet das Album deshalb auch als den "größten künstlerischen Schnitzer" in Neil's Karriere.[15]

Tom Carson dagegen meint:

"*LIVE RUST* umfaßt nahezu jeglichen Aspekt in Young's Karriere - arrangiert und präsentiert als ein weitgefächertes Epos falscher Illusionen und verlorener Kämpfe. Rock'n'Roll als emotionelles Überspektakel - sehr ambitioniert und sehr erfolgreich. Und obwohl *LIVE RUST*, genau wie *RUST NEVER SLEEPS*, mit einer akustischen Seite beginnt und dann im Rock'n'Roll explodiert, ist das, was sich bei letzterer als Gegensatz darstellte, hier eine logische Aufeinanderfolge ...

Auf *RUST NEVER SLEEPS* kam 'Hey Hey, My My ...' aus dem Nichts, wie ein Blitz aus heiterem Himmel. Hier ist es die logische Kulmination aus allen vorangegangenen Stücken."[16]

Und Robert Christgau:

"Ich bin mir sicher, daß ich das überwältigende Finale - 'Like A Hurricane', 'Hey Hey, My My' und 'Tonight's The Night', alle drei hier in ihren wildesten (und besten) Versionen - immer dann auflegen werde, wenn ich Neil richtig rocken hören will."[17]

Leser und Kritiker des ROLLING STONE wählen Neil in diesem Jahr übereinstimmend zum 'Künstler des Jahres' und *RUST NEVER SLEEPS* zum 'Besten Album'.

1   Neil, ROLLING STONE, 8.2.79
2   *NEIL AND ME*; S.186
3   Neil, VILLAGE VOICE R&R QUARTERLY, Ende 1989
4   Neil, ROLLING STONE, 2.6.88
5   NEW MUSICAL EXPRESS, 30.6.79
6   Gavin Martin, NEW MUSICAL EXPRESS, 4.11.89
7   NEW MUSICAL EXPRESS, 30.6.79
8   *CHRISTGAU'S RECORD GUIDE*; S.437
9   MUSICIAN, November 1987
10 NEW MUSICAL EXPRESS, 8.12.79
11 NEW YORK TIMES, 15.8.79
12 LOS ANGELES TIMES, 21.7.79
13 Albrecht Pilz in: *ROCK SESSION 5*, Reinbek 1981; S.157
14 NEW MUSICAL EXPRESS, 8.12.79
15 *NEIL YOUNG*; S.155
16 ROLLING STONE, 24.1.80
17 *CHRISTGAU'S RECORD GUIDE*; S.437

1980

Neil setzt im Frühjahr seine Arbeit an *HUMAN HIGHWAY* fort; den größten Teil des Jahres widmet er jedoch seiner Familie.

März Der Soundtrack zu *WHERE THE BUFFALO ROAM*, einem Film von Art Linson über den Schriftsteller Hunter S. Thompson, erscheint. Neil zeichnet verantwortlich für die Songauswahl: Stücke von Jimi Hendrix, Bob Dylan, CREEDENCE CLEARWATER REVIVAL, den FOUR TOPS und den TEMPTATIONS, sowie von Hauptdarsteller Bill Murray kombiniert er mit eigenen, kurzen Arrangements des Traditionals 'Home On The Range' - bei ihm 'Buffalo Stomp' und 'Ode To Wild Bill' (#1-4) genannt.

SOUNDS, März 1980

8.5. Monatelang litt Neil's Frau Pegi an starken Kopfschmerzen, bis bei ihr ein Tumor im Gehirn festgestellt wird.
Nun muß sie sich einer riskanten Operation unterziehen, die sie jedoch ohne Komplikationen übersteht.

Juni Neil beginnt mit Greg Thomas, Dennis Belfield, Ben Keith, Rufus Thibodeaux und Ann Hillary O'Brien, in den 'Gold Star Recording Studios' in Hollywood an einem neuen Album zu arbeiten.

August   Mit Pegi und Ben unternimmt Neil eine sechswöchige Segelfahrt im Pazifik (u.a. zu den Gesellschaftsinseln und nach Tahiti).

Nach dem Besuch eines Workshops in Philadelphia entscheiden sich Neil und Pegi noch im Herbst, gemeinsam an einem Heilprogramm der 'Institutes for the Achievement of Human Potential' für Ben teilzunehmen - ein Programm, das zwölf Stunden am Tag und sieben Tage in der Woche hohe Anforderungen and Eltern und Kind stellt und Neil's Karriere in der Folge stark beeinflussen wird.

TROUSER PRESS, April 1980

3.10.   Neil tritt mit der HAWKS & DOVES BAND (= die Musiker, mit denen er an der neuen LP arbeitete) beim 'Bread And Roses'-Festival in Berkeley auf - es bleibt für Neil das einzige Livekonzert des ganzen Jahres:
Sie beginnen und beenden den Auftritt mit 'Are You Ready For The Country' und spielen dazwischen fast ausschließlich Stücke aus dem Repertoire des nächsten Albums.

November   *HAWKS AND DOVES* erscheint.
Neil's Versuch, seine ursprünglichen Absichten für *AMERICAN STARS 'N BARS* doch noch zu Ende zu bringen: die LP handelt zum großen Teil von amerikanischen *Stars* und ist damit wohl auch als Kommentar zum aktuellen Präsidentschaftswahlkampf in den USA zu verstehen (die Stärkung der *Community* liegt Neil am Herzen!); andererseits reflektiert sie z.B. in den Songs 'Stayin' Power' und 'Coastline' bereits die veränderte private Situation Neil's und seiner Frau - Liebe, Hingabe und Durchhaltevermögen sind hier das Thema.

"'Homestead' ist die lang erwartete Fortsetzung von 'The Last Trip To Tulsa', eine unheilvolle, elliptisch angelegte und surreale Geschichte, in der der Mond, der Schatten eines Mannes und eine Gruppe prähistorischer Vögel einen nackten Reiter auf einer siebenminütigen Reise durch seinen Kopf begleiten, auf der Suche nach einer kosmischen Telephonverbindung. Diese Bilder bedrohen ihn wie die Vorboten eines Schicksals, das nie zutreffen wird ...

Jeder der kurzen Songs auf der zweiten Seite beruht auf einem Refrain, der etwas von der sprichwörtlichen Kraft der arbeitenden Klasse ausdrücken soll. Verknüpft durch Gitarren- und Fiddle-Riffs, die von Song zu Song wiederkehren, formen diese Stücke eine Suite über die Haltung der gegenwärtigen amerikanischen Mittelklasse ...

Ein weiteres seiner mit ein paar Federstrichen schnell hingeworfenen Meisterwerke - wie ein Brief, der einen wissen läßt, was er gerade so denkt ..."[1]

"... bumperstickers should be issued."
(aus: 'Union Man')

---

1   John Piccarella, ROLLING STONE, 26.12.80

1981

"Neil, did you ever find your Heart of Gold?
'Oh yes, sure!'"[1]

Pegi und Neil kümmern sich während des ganzen Jahres auf der Ranch um Ben's Programm - zusammen mit fast 30 freiwilligen Helfern, die alle in gemeinsam ausgearbeiteten Wechselschichten den einen oder anderen halben Tag pro Woche dort verbringen.

Zum ersten Mal steht die Musik nicht an erster Stelle in Neil's Leben, sondern ist eingepfercht in die freie Zeit vor oder nach den Beschäftigungen mit Ben:
"Das dauerte 18 Monate. 18 Monate ohne auszugehen. 18 Monate ohne was anderes zu tun. Und während dieser 18 Monate machte ich *RE*AC*TOR* ... die einzige Zeit, in der ich aufnehmen konnte, war zwischen zwei und sechs Uhr nachmittags. Ich war es gewohnt gewesen, nur mitten in der Nacht aufzunehmen. Doch das war jetzt unmöglich, weil ich an dem Programm mitwirkte." (Neil)[2]
Gegenüber seinem Vater äußert er: "Weißt du, die Songs, die ich jetzt während der Zeit von Ben's Programm schreibe, beweisen mir, daß das, was ich jeden Tag tue, der stärkste Einfluß auf meine Arbeit ist ...
Das Programm mit Ben ist drängend, unerbittlich, ständig sich wiederholend. Sehr streng, stark motiviert. Die Musik, die ich in den letzten paar Monaten schrieb, seit das Programm anfing, ist genauso - drängend, hoffnungsvoll, sich wiederholend."[3]

10.3.   New York City, 'The Ritz':
Neil jammt um drei Uhr früh mit G.E. Smith und der DANNY SHEA BAND - ein spontaner Auftritt zu Ehren Mike Bloomfield's, der am 15.2. gestorben war.
Sie improvisieren einige klassische Rock'n'Roll-Songs, u.a. Jimmy Reed's 'Baby, What You Want Me To Do' und Chuck Berry's 'Sweet Little Rock'n'Roller'.

Juni/Juli   In Neil's Studio auf der Ranch finden mit CRAZY HORSE Aufnahmen für die neue LP statt.

Oktober   *RE*AC*TOR* erscheint.
"Herr, gib mir die Gelassenheit, Dinge zu akzeptieren, die ich nicht ändern kann, die Kraft, Dinge zu ändern, die ich ändern kann, und die

Weisheit, den Unterschied zu erkennen." - so das auf der Rückseite der Platte abgedruckte lateinische 'Motto' des Albums.

Alle Songs waren mit CRAZY HORSE auf Neil's Ranch aufgenommen worden; Frank Sampedro erinnert sich:

"... er verbrachte eine Menge Zeit mit seinem Sohn, deshalb schenkten wir diesem Album nicht ganz so viel Zeit, wie wir es eigentlich hätten tun sollen. Wir haben es halt fertiggemacht - er konnte sich damals einfach nicht allzusehr auf die Musik konzentrieren. Ich glaube, das merkt man auch bei dem Album."[4]

Und: "Die meisten Songs hatten nicht den richtigen Groove, z.B. 'Surfer Joe'. Sie waren mal langsam, mal schnell. Aber statt sie nochmal einzuspielen, benutzten wir alles, was wir finden konnten, als Schlaginstrumente, um die Lücken in den Songs zu füllen. Wir schlugen mit Tambourinen und mit Metallstücken, klatschten in die Hände ..."[5]

"Wichtig ist vor allem, daß es Neil Young weiterhin gelingt, mit Elan und Einfallsreichtum eindringliche Stimmungsbilder zu schaffen. Diese intensiven Schnellschüsse, aus begrenztem Material zusammengebastelt, Bruchstücke amerikanischer Sprache und amerikanischer Musik, sind Totems der gegenwärtigen Krise."[6]

"Die Wahl der Mittel, was Kompositionen und Interpretationen angeht, ist seht einfach gehalten, neue Akzente werden nicht gesetzt. Ein knappes Riff, drei, vier Akkorde, skizzenhaft umrissene Geschichten - und schon geht's los: ein markig-ungehobeltes Rhythmusfundament von Bass und Schlagzeug, zwei elektrische Gitarren, Rhythmus und Lead, schaurig-schöner Harmoniegesang und dazu Neil Young's Stimme, die mal wieder fernab konventioneller Vorstellungen von 'gefälliger Musik' Töne findet."[7]

"... eine großartige, besoffene Garage-Rock-LP. Midlife-Punk von der Westküste."[8]

Neil legt sich einen Vocoder zu - zum einen, weil er bei den Aufnahmen zu RE*AC*TOR mit seiner Stimme nicht zufrieden gewesen war; zum anderen, weil ihm dadurch eine neue Herausforderung erwächst, die durch den langen, isolierten Aufenthalt auf der Ranch wohl notwendig geworden ist: endlich passiert es wieder, daß er mehrere Songs in einer Nacht schreibt.

Es kommt die Zeit, in der er intensiv alte KRAFTWERK-Platten hört, um herauszufinden, wie sie Synthesizer verwenden ...

23.11.   Neil ist zum ersten Mal Gast bei ROCKLINE, einer Radioshow des 'Global Satellite Network', in der ihm Hörer telephonisch Fragen stellen können.

[1] Neil im Gespräch mit Bob Coburn; *ROCKLINE*, 23.11.81

[2] VILLAGE VOICE R&R QUARTERLY, Ende 1989

[3] *NEIL AND ME*; S.196

[4] MUSICIAN, November 1987

[5] SPIN, Dezember 1990

[6] John Piccarella, ROLLING STONE, 21.1.82

[7] MUSIKEXPRESS, Dezember 1981

[8] Diedrich Diederichsen, SPEX, 1982

1982

"Nach einer Tour oder etwas Stadtleben ziehe ich mich
zurück auf meine Ranch, genieße den ländlichen Einfluß.
Diese Abwechslung ist wichtig, eine natürliche Balance
zwischen Stadt und Land. Zwei Lebensarten, zwei
Geisteshaltungen."[1]

Neil beginnt das Jahr mit Plänen für ein neues Album: Vocoder,
Synthesizer und Computer sind in seinem Studio auf der Ranch im
Einsatz.

Februar   Pegi und Neil entscheiden sich dafür, aus dem rigiden Programm mit
Ben auszusteigen und einen physisch weniger belastenden Weg für die
weitere Entwicklung ihres Kindes einzuschlagen.
Auch der Zeitaufwand für die Eltern und Betreuer wird dadurch
geringer; Neil kann dadurch endlich die Fertigstellung von *HUMAN
HIGHWAY* in Angriff nehmen.

März   Bruce Palmer taucht aus der Versenkung auf. Seit Jahren hatte er in
Kanada gelebt, sich fernöstlichen Religionen gewidmet und Sitar
gespielt - ohne jedoch öffentlich Musik zu machen; jetzt würde er gerne
BUFFALO SPRINGFIELD wieder aufleben lassen.
Prinzipiell sind weder Neil, noch Furay, Martin oder Stills völlig
abgeneigt; nach einem gemeinsamen Treffen wird die Idee wegen
Terminschwierigkeiten aber erst mal auf Eis gelegt.
Neil: "Es war die beste Band, in der ich je gespielt habe, und zwar
deswegen, weil keiner in der Band über dem anderen stand. Jeder war
gleichberechtigt; wir hielten alle zusammen. Das gab der Musik eine
Stärke, die ich seitdem nie mehr erlebt habe."[2]

April   Neil wird anläßlich der 'Canadian Music Awards' in die 'Hall of Fame'
der kanadischen Schallplattenindustrie aufgenommen; die Ehrung findet
in Toronto statt.

Im Anschluß fliegt er mit Pegi und Ben nach Hawaii. Eigentlich als
reiner Urlaub geplant, entschließt sich Neil schon bald, ein Studio zu
mieten. Er telefoniert in kurzer Zeit eine komplette Band zusammen: Joe
Lala, Ralph Molina, Ben Keith, Nils Lofgren und Bruce Palmer kommen
nach Hawaii, um an den Aufnahmen mitzuwirken.

Das Ganze läuft so gut, daß Neil nach der Rückkehr aus Hawaii eine komplette neue LP mit überwiegend akustischen Stücken zusammenstellen kann - geplanter Titel: *ISLAND IN THE SUN*.
Auch beschließt er, im Spätsommer mit der Band eine Europatournee durchzuführen.

In Dallas wird David Crosby wegen Drogenvergehen und unerlaubten Waffenbesitzes verhaftet und nur gegen Kaution wieder freigelassen.

13.7.   Im überfüllten 'Catalyst' in Santa Cruz findet der erste einer Reihe von *'warm up'*-Gigs für die bevorstehende Tour statt, kurzfristig angekündigt durch einen Zettel an der Tür: *NEIL YOUNG IN CONCERT, $5*
"Young bot eine Show, die in gewisser Weise an den Auftritt von THE CLASH kürzlich in Los Angeles erinnerte. Er spielte eine eigentlich altbekannte, risikolose Songauswahl mit soviel Feuer und Schärfe, daß das garnicht mehr störte ... 'Er wollte einfach sein altes Zeug mal wieder in Schuß bringen', meinte Young's Manager Elliot Roberts nach der Show."[3]

3./4.8.   Palo Alto, 'Keystone':
Zwei Abende ohne Bruce Palmer, der wegen Alkoholproblemen von Bob Mosley ersetzt wird.

14.8.   Der letzte der Club-Gigs; wieder im 'Catalyst' in Santa Cruz.

Noch im Sommer hat *HUMAN HIGHWAY* beim 'Mill Valley Film Festival' Premiere:

"Es ist eine schwarze Komödie, vom Optischen her an die 'Muppet'-Filme erinnernd, mit wirren Szenen, die in einem Truckstop im bedrohlicher Nähe des Linear Valley-Atomkraftwerks spielen. Alle von Young's Lieblingsthemen - der Selbstmord des Planeten, fehlende menschliche Kommunikation, die Hohlheit des Showbiz, und Liebe (verlorene, gefundene und völlig verpasste) - kann man in diesem seltsamen und bezaubernden Film finden."[4]

Musikalischer Höhepunkt des bizarren Films - mit Dennis Hopper, Sally Kirkland, Dean Stockwell und Neil in den Hauptrollen - ist zweifelsohne die von DEVO und Neil gemeinsam eingespielte Liveversion von 'My My, Hey Hey'.

Neil selbst meint: "Ich weiß, daß ich kein großer Filmemacher bin, aber ich habe erst drei Filme gedreht. Ich bin auch nicht zur Filmhochschule gegangen ... Falls ich jemals mit einem Film Geld verdienen würde, wär's ein Zufall. Jeder, der irgendeinen meiner Filme gesehen hat, wird das bestätigen.

Sie sind mehr wie *'Homemovies'* - ganz besonders der erste (*JOURNEY THROUGH THE PAST*) - aber es sind Sachen, die ich einfach tun wollte. Ich will nicht Robert Redford sein; ich will solche Art von Filmen garnicht machen, obwohl ich sie für sehr gut halte."[5]

31.8.

In Annecy in Südfrankreich beginnt die 7-wöchige sogenannte *TRANS WORLD TOUR* - auch wenn sie nur durch Europa führt - mit Nils Lofgren (Keyboards und Gitarre), Bruce Palmer (Bass), Ralph Molina (Drums), Ben Keith (Keyboards und Steel-Gitarre), und Joe Lala (Percussion), teilweise unterstützt von Larry Cragg (Banjo) und Joel Bernstein (Synthesizer).

Es ist Neil's erste Tour seit fast vier Jahren:

"Aber die Show ist nicht losgelöst von meiner Vergangenheit - sie reicht ganz weit zurück und läßt nichts aus. Garnichts. Sie ist fast wie ein Geständnis oder ähnliches ... Und sie beginnt und endet mit dem gleichen frühen SPRINGFIELD-Song ['Mr. Soul'] - die alte Version am Anfang und die neue Version am Ende.

Aber ich benutze das Ganze, um dahin zu gelangen, wo ich heute stehe: zur Computermusik, die ich wirklich mag und von der ich glaube, daß da meine Zukunft liegt. Aber vielleicht auch nicht - vielleicht mache ich als nächstes ein Bluesalbum ..." (Neil)[6]

4.9.

Wiesbaden, Rheinwiesen-Open Air:

"Selten ist mir eine so enge Verbindung von emotionaler und geistiger Reflexion begegnet. Stücke wie 'Southern Man', 'Cortez The Killer', 'Out Of The Blue', 'The Needle And The Damage Done' sind nicht politische Lieder mit Botschaft, aber sie halten unverwechselbar und für viele nachvollziehbar persönliche Reaktionen auf die politische Realität fest. Das ist die Kraft der einfachen Formulierung, die Neil Young besitzt.

Allerdings läßt sich nicht verschweigen, daß seine neuesten Lieder, die er nach Wiesbaden mitbrachte, nicht viel Aufregendes enthielten ... Neil Young scheint im Konzert oft besser zu sein als im Studio. Er braucht den Platz und die Zeit eines Konzerts, um seine Spiellust zu entfalten, vor allem im Zusammenspiel mit der Band."[7]

5.9. Neil tritt (neben u.a. JETHRO TULL und KING CRIMSON) auf dem geschichtsträchtigen 'Zeppelinfeld' in Nürnberg auf:
"Neil Young hat von allen alten Kämpen das trübe siebte Jahrzehnt am besten überstanden. Seine Songs in seiner Interpretation gehören zum Kronschatz der Rockmusik und es war eine Freude, Youngs Gitarre krachen und kreischen zu hören.
Neil Young ist kein Techniker; er ist ein gewalttätiger Gitarrist, der seine stärksten Momente hat, wenn er die einfachsten Melodien endlos variierend in ihrer ganzen Schönheit präsentiert ...
Youngs Auftritt in Nürnberg wird zwar nicht in die Rockgeschichte eingehen; ein würdiger Höhepunkt dieses Festivals war er allemal."[8]

5.10. Köln, 'Sporthalle':
"Neil Young war in der *AFTER THE GOLDRUSH/HARVEST*-Ära ein Star, und als einen Star wollten sie ihn haben, als etwas Überlebensgroßes. Aber die Fassade eines Stars fällt dann zusammen, wenn sich die Illusionen eines Publikums nicht mehr mit der dargestellten Realität decken. Der Hammer, mit dem Young diese Fassade zerschlug, war die Elektronik. Er wagte es, seine Gitarre in die Ecke zu stellen; er wagte es, mit Hilfe eines Vocoders seine sonst so weinerliche Stimme so zu verfremden, daß sie schon fast sphärisch klang und beim besten Willen kein Refrain mehr zum, ach so beliebten, Mitsingen ausgemacht werden konnte. Youngs Koketterie mit der Elektronik war zweifellos überraschend; daß sie zweifellos auch gut war, interessierte niemanden. Er war plötzlich nicht mehr der Neil Young, von dem sie alle wußten, wie er heute zu klingen hat, der Neil Young, dem alle ihre Ehrerbietung darbringen wollten."[9]

12.10. München, 'Olympiahalle':
"Dies schien ein leicht nostalgisches, aus Youngs übergroßem Fundus an gutem Material schöpfendes Fest für Fans zu werden. Doch schon nach drei Stücken konfrontierte dieser Archetyp des ewig vorwärtsdrängenden Rock'n'Rollers seine eher zurückhaltend reagierende Gemeinde mit dem Neil Young der achtziger Jahre ...
All dies geschah mit einer unglaublichen Lautstärke, nur unterbrochen von geschickt eingebauten Liedern zur akustischen Gitarre oder zum Piano. Im übrigen regierten die tanzenden Dinosaurier, die sich in unserer aufgeklärten Welt als Verstärkertürme präsentieren. Aber mir

hat es um meine schmerzenden Trommelfelle nicht leid getan: Dies war ein großartiges Rockkonzert!"[10]

18./19.10. Die Europatournee endet mit zwei Auftritten in der 'Deutschlandhalle' in Berlin. Der letzte wird in Ausschnitten für das Video *BERLIN LIVE* verwendet, auf dem auch der nur bei diesem einen Konzert gespielte Song 'After Berlin' (*"Lights are shining in the German sky / Clouds make walls between the moon and I"*) zu hören ist.

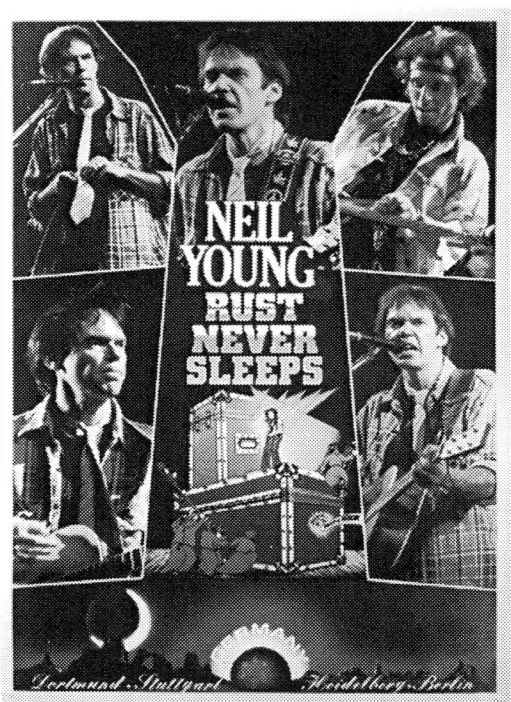

Tournee-Plakat; 1982

Neil: "Ich war vier Jahre lang nicht mehr auf Tour gewesen. Die Band war gut; mit Nils zu arbeiten, hat Spaß gemacht. Aber ich hatte Schwierigkeiten, die Band fest zusammenzuschweißen. Das hat lange gedauert, ich war nicht relaxt ... Am letzten Abend war die beste Show der ganzen Tour. Ich würde die Tour mit der *TIME FADES AWAY*-Tour von 1973 vergleichen. Ich hatte zwei harte Tourneen - das passiert halt. Ich versuchte, eine Band zusammenzustellen, mit der es klappt. Es steckte zuviel Arbeit drin und machte zuwenig Spaß."[11]

In der Oktober-Ausgabe der Zeitschrift RECORD geht Neil in einem Interview mit David Gans u.a. auch auf das Verhältnis der 'alten' zu den neuen, jungen Musikern ein:
"Es hat mir gefallen, wie einige meiner Freunde von DEVO richtig geschockt waren. Ich fand das sehr erfrischend. Diese Leute dachten, sie wüßten, was abläuft, bis sie DEVO sahen und andere Gruppen dieser Art, das hat die ganze *old wave'* durcheinander gebracht ...
Am Ende dieser ganzen Entwicklung kommt die akustische Musik vielleicht wieder zurück. Aber sie muß erst mal verschwinden, um wiederkommen zu können. Wer will 1982 noch James Taylor 'Fire And Rain' singen hören, auch nicht das neue 'Fire And Rain', was auch immer, oder mein neues 'Heart Of Gold' ...
Der Neil Young der Sechziger und frühen Siebziger ist wie Perry Como. So sehe ich das. Wenn ich das noch ernstnehmen würde, wäre ich da, wo Crosby, Stills und Nash heute sind. "[12]
Graham Nash antwortet darauf: "Ich höre das immer wieder über uns und ich verstehe es nicht, besonders wenn es von Neil kommt. Er meint anscheinend, wir wären alte Versager, und dann geht er auf Tour und spielt zu 75 Prozent altes Zeug, aber niemand kritisiert ihn. Das verstehe ich nicht."[13]

Dezember   *TRANS* - nicht *ISLAND IN THE SUN* - erscheint als neues Album bei 'Geffen Records'.
Neil's Vertrag mit 'Warner/Reprise' war ausgelaufen; von der Zusammenarbeit mit 'Geffen Records' und dem Vertriebspartner CBS erhofft er sich eine bessere Qualitätskontrolle, eine umfassendere weltweite Vermarktung - und mehr Verständnis für seine Stilwechsel.
Doch bereits bei dieser ersten Veröffentlichung zeigt sich, daß er und sein Manager Elliot Roberts dabei wohl von falschen Voraussetzungen ausgegangen sind:
"... *TRANS* hieß ursprünglich *ISLAND IN THE SUN*. Eine wirklich gute Platte, aber sie war halt nicht kommerziell und es war auch keine Rock'n'Roll-Platte, aber das hatte vorher noch nie jemand an mir bemängelt. Von da an war die Kontinuität meiner Plattenveröffentlichungen gebrochen." (Neil)[14]
Die akustischen Stücke auf *TRANS* stammen aus dieser zurückgezogenen LP - und das unveröffentlichte 'If You Got Love', das bei Pressung der Platte erst in letzter Minute weggelassen wird, sodaß der Titel bei der ersten Auflage des Albums auf der Rückseite des Covers sogar noch abgedruckt ist (auf der 1993 veröffentlichten CD-Version von *TRANS* ist 'If You Got Love' zwar auch nicht zu hören; dafür aber die um fast zwei Minuten längere 'Ur'-Version von 'Like An Inka'). Neil: "Es war zu lasch! Ja, mir hat's einfach nicht gefallen. Einer dieser Fälle, wo ich meine Meinung in letzter Minute geändert habe. Die Plattenfirma liebt das an mir."[15]

Der Rest der Songs setzt sich aus Aufnahmen im eigenen Studio vom Anfang des Jahres zusammen.

Neil: "*TRANS* handelte von all den roboterartigen Menschen, die in diesem Hospital arbeiteten; das *einzige*, was sie diesem kleinen Baby beibringen wollten, war, wie man auf den Knopf drückt. Und davon handelt die Platte. Wenn man sich die Texte durchliest, all die mechanischen Stimmen hört und nur auf die Computerspielereien achtet, dann wird einem klar, daß *TRANS* der Beginn meiner Suche nach Kommunikation mit einer stark behinderten, nicht-sprechenden Person ist ...
Die Leute haben *TRANS* total mißverstanden. Sie haben mich kritisiert, weil ich mit Sachen 'rummachen würde, von denen ich die Finger lassen sollte. *Die können mich mal.* Aber es hat doch wehgetan, besonders, weil es um mein *Kind* ging ...
TRANS handelt also von Kommunikation, aber die funktioniert nicht. Und so ist's mit meinem Sohn. Man muß daran denken - man versteht die Worte auf *TRANS* nicht, so wie ich die Worte meines Sohnes nicht vestehen kann ...
Ich habe die ganze verdammte Geschichte da erzählt. Aber sie war so verklausuliert, daß nur ich wußte, was gemeint war. Also, für mich ist das großartig. Für mich ist *TRANS* einer meiner Höhepunkte."[16]
Frank Sampedro: "Zuerst haben wir wenig mit dem Computer gemacht, doch dann, ganz plötzlich, kamen die Computersachen. Und genauso schnell war CRAZY HORSE weg vom Fenster."[17]

"... man kann sich leicht vorstellen, daß jemand Neil Young's neue LP *TRANS* hört und dann meint: 'Gut gemacht, Neil, aber die hat KRAFTWERK schon mal aufgenommen.'
In Wirklichkeit hieß das Album der deutschen Synthesizerband aus dem Jahr 1977 zwar *TRANS EUROPA EXPRESS*, aber darauf kommt's nicht an. Das Thema dieser düsteren Platte, die Rolle des Menschen im

Computerzeitalter, findet sich auch in den Schlüsselstellen von *TRANS* - dem gewagtesten Versuch von Synthesizer-Pop eines etablierten Rockmusikers seit David Bowie's *LOW* im Jahr 1979."[18]

"... trotz seines Herumspielens mit der Hardware des Computer-Zeitalters ist Neil Young in Wirklichkeit noch immer ein Synonym für Handbetrieb in einer digitalen Welt, ist er ein einsamer Sucher nach der Wahrheit - und nach allem, was von Dauer ist: Liebe, Humanität, Würde, Willenskraft. Er steht auf der richtigen Seite."[19]

"*TRANS*, das war die Scheibe, wo Young seine Stimme durch einen eigenartigen Stimmen-Filter jagte, Vocoder genannt, der zu jener Zeit als riesige Innovation gehandelt wurde, seitdem aber in der Versenkung verschwunden ist - nicht zuletzt wegen dieses Albums."[20]

1   Neil, ROCK & FOLK, 1982

2   RECORD, Oktober 1982

3   Steve Pond, LOS ANGELES TIMES, 17.7.82

4   David Gans, RECORD, Oktober 1982

5   RECORD, Oktober 1982

6   RECORD, Oktober 1982

7   Dietrich Stern, FRANKFURTER ALLGEMEINE ZEITUNG, 8.9.82

8   Karl Bruckmaier, SÜDDEUTSCHE ZEITUNG, 8.9.82

9   Peter H. Boettcher, SPEX, November 1982

10 Karl Bruckmaier, SÜDDEUTSCHE ZEITUNG, 14.10.82

11 BROKEN ARROW 13 (1983)

12 RECORD, Oktober 1982

13 *CROSBY, STILLS & NASH*, S.245

14 SACRAMENTO BEE, 20.11.86

15 ROCKLINE, 23.10.93

16 VILLAGE VOICE R&R QUARTERLY, Ende 1989

17 MUSICIAN, November 1987

18 Robert Hilburn, LOS ANGELES TIMES, 24.1.83

19 Parke Puterbaugh, ROLLING STONE, 3.2.83

20 Joe Harrington, RELIX, 2/1990

Berlin, Oktober 1982; Photo: Joel Bernstein

163

1983

"I really miss playin' guitar with him sometimes, you know?"[1]

"Das Gebäude steht noch. Es ist nicht abgebrannt oder sonstwas. Ich hab' Crosby gesagt, sobald er *clean* ist, bin ich wieder dabei und wir können etwas machen."[2]

Januar   In den USA erscheint eine 12"-Single mit 'Dance Remixes' von 'Sample And Hold' und 'Mr. Soul'.

5.1.   Ein 'Warm up'-Gig im 'Civic Auditorium' von Santa Cruz für die bevorstehende *'TRANS*-Solotour'.

10.1.   Die fast zweimonatige Tournee startet in der 'Fair Park Music Hall' in Dallas.
Über der Bühne ist ein riesiger Bildschirm installiert, von dem vor Beginn des Auftritts und in der Pause zwischen dem akustischen und elektr(on)ischen Teil ein 'Nachrichtensprecher' namens 'Dan Clear' - dargestellt von Newell Alexander - nicht ganz ernstgemeinte Interviews mit Konzertbesuchern führt und andere Späßchen zum Besten gibt.

Während des Konzerts werden einige Songs - z.B. 'Ohio' - auch optisch unterstützt.

22.-24.1. Drei Abende im 'Universal Amphitheatre' in Los Angeles:
"Für jemanden, der die Aufnahmefähigkeit seines Publikums auf Platte normalerweise immer wieder auf die Probe stellt, bot Young auf der Bühne erstaunlich wenig Herausforderung ...
Abgesehen von drei explosiven Versionen Synthesizer-begleiteter Songs aus *TRANS*, verlief die zweistündige Show ungewöhnlich zurückhaltend ...
Sowohl bei dem neuen 'Transformer Man', als auch bei der kraftvollen Neubearbeitung seines alten 'Mr. Soul', zeigte Young auf der Bühne die ganze Freude eines Mannes, der die vielen Herausforderungen und Möglichkeiten seiner Musik feierte. Nur zu schade, daß er uns diese verführerischen Elemente am Samstag nicht öfters verpüren ließ."[3]

25.1. San Francisco, 'Cow Palace':
"Die Menge im ausverkauften Haus - mehr als 14.500 - tobte bei fast jedem Song und einige überrannten gegen Ende sogar Bill Graham's berüchtigte Sicherheitskräfte, um auf die Bühne zu gelangen. Wenn es auch nicht ganz ein 'Love'-Fest war ... es war sehr nahe dran."[4]

26.-29.1. Neil nutzt einige freie Tage während der Tour, um in den 'House Of David'-Studios in Franklin, Tennessee - unweit von Nashville gelegen - mit Studiomusikern, die teilweise schon bei *HARVEST* und *COMES A TIME* mitwirkten, neue Songs aufzunehmen.

24.2. New York City, 'Madison Square Garden':
"... als er so dasaß und nacheinander eine Reihe seiner besten Songs mit zerbrechlicher, ausdrucksstarker Stimme spielte und sich dabei mit akustischer Gitarre, Piano und Mundharmonika begleitete, wurde klar, daß Young's beste Werke auf der gleichen außergewöhnlichen Ebene anzusiedeln sind, wie die von Bob Dylan, seines offenkundig stärksten Einflusses ...
Kein moderner Songwriter erreicht Young, wenn es darum geht, Kraft und Schönheit der Natur zu beschwören; seine Bildnisse von Landschaft und Wildnis sind von einfachster kalligraphischer Unbegrenztheit ...
Die zurückschauende Atmosphäre wurde unterbrochen durch drei Songs aus Young's neuestem Album, *TRANS*, in dem er mit Synthesizer-Technopop im Stil der deutschen Gruppe KRAFTWERK experimentiert. Überraschend effektiv, trugen diese Darbietungen noch zu der rätselhaften Aura bei, die Young und sein riesiger Bildschirm vorher geschaffen hatten."[5]

4.3. Louisville, Kentucky, 'Convention Center' - das plötzliche Ende der Tour:
Nach der ersten Hälfte des Konzerts erleidet Neil hinter der Bühne einen Kollaps; eine verschleppte Erkältung und die wochenlange Behandlung mit starker Arznei fordern ihren Tribut. Die Bekanntgabe, daß der Auftritt nicht fortgesetzt werden kann, verursacht einigen 'Unmut' im Publikum - etliche Stühle werden auf die Bühne geschmissen oder zu Kleinholz verarbeitet, einige Flaschen fliegen ...
Die geplanten restlichen Termine der Tournee müssen gestrichen werden; Neil zieht sich für drei Wochen auf seine Ranch zurück, um wieder zu Kräften zu kommen.

Danach widmet er sich wieder der Studioarbeit:
Er stellt aus den Aufnahmen von Ende Januar eine erste Fassung von *OLD WAYS* fertig, die stilistisch etwa zwischen *COMES A TIME* und einem 'richtigen' Countryalbum anzusiedeln ist - 'Geffen Records' lehnt eine Veröffentlichung jedoch strikt ab.
Sofort beginnt Neil mit den Aufnahmen zu *EVERYBODY'S ROCKIN'*, einem Album mit Eigenkompositionen und Coverversionen im Stil des Rock'n'Roll der 50er Jahre. Mit neuer Band, den SHOCKING PINKS - außer den alten Weggefährten Ben Keith, Tim Drummond und Karl Himmel noch Larry Byrom, Anthony Crawford und Rick Palombi, die zuvor in der Backingband von Linda Ronstadt spielten - gehen die Aufnahmen auf Neil's Ranch schnell voran.

Im Anschluß ist Segeln auf der 'W.N. Ragland' angesagt, bevor eine lange Tournee mit den SHOCKING PINKS ansteht.

1.7. Tourbeginn im 'Kansas Coliseum' in Wichita.
Geboten wird eine zweistündige Show, die in bekannter Manier mit einem akustischen Soloteil beginnt, gefolgt von einigen *TRANS*-Songs. Doch am Ende dieses Teils erscheint auf dem über der Bühne installierten Bildschirm groß die Zahl '1983', aus der dann erst ein '1982' wird, dann ein '1981' usw. Neil verläßt die Bühne, Roadies wechseln schnell die Mikrophone und Instrumente in ältere Modelle aus, und wenn die Jahreszahlen schließlich '1957' erreicht haben, kommt er im weißen Anzug und mit Fifties-Pomadenfrisur zurück ("Mit seinem pinkfarbenen Schlips, schwarzen Hemd und weißen Anzug gleicht er mehr Slim Whitman als Gene Vincent."[6]) und hämmert seine Rock'n'Roll-Nummern aus *EVERYBODY'S ROCKIN'* und eine Version von Elvis' 'That's All Right, Mama' ins Klavier - und im Hintergrund tanzen die PINKETTES inkl. Neil's Frau Pegi.

9.7. East Troy, Wisconsin, 'Alpine Valley Music Theatre':

"Gleich einem besessenen Zauberer zieht Neil Young aus seiner erstaunlichen Karriere wie aus einem Hut immer neue Kaninchen. Die neueste Überraschung des alten Rockmusikers ist Rock'n'Roll der mittfünfziger Jahre ...
Über die restliche Show gab es etwas geteilte Meinungen, es war ein geschickt zusammengestellter und zufriedenstellender Überblick seines Werkes ... zumindest bewies er erneut, daß akustischer Rock genauso kraftvoll sein kann wie elektrischer."[7]

August

Den Zusammenbruch vom März noch vor Augen, hat Neil nun vier Wochen Pause eingeplant, bevor es Ende des Monats im Osten der Vereinigten Staaten weitergeht.

EVERYBODY'S ROCKIN' erscheint.
"... ein sprühender Protest gegen die zumeist humorlose Kälte elektronischer Popmusik (ungeachtet dessen, daß er selbst mit *TRANS* das deutlichste Beispiel dafür geliefert hatte) und eine Hymne an die Tanzverrücktheit der Achtziger ...
Wahrscheinlich wird die Platte nicht sehr oft gespielt. Aber was soll's, auch wenn es kommerzieller Selbstmord ist? Man muß *EVERYBODY'S ROCKIN'* auf jeden Fall wegen der Energie bewundern, die dahintersteckt, und vielleicht gefällt sie einem auch wegen ihres wilden Sounds und ihres verspielten Humors."[8]

29.8.

Philadelphia, 'The Spectrum':
"Zwischen all den Gimmicks gelang es Young, eine exzellente Show abzuliefern ...
Der Salto, den Young in der zweiten Hälfte des Konzerts schlug - vom 80er Technopop zum 50er Rockabilly - war eine der vielen hintergründigen und raffinierten Ideen, die man immer wieder in seiner Musik findet."[9]

18.9.   Dayton, Ohio, 'Harrah Arena':
Bei diesem Konzert werden unter der Regie von Hal Ashby (der u.a. im
Jahr 1967 *MONTEREY POP* gedreht hatte) Aufnahmen für einen 90-
minütigen Film mit dem Titel *DAYTON, OHIO* gemacht. Später wird für
Pay-TV und Laser-Disc eine 60-Minuten-Version hergestellt.

1.10.   Abschluß der Tournee im 'Beacon Theatre' in New York City.

Pegi und Neil werden von der 'National Academy Of Child
Development' zu den 'Eltern des Jahres' ernannt.

23.10.   Zum zweiten Mal ist Neil Gast bei *ROCKLINE*, um Fragen von Hörern
zu beantworten.

1   Stephen Stills 1982; *CROSBY, STILLS & NASH*; S.237
2   Neil, *ROCKLINE*, 23.10.83
3   Robert Hilburn, LOS ANGELES TIMES, 24.1.83
4   John V. Hurst, SACRAMENTO BEE, 27.1.83
5   Stephen Holden, NEW YORK TIMES, 27.2.83
6   ROLLING STONE, 18.8.83
7   USA TODAY, 11.7.83
8   David Fricke, ROLLING STONE, 15.9.83
9   Ken Tucker, PHILADELPHIA ENQUIRER, 30.8.83

1984

"When I was a younger man I got lucky with a rock'n'roll band.
All the time I knew I would get back to the country."[1]

"Ich denke, man kann mich mit einem alten Hund vergleichen, der fünf Jahre lang auf dem Teppich das richtige Plätzchen gesucht hat. Ich glaube, jetzt hab' ich es gefunden."[2]

6./7.2. Im 'Catalyst'-Club in Santa Cruz gibt Neil vier Konzerte mit CRAZY HORSE und Ben Keith am Saxophon:
"... alles schnelle Rocksongs mit irren, einfachen Texten, fast Zen-artige Schönheit erreichend. In der Vergangenheit hatten CRAZY HORSE immer hypnotisch langsam gespielt, selbst bei schnellen Nummern - der Groove war so gut wie das Gras. Doch diesmal gab es lauter kratzende, abgehackte Riffs zu hören, garstige Musik, die den RAMONES oder Howlin' Wolf gut zu Gesichte gestanden hätte."[3]

In den nächsten Wochen schlagen jedoch die Versuche fehl, mit CRAZY HORSE und einigen Sessionmusikern in New York eine neue Platte aufzunehmen.
Neil: "Die Sessions waren *schrecklich*. Sie endeten im totalen Chaos, da wir noch nie dermaßen gescheitert waren. CRAZY HORSE haben danach lange Zeit nichts mehr gemacht ...
Wir *wußten*, daß wir nicht gut waren. Wir *wußten*, daß keiner von uns wirklich *spielen* kann. Aber, verdammt nochmal, wir hatten bisher immer alles im ersten Versuch eingespielt, obwohl es nicht in Ordnung war - aber wir kriegen es eh nicht besser hin. Wir verspielen uns, wir machen Fehler, aber wir steigen so auf die Musik ein, daß sie gut klingt. Wenn jedoch ein richtiger Musiker dazukommt, ist alles aus. Jedem von uns wurde bewußt, daß wir ganz schöne Trottel sind."[4]
Frank Sampedro erinnert sich: "Schließlich, am letzten Tag, hatte er dieses Feedback in seinen Ohren und er warf seine Kopfhörer weg, nahm seine Gitarre und knallte sie an die Wand. Er begann zu schreien: *'This trip's over! Everybody's outta here! Everybody just go fucking home!'* Natürlich rief er mich einige Tage später an und sagte: 'Jungs, ich habe nicht *Euch* gemeint'."[5]

Neil wendet sich wieder der Countrymusik zu. Er überarbeitet das noch immer unveröffentlichte *OLD WAYS*-Album und stellt eine neue Band zusammen. Doch 'Geffen Records' hat gegen *OLD WAYS* die gleichen Bedenken wie gegen alle anderen Alben, die Neil bisher vorlegte: die Musik sei 'nicht charakteristisch für Neil Young' und deshalb für eine Veröffentlichung nicht geeignet. Die Angelegenheit gipfelt schließlich darin, daß 'Geffen' deswegen gegen Neil Klage in Höhe von 3 Mio. Dollar (zusammengesetzt aus einer Konventionalstrafe plus 'entgangenem Gewinn') erhebt!

Neil: "Ich hab' ihnen gesagt, je länger Ihr mich wegen des Spielens von Countrymusik verklagt, desto länger werde ich Countrymusik spielen. Entweder Ihr zieht das zurück, oder ich spiele Countrymusik bis zum Ende meiner Tage. Und dann könnt Ihr mich deswegen nicht mehr verklagen, weil Countrymusik dann das ist, was ich immer mache, also nicht mehr 'uncharakteristisch' ist, hahaha. Also hört auf, mir zu sagen, was ich tun soll, oder ich werde zu George Jones ..."[6]

15.4. Eine Session mit Bobby Charles (er schrieb u.a. 'Walkin' To New Orleans' und 'See You Later Alligator') in Austin, Texas.
Bei dieser Gelegenheit trifft Neil zum ersten Mal Willie Nelson, in dessen Studio die Aufnahmen stattfinden.[7]

15.5. Neil und Pegi bekommen nochmal Nachwuchs - ein völlig gesundes Mädchen, das sie Amber Jean nennen.

6.6. San Jose, California, 'The Saddle Rack':
Der erste einer kleinen Reihe von Club-Auftritten mit den INTERNATIONAL HARVESTERS, Neil's neuer Band. Sie besteht aus Karl Himmel (Drums), Rufus Thibodeaux (Fiddle), Spooner Oldham (Piano), Ben Keith (Pedal Steel) und Tim Drummond (Bass) - alle bereits bei den Aufnahmen zu *COMES A TIME* dabei gewesen, sowie Anthony Crawford (Fiddle).

18.6. Los Angeles, 'The Country Club':
"Nichts war zu sehen von Young's Rockabilly-Revival, von Young, dem Synthi-Meister oder Young, dem wilden Rocker. Stattdessen erlebten wir Neil, den Country-Sänger, der sich durch eine Stunde bodenständiger Liedchen klimperte, während im Hintergrund Steelgitarre, Geige und Banjo weinten ...
Es war eine Nacht mit Songs über Pferde, neugeborene Babys, Eisenbahnen, Heimatliebe und andere erdverbundene Wahrheiten - das Vermächtnis des einfachen Mannes im ländlichen Westen, eine Rolle, die Young in Jeans, kariertem Hemd, schwarzem Hut und nach hinten gebundenem Haar perfekt verkörperte."[8]

22./23.6.   Die beiden letzten Gigs der kurzen Club-Tour im 'Opry House' in Austin, Texas.

Pläne für eine größere Europatournee im August und September werden auf Anraten des Promoters fallengelassen:

23.8.   In Ottawa beginnt stattdessen eine lange USA/Kanada-Tour mit den INTERNATIONAL HARVESTERS, verstärkt durch Larry Cragg am Banjo und Joel Bernstein an der Rythmusgitarre; im Vorprogramm teilweise Waylon Jennings und seine Frau Jessi Colter.

Das Repertoire der Auftritte besteht aus einer Mischung von 'countryfizierten' Versionen alter Songs und neuen, bis dato unveröffentlichten Werken wie 'Are There Any More Real Cowboys', 'Bound For Glory' und 'Get Back To The Country'.

Neil: "Ich bin 38 Jahre alt. Ich glaube, ich bin reif dafür ... Wieviele Gitarrensoli kann man spielen? Ich hatte wirklich *genug* davon. Die Energie dieser Musik ist viel höher ...
Es ist die Art von Musik, die ich gerne spiele. Wirkliche Gefühle stehen bei der Countrymusik oft im Vordergrund. Und es gibt eine persönliche Intensität."[9]

1.9.   Beim Konzert im 'CNE Grandstand' in Toronto widmet Neil 'Helpless' der Stadt Omemee, in der er einen Teil seiner Kindheit verbrachte.
"Ich denke, die Beschäftigung mit den heimatlichen Wurzeln hat etwas mit seiner Vaterrolle zu tun, mit dem Älterwerden und mit dem Versuch, die Wegstrecke seines Lebens zu messen, und seine Songs scheinen dafür zu sorgen, daß auch jeder Zuhörer seine eigene Vergangenheit durchforstet."[10]

20.9.	In den Studios von TNN in Nashville werden 'Amber Jean', 'Field Of Opportunity' und 'Are You Ready For The Country' (mit Waylon Jennings) für die TV-Show *NASHVILLE NOW* aufgezeichnet.
25.9.	'University Of Texas', Austin: Dieser Auftritt wird für die Fernsehsendung *AUSTIN CITY LIMITS* mitgeschnitten.
10.10.	Neil's Großmutter Jean Young - aus Flin Flon, Manitoba, etwa 560 Meilen entfernt - besucht das Konzert mit den HARVESTERS in Winnipeg.
22./23.10.	Los Angeles, 'Universal Amphitheatre'; im Vorprogramm Johnny Paycheck: "Wie Walt Whitman, Edward Hopper und Woodie Guthrie gehört Young zu den wichtigen amerikanischen Künstlern, die das große Land mit ungewöhnlichem Wahrnehmungsvermögen und gleichzeitigem Wohlwollen untersuchen. Wie Guthrie wendet sich Young gegen das Kreuz des kleinen Mannes, und doch wurzelt dieser Protest in einer tiefen Liebe zu seinem Land ... Young feiert die einfachen Werte in klaren, auf das Wesentliche beschränkten Songs, deren einzige Schnörkel die ab und zu etwas seltsamen Metaphern sind, und ist auf diese Weise zu einem wunderbar weisen und verrückten alten Huhn geworden. Offensichtlich ist das Spielen dieser Musik für ihn wie Atmen, und sein äußerst relaxter Auftritt hatte etwas von großartig gelangweiltem Charme ... So gut auch Young war, seine Band stand ihm in keiner Weise nach. Zu fünft, inklusive Geige und Pedal Steel-Gitarre, kämpften sich die INTERNATIONAL HARVESTERS durch Young's Songs wie ein dröhnender Mähdrescher."[11]
26.10.	Der letzte Auftritt der Tournee im 'Greek Theatre' in Los Angeles: "Young selbst scheint glücklicher zu sein als früher. Er hat eine festere Stimme und kommt einem entspannter und selbstsicherer vor ... Auch bewies er, daß er seinen Sinn für Humor über das Älterwerden nicht verloren hat (er ist jetzt 39). Bei 'Sugar Mountain' sang er: *'You can be 20 / on Sugar Mountain'*; dann: *'You can be 30 / on Sugar Mountain'*; und schließlich: *'You can be 40 / on Sugar Mountain'* ..."[12]

Ende des Jahres erscheint in Toronto Scott Young's *NEIL AND ME*, eine Biographie aus Sicht des Vaters, mit vielen der Öffentlichkeit bislang unbekannten Details aus Neil's Kindheit und Jugend in Kanada. Neil über das Buch: "Es war für mich faszinierend, zu sehen, was meine Eltern über mich dachten, als ich aufwuchs. Die Reaktion meiner Eltern, als ich Polio hatte. Da ich heute selbst Kinder habe, weiß ich, wie wesentlich es ist, wenn ihnen etwas passiert, und dann zu sehen, wie es damals für meine Eltern war. Das traf mich am meisten."[13]

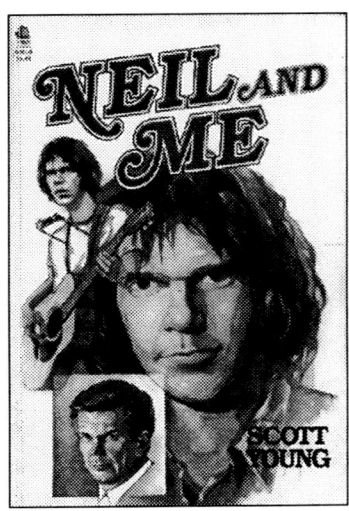

1   Neil in 'Get Back To The Country' (*OLD WAYS*)

2   Neil, USA TODAY, 19.9.84

3   Jimmy McDonough, VILLAGE VOICE R&R QUARTERLY, Ende 1989

4   VILLAGE VOICE R&R QUARTERLY, Ende 1989

5   SPIN, Herbst 1990

6   Q, Mai 1988

7   Vier Stücke aus dieser Session werden im Jahr 1994 auf Bobby Charles' CD *WISH YOU WERE HERE RIGHT NOW* veröffentlicht.

8   Steve Pond, LOS ANGELES TIMES, 19.6.84

9   USA TODAY, 19.9.84

10   Liam Lacey, TORONTO GLOBE AND MAIL, September 1984

11   Kristine McKenna, LOS ANGELES TIMES, 24.10.84

12   Cathy Cassinos, SACRAMENTO BEE, 28.10.84

13   HOWL, 1/88

1985

"... I'm just a wind-surfing cowboy."[1]

"Ich habe ein paar Dämonen in mir, aber ich habe gelernt, mit ihnen auszukommen. Diese Dämonen sind immer da und das läßt einen ausflippen, deswegen spiele ich manchmal so Gitarre, wie ich eben spiele. Das hängt von der Balance ab - wie stark die Dämonen in dieser Nacht sind und wie stark das Gute ist."[2]

"Do you see a time when you will be writing and not recording?
'Yes, that will come about - but not soon'."[3]

27.1.   Ausstrahlung der TV-Show *AUSTIN CITY LIMITS* (ca. 60 Minuten aus dem Konzert vom 25.9. letzten Jahres).

10.2.   In Toronto nehmen Neil und andere kanadische Künstler (Gordon Lightfoot, Joni Mitchell, Bryan Adams u.v.a.) für die von Bob Geldof's 'Band Aid'-Projekt inspirierte Organisation 'Northern Lights For Africa' den Song 'Tears Are Not Enough' auf.

22.2.   Auckland, Neuseeland: Beginn einer einmonatigen Tournee mit CRAZY HORSE durch Neuseeland und Australien.
Ursprünglich waren die INTERNATIONAL HARVESTERS als Backing Band vorgesehen, doch da Tim Drummond Vaterfreuden entgegensieht, greift Neil auf CRAZY HORSE, verstärkt durch Ben Keith, Rufus Thibodeaux und Anthony Crawford, zurück.
Das Programm der Konzerte ist dementsprechend unterteilt:
Es beginnt mit einem Country-Set (mit Songs wie 'Are You Ready For The Country', 'Motor City', 'Southern Pacific' und 'Are There Any More Real Cowboys') inklusive kurzem Solo-Akustik-Teil; anschließend gibt es 'klassische' CRAZY HORSE-Nummern (u.a. 'Cinnamon Girl', 'Cortez The Killer', 'Tonig'ts The Night' und 'Like A Hurricane').

22.3.   Abschluß der Tour im 'Entertainment Centre' in Sydney.
Bruce Springsteen und Nils Lofgren gastieren bei der Zugabe, einer fast zwanzigminütigen Version von 'Down By The River'.

April   Weitere Aufnahmen für das immer noch nicht veröffentlichte Album *OLD WAYS* in Nashville's 'The Castle'-Studio.

4.7.   'South Park Meadows', Austin, Texas:
Neil tritt am amerikanischen Nationalfeiertag mit den INTERNATIONAL HARVESTERS beim traditionellen *4th OF JULY PICNIC* Willie Nelson's auf.
Sie spielen einige Standards wie 'Are You Ready For The Country' (mit Waylon Jennings) oder 'Powderfinger', Songs von *OLD WAYS*, z.B. 'Are There Any More Real Cowboys?' (mit Willie Nelson), sowie die unveröffentlichten Stücke 'It Might Have Been' und 'Soul Of A Woman'. Vorher hatte Neil bereits Jerry Jeff Walker bei einer Version von 'This Land Is Your Land' begleitet.

13.7.   *LIVE AID*: zugunsten von Bob Geldofs Initiative für die Hungernden in Afrika finden im 'JFK'-Stadion in Philadelphia und im 'Wembley'-Stadion in London zwei weltweit in Radio und Fernsehen übertragene simultane Konzerte statt.
Neil tritt mit den INTERNATIONAL HARVESTERS auf (sie spielen 'Sugar Mountain', 'The Needle And The Damage Done', 'Helpless', 'Nothing Is Perfect' und 'Powderfinger').
"Sein Auftritt machte als denkbar extremster Gegenpol zur herrschenden DURAN-Glätte und WHAM!-Watte besonders schmerzhaft deutlich, wie entsetzlich fade die Pop-Pampe des Jahres 1985 tasächlich ist."[3]
Später am Abend spielt er mit Crosby, Stills und Nash ('Only Love Can Break Your Heart' und 'Daylight Again'/'Find The Cost Of Freedom').
Neil: "Es war schrecklich. Es war das schlimmste, was ich je gesehen habe. Ich hab' mir das Tape angeschaut, sehr peinlich, da hat nichts gepasst. Als wir vorher im Wohnwagen übten, klangen wir wesentlich besser."[4]

9.8.   In Milwaukee, Wisconsin, startet Neil zu einer sechswöchigen USA-Tour mit den INTERNATIONAL HARVESTERS. Gäste auf der Bühne sind ab und an Nicolette Larson, Nils Lofgren und Willie Nelson.

29.8.   Cheyenne, 'Frontier Days Park': Neil und die HARVESTERS geben ein Benefizkonzert für die Opfer der Überschwemmungskatastrophe in Wyoming.

September   *OLD WAYS* wird veröffentlicht.
Neil: "Da gab es eine gänzlich andere Platte, die originale *OLD WAYS*, die 'Geffen' nicht akzeptierte. Sie war wie *HARVEST II*. Es war eine Kombination aus den Musikern von *HARVEST* und *COMES A TIME*. Sie wurde in Nashville in nur wenigen Tagen eingespielt, im Grunde genau wie *HARVEST*, und von Elliot Mazer coproduziert, der bereits *HARVEST* produziert hatte.

177

Es gibt *HARVEST*, *COMES A TIME* und *OLD WAYS I*, welche eigentlich eine typischere Neil Young-Platte ist als *OLD WAYS II*. *OLD WAYS II* wurde mehr eine Countryplatte - ein direktes Resultat dessen, daß ich wegen des Spielens von Countrymusik verklagt worden war."[5]
"Aber das Problem mit meiner Plattenfirma ist jetzt ausgeräumt, Schnee von gestern. Wir haben eine Vereinbarung getroffen, daß ich weiterhin die Platten machen könne, zu denen ich Lust habe, und daß sie diese veröffentlichen werden. Sie drückten ihr Vertrauen in meine Fähigkeit aus, die richtigen Entscheidungen selbst zu treffen - nichts anderes wollte ich erreichen!"[6]
David Geffen, 10 Jahre später: "Ich wollte Neil davor bewahren, daß er selbst seine Karriere zerstört. Ich habe mich dummerweise zu einer gerichtlichen Klage raten lassen, und das war ein großer Fehler, der mir heute leid tut. Ich habe da zu sehr den Vater gespielt, und das war einfach nicht angebracht."[7]

"Nach mehr als zwanzig Jahren im Geschäft ist er noch immer auf der Höhe der Zeit und hat entsprechenden Einfluß. Man höre sich nur die neue Generation amerikanischer Bands an, das Echo Neil Young's ist überall. THE DREAM SYNDICATE, GREEN ON RED, THE BEAT FARMERS, LONG RYDERS, JASON & THE SCORCHERS, sie alle haben der Art und Weise seiner eigenartigen Lyrik und seines elektrisierenden Gitarrenspiels, das er schon vor Jahren perfektionierte, einiges zu verdanken ...
OLD WAYS ist zwar nicht auf so erfrischende Weise eingängig wie *COMES A TIME*, aber im Prinzip ist es eine Rückkehr zu dem Country & Western-Folk dieser LP. Die Instrumentierung hier ist betont rustikal: Banjos, seufzende Mundharmonikas, Mandolinen, Wirtshauspiano, Akustik- und Pedal Steel-Gitarren, schluchzende Geigen, ausgelassene Gesangsduette mit den Countrygrößen Willie Nelson und Waylon Jennings, und sogar eine herzerweichende Version des Patsy Cline-Klassikers 'The Wayward Wind' tragen dazu bei, eine Atmosphäre scheinbarer ländlicher Authentizität zu schaffen ...

178

Doch trotz seines Charms an der Oberfläche und seines unsterblichen Country-Swings ist dies eine bitter-ironische, auf gemeine Weise heitere Platte, voller ätzendem Sarkasmus."[8]

"Yep, Folks, es ist nun doch endlich wahr geworden: er hat ein Country-Album gemacht. Und was für eins! Wer bei *LIVE AID* kurz nach Mitternacht den musikalischen Höhepunkt des Spektakels nicht verpaßt hat, wird sich an Youngs Fiddle & Banjo-Big Band erinnnern ...
Wollte man es sich leicht machen, könnte man sagen, *OLD WAYS* vermähle die schwere Süße von *HARVEST* mit den neurotischen Abschiedsritualen auf *ON THE BEACH* und unterlege diese prekäre Mixtur mit traditionellen Instrumenten ... Seit *AMERICAN STARS 'N BARS* ist ihm allerdings ein musikalischer Coup von der Klasse dieser LP nicht mehr gelungen. *OLD WAYS* ist ein Meisterwerk."[9]
"Nach all den Jahren privater Schwierigkeiten, Alpträume, Traumas und Depressionen, in denen er uns zwar nicht immer so recht paßte, aber

stets ehrlich blieb, sodaß man ihm die loyale Gefolgschaft sowieso nicht versagen konnte, hat er, man sah es ja beim Live-Aid-Concert, immer noch diesen manisch herausfordernden Blick, die Intelligenz, jede Situation sofort voll zu beherrschen, und vor allem die göttliche Gabe, alle (unsere) Zeiterscheinungen in Musik umzusetzen, die für sich selbst spricht. Dabei sucht er keinen Kompromiß und ist aufgrund dessen, einschließlich eventueller Fehler, der glaubhafteste Musiker seiner Zeit geblieben."[10]

11.9.   Gemeinsam mit Senator Tom Harkin ist Neil zu Gast bei *GOOD MORNING AMERICA*. Er bittet um Unterstützung für dessen 'Farm Policy Reform Act' und rührt gleichzeitig die Werbetrommel für *FARM AID*, ein am 22.9. stattfindendes Benefizkonzert für die zu Zigtausenden von Konkurs bedrohten amerikanischen Farmer, das er zusammen mit Willie Nelson und John 'Cougar' Mellencamp - inspiriert durch *LIVE AID* - in den vergangenen Wochen organisiert hatte.

7./14.9.   MELODY MAKER veröffentlicht unter dem Titel *THE LAST AMERICAN HERO* ein zweiteiliges, ausführliches Interview, in dem Neil gegenüber Adam Sweeting eine Vielzahl von Themen anspricht: Drogen und CSN&Y, Reagan und die achtziger Jahre, Countrymusik, Rock'n'Roll und Charles Manson ...
Neil: "David [Crosby] sagt, daß er nichts mehr liebt, als mit CSN&Y Musik zu machen. Ich habe gesagt, wenn er mir beweisen kann, daß es *wirklich* das ist, was er aus seinem Leben machen möchte und er die Drogen sein läßt, dann würde ich mit ihnen wieder auf Tour gehen. Das habe ich vor drei Jahren gesagt, und bis jetzt ist nichts passiert ...
LIVE AID war die Ausnahme von der Regel, zu der ich mich ganz spontan entschlossen habe. Aber jeder weiß, wie ich darüber denke ...
Soll ein junger Mensch, der CSN&Y mag, weil seine Eltern immer die Platten spielten, soll so ein 12-jähriger wirklich CSN&Y im Fernsehen sehen und dabei wissen, daß dieser Typ kokainabhängig ist, seit vielen Jahren ..., daß er zwar ausschaut wie verwelktes Gemüse, aber immer noch ins Fernsehen kommt, daß sie immer noch Geld machen und immer noch große Stars sind? Ich will das nicht. Niemand sollte das zu sehen kriegen."
[Zur Erklärung: David Crosby war am 11.7. wegen der Vorfälle im April 1982 in Dallas zu einer fünfjährigen Gefängnisstrafe verurteilt worden.]

"Vor zehn Jahren begannen die Vereinigten Staaten, in der Rüstung gegenüber den Sowjets immer kürzer zu treten. Alles, was in letzter Zeit getan wurde, geschah eigentlich nur, um aufzuholen, um in der Bewaffnung gleichwertig zu sein. Selbst im besten Fall ist das eine schlimme Situation, doch ich denke, daß es noch viel schlechter wäre, schlimme Situation, doch ich denke, daß es noch viel schlechter wäre, schwach zu sein, solange die stärkere Nation der Aggressor gegen die Freiheit ist.

Deshalb bin ich für Reagan, wenn es um die Rüstung geht und um die Möglichkeit, anderen Länder wirklich entgegenzutreten, die freien Ländern gegenüber aggressiv sind. Ich glaube nicht, daß daran etwas falsch ist ...

1967 hätte ich sicherlich nicht so gedacht. Aber nun bin ich älter, ich habe eine Familie und ich sehe andere Leute mit ihren Familien ...

Ich verurteile niemanden, der meint, wir sollten aufhören, Waffen zu bauen und all das. Ich stimme mit ihnen nicht überein, praktisch gesehen. Idealistisch gesehen, stimme ich mit ihnen überein."

MELODY MAKER, 7.9.85

"Ich glaube, in einer gewissen Beziehung - nur in einer ganz gewissen Beziehung - hat mich die Rockmusik enttäuscht: sie läßt dir einfach keine Möglichkeit, in Ehren alt zu werden und dabei weiterzumachen ...

Wenn du Rockmusik machst, ist es besser, am Ende völlig ausgebrannt zu sein, denn so wollen sie dich sehen. Sie wollen dich ausgeglüht am Abgrund stehen sehen, am Rande des Lebens, denn dort stehen die jungen Leute selbst auch. Sie entdecken sich selbst, und Rockmusik ist nun mal die Musik der jungen Leute. Ich glaube, das ist die Realität und obwohl ich Rockmusik noch immer liebe und noch immer gerne die Songs in meinem Set spiele, die eigentlich Rockmusik sind, sehe ich darin für mich einfach keine Zukunft ...

Willie Nelson ist 54 und er ist ein glücklicher Mann, der macht, was ihm gefällt. Ich kenne keinen einzigen Rockmusiker, bei dem das so ist. Was also soll ich machen?"

Am Ende des Interviews entwirft Neil noch ein kurzes Zukunfts-Szenario, das den letzten Vers aus 'After The Goldrush' (*"Silver spaceships ... flying Mother Nature's silver seed to a new home in the sun"*) ins Gedächtnis ruft:

"... wir sind alle Teil der Natur und wir sind alle Lebewesen. Wir sind sehr hoch entwickwelt und wir sollten sehr verantwortungsvoll mit unserem erworbenen Wissen umgehen.

Ich würde sogar so weit gehen, zu glauben, daß in dem Plan der Dinge, dem natürlichen Plan der Dinge, die Raketen und Satelliten und Raumfahrzeuge, die wir inzwischen herstellen, dazugehören ... daß wir Pollen aussenden, als Universum, und daß das zum Universum dazugehört. Die Erde ist eine Blume und sie wirft Pollen aus.

Sie fängt an, Dinge auszusenden, und wir entwickeln uns und die Dinge werden immer größer und gelangen immer weiter weg. Und das ist nötig, denn wir müssen uns jetzt im Weltraum ausbreiten. Ich glaube, in 100 Jahren werden wir andere Planeten bevölkern."[11]

In den folgenden Jahren relativiert Neil seine Aussagen über Reagan - die ja den Eindruck erwecken, er sei ins konservative Lager 'übergelaufen' - mehrmals dahingehend, daß er nur mit einzelnen Ideen Reagan's übereingestimmt hätte:

"Ich bin kein Falke. Ich bin keiner, der in den Krieg ziehen und seine Muskeln spielen lassen will und all das, aber ich denke mir einfach, daß man aus einer Position der Schwäche heraus nicht verhandeln kann. So einfach sehe ich das ...

Meiner Meinung nach würde es Mondale nicht viel anders machen als Carter. Deshalb war ich für Reagan, und ich hielt das für eine wichtige Sache ... ich dachte, das sei der richtige Weg, und dazu stehe ich auch jetzt noch."[12]

"Ich habe nie Reagan per se unterstützt, sondern nur einige Dinge, die er gesagt hat. Bestimmt nicht diese Aufrüstungs-Scheiße! Aber ich fand es gut, daß er sagte, die Leute in unserem Land sollten nicht länger immer nur auf die Regierung warten, um ihre Probleme zu lösen ... Jeder Präsident baut im Lauf von acht Jahren Scheiße, aber wenn du es nur so siehst, bringt dich diese Einstellung um die Chance, dein Land zu unterstützen."[13]

"Das Wichtigste war, daß die Leute miteinander reden und sich gegenseitig helfen sollten, und daß sich die Regierung nicht um alles mittels Versprechungen und Programmen kümmern sollte ...

Darum ging es ihm - steht zusammen, Leute. Organisiert Euch in den Kommunen.

Ich fand das gut. Aber weil ich diese eine Sache und ein paar ähnliche Dinge gut fand, war ich sofort ein Reagan-Unterstützer. Es war ein Schock für einige Leute, daß ich irgendetwas gut finden konnte, was dieser Mann vertrat. Aber ich halte nichts von so einer rechthaberischen, selbstgerechten Art. Meine Ideale verlaufen in anderen Bahnen."[14]

22.9.   Das erste *FARM AID*-Konzert in Champaign, Illinois.

80.000 Besucher im Stadion der 'University of Illinois' und die Zuschauer zu Hause vor den Fernsehgeräten bringen ungefähr 10 Millionen Dollar für die Farmer in die Kasse.

Die Show beginnt mit einem gemeinsamen 'Are There Any More Real Cowboys' von Neil und Willie Nelson. Danach treten mehr als 50 weitere Künstler auf, unter ihnen Johnny Cash, Merle Haggard, George Jones, Lou Reed, John Fogerty, Bonnie Raitt, Bob Dylan und Roger McGuinn.

Neil spielt einen kurzen Set mit den INTERNATIONAL HARVESTERS ('My My, Hey Hey', 'Heart Of Gold', 'This Old House', 'Get Back To The Country') - gleichzeitig ist das das Ende der Tournee.

"Und dann, eines Morgens, wachte ich auf und alles, was ich hören konnte, war dieser verdammt harte Beat. Und aus ihm heraus erhob sich meine Gitarre. Ich hörte nur Rock'n'Roll in meinem Kopf, so verdammt laut, daß ich es einfach nicht ignorieren konnte."[15]

Mit diesen Worten erklärt Neil den erneuten musikalischen Stilwechsel, den er Ende des Jahres vornimmt und der im kommenden Jahr zu *LANDING ON WATER* führen wird.

"Wenn ich einen bestimmten Gipfelpunkt erreicht habe, will ich dort anscheinend nicht länger bleiben. Es ist wie: 'Schnell weg von hier, nicht nochmal.' Es ist zu gefährlich, als ob man dem Teufel ins Antlitz schauen würde. Klar, man kann alles wieder und wieder tun, und das wäre 'ne leichte Sache ... Aber trotz dem Geld und allem, ich hasse es einfach, in eine Schublade gesteckt zu werden ...

Rock'n'Roll ist wie eine Droge. Ich nehm' nicht sehr viel Rock'n'Roll, aber wenn ich es mache, dann tue ich's *richtig*. Ich will es jedoch nicht dauernd machen, denn es würde mich kaputt machen." (Neil)[16]

1   Neil, Pressekonferenz in Sidney, März 1985

2   MELODY MAKER, 7.9.85

3   Neil auf einer Pressekonferenz in Sidney, März 1985

4   Wolfgang Doebeling, TIP, 19/85

5   *ROCKLINE*, 18.8.86

6   ROLLING STONE, 2.6.88

7   Neil auf einer Pressekonferenz in Sydney, März 1985

8   ROLLING STONE (deutsche Ausgabe), April 1995

9   Allan Jones, MELODY MAKER, 1985

10   Wolfgang Doebeling, TIP, 19/85

11   SPEX, Oktober 1985

12   alle Zitate: MELODY MAKER, 7./14.9.85

13   ROLLING STONE, 2.6.88

14   MUSIKEXPRESS/SOUNDS, 2/1990

15   ROLLING STONE, 21.1.93

16   ROLLING STONE, 2.6.88

17   *WRITTEN IN MY SOUL*, S.118-128

1986

"In today's pop climate, I'm an island, I don't fit in anywhere."[1]

"Irgendwann wird sich etwas ändern, aber ich werde nicht der erste sein, der damit konfrontiert wird. Da werden einige vor mir dran sein und die werde ich beobachten. Soll ich denn mit 50 damit aufhören, was ich mein ganzes Leben lang gemacht habe, und stattdessen andere mein Leben für mich führen lassen?"[2]

"Das hab' ich für Crosby geschrieben. Aber es könnte genauso für mich selbst sein oder für sonst jemanden. In Wirklichkeit geht es um die Auswüchse unserer ganzen Generation. Vom Hippie zum Yuppie - eine ganz schöne Veränderung."[3]

Januar 'Geffen Records' weigert sich, eine EP Neil's zur Unterstützung von *FARM AID* - mit den fünf Songs 'Interstate', 'Grey Riders', 'Nothing Is Perfect', 'Depression Blues' und 'This Old House' - zu veröffentlichen.

23.1. Bei der ersten 'Rock'n'Roll Hall Of Fame'-Zeremonie in New York's 'Waldorf Astoria'-Hotel nimmt Neil die Ehrung für die EVERLY BROTHERS vor.
Zum Abschluß der Veranstaltung jammt er mit John Fogerty, Chuck Berry, Jerry Lee Lewis und Keith Richards.

24.2. Im 'Forum' in Los Angeles tritt Neil neben Richie Havens, Peter Fonda, John Sebastian u.v.a. beim *WELCOME HOME*-Benefizkonzert für Vietnamveteranen auf.
Er spielt 'Powderfinger' und 'Heart Of Gold' und - zusammen mit Graham Nash - 'Ohio' und 'Teach Your Children'.

5.4. Neil nimmt an einem Benefizkonzert für 'Greenpeace' in Auckland, Neuseeland, teil.

Eine für Juni/Juli geplante Europatournee mit CRAZY HORSE wird abgesagt. Die Attentatsdrohungen Libyen's an die Amerikaner zeigen Wirkung - gesundheitliche Gründe (Folgen eines leichten Autounfalls) kommen dazu.

4.7.   'Manor Downs Race Track' in Austin, Texas:
Aus Willie Nelson's *4th OF JULY PICNIC* wird in diesem Jahr *FARM AID II*. Neil erscheint mit den INTERNATIONAL HARVESTERS und Nicolette Larson; sie spielen 'Are You Ready For The Country', 'Comes A Time' und 'Homegrown'.

Juli   *LANDING ON WATER* erscheint.
Neil: "... eine schwere Geburt, weil sie ['Geffen Records'] mein Budget zusammenstrichen. Also konnte ich gerade mal die zehn Songs aufnehmen, die auch auf der Platte sind. Normalerweise nehme ich zwei Songs auf, um dann aber nur einen aufs Album zu nehmen."[4]
Und: "Dieses Album war wie eine Wiedergeburt: zurück in L.A. nach meiner langen Zurückgezogenheit. Ich hatte meine Rock'n'Roll-Wurzeln wiedergefunden. Und meine Lebenskraft als Musiker. Es regte sich was; so wie ein Bär aus dem Winterschlaf erwacht."[5]
"Können alte Rocker noch neue Tricks lernen? Und wollen sie das überhaupt? ...
LANDING ON WATER ist ein neuerliches stylistisches Experiment; es benutzt die reichhaltigen, schnell veränderbaren Klänge der neueren Generation von Keyboards. Young's fette Synthesizer-Harmonien und Steve Jordan's halb-elektronische, halb-menschliche Drumbeats ergeben ein klangliches Gerüst, das Young's eindringlicher hoher Stimme und seinem scharfkantigen Gitarrenspiel genügend Widerstand bietet ...
LANDING ON WATER zeigt, daß Young seine Augen und Ohren offenhält. Während er auf der country-getränkten *OLD WAYS* und der rockabillymäßigen *EVERYBODY'S ROCKIN'* auf dem Rückzug vor den achtziger Jahren schien, zeigt ihn *LANDING ON WATER* wieder auf der Höhe der Zeit - umzingelt, doch kampfbereit."[6]
"Die Unberechenbarkeit erhebt Neil Young zum Prinzip, deshalb überrascht es kaum, daß er neben der Elektronik nun wieder seinen neurotisch-spröden Gitarrenklang verwendet, der an Häßlichkeit schwer zu überbieten ist ... Trotzdem ist das Album ein Leckerbissen für Neil Young-Fans: hübsch häßlich."[7]

In Großbritannien wird für das Album mit einem Bild von Chamberlain und Hitler nach der Unterzeichnung des 'Münchner Abkommens' geworben. Jedoch hält Chamberlain statt des Vertrags, der den Ausverkauf an die Nazis bedeutete, ein Exemplar von *LANDING ON WATER* in Händen. Die Interpretation, daß Chamberlain für Neil steht, und Hitler für 'Geffen Records' liegt nahe ... Neil: "Ich hatte damit nichts zu tun. Aber irgendwie gefällt mir die Idee. Wer immer es war, ein genialer Einfall."[8]

18.8. Neil ist erneut bei der Radioshow *ROCKLINE* zu Gast.
Über David Crosby, der wenige Tage zuvor - am 6.8. - aus dem Gefängnis in Huntsville, Texas, entlassen wurde, wo er aufgrund der 1985 erfolgten Verurteilung wegen Drogenvergehens und unerlaubten Waffenbesitzes über acht Monate inhaftiert war, meint er:
"Er ist in guter Verfassung. Ich glaube, er packts. Er ist ein großartiger Typ, ein guter Mensch, eine wunderbare Seele, und er ist das Herz von CSN&Y."

28.8. Long Beach, California, 'Long Beach Arena':
Neben Jimmy Buffett, Joni Mitchell, Stevie Nicks u.v.a. tritt Neil bei einem Benefizkonzert zugunsten der 'Get Tough On Toxics'-Kampagne auf. Sein Solo-Set besteht aus akustischen Versionen von 'If You Got Love', 'Heart Of Gold', 'After The Goldrush' und dem neuen 'Mideast Vacation'.

15.9. In der 'War Memorial Arena' in Rochester, New York, findet der erste Auftritt der IN A RUSTED-OUT GARAGE genannten Tour mit CRAZY HORSE statt.
Mehrere neue Songs (u.a. 'Too Lonely', 'Inca Queen', 'Long Walk Home', 'Prisoners Of Rock'n'Roll') haben im Laufe dieser Tournee ihre Premiere und werden für ein geplantes Live-Album aufgenommen.

26.9. Fairfax, Virginia, 'Patriots' Center':
"Angekündigt als 'die drittbeste Garagenband der Welt', boten Young und CRAZY HORSE eine zweieinhalbstündige, sehr rockige Retrospektive der 20-jährigen Karriere dieses phantasiereichen Singer-Songwriters ...
In 'Like A Hurricane' verknüpfte Young bei seiner ausufernden Gitarrenimprovisation mit Frank Sampedro wilde, ein-notige Soli mit Dampfhammerakkorden, Feedback und Verzerrungen zu einer böse klingenden elektrischen Attacke, die das ekstatische Publikum schier überwältigte."[9]

Neil über die selbstgewählte Bezeichnung als *Third Best Garage Band in the World*: "Ich denke, die ROLLING STONES sind wahrscheinlich *die* größte Garagenband der Welt. Ich weiß nicht, wer die zweitbeste ist. Wir wissen nur, daß *wir* nicht die erste oder zweite sind. Wir *wollen* auch garnicht so gut sein."[10]

27.9. East Rutherford, N.J., 'Meadowlands Arena':
David Crosby und Graham Nash kommen während des kurzen akustischen Teils des Konzerts auf die Bühne und singen Background bei 'Only Love Can Break Your Heart' und 'Ohio'.

7.10. 'Madison Square Garden', New York City (wieder gastieren Crosby und Nash bei 'Only Love Can Break Your Heart' und 'Ohio'):
"Die Musiker trugen Jeans und T-Shirts und traten auf einer Bühne auf, die eine Garage darstellte, mit einem Vorhang, der wie ein Garagentor bemalt war. Große Kakerlaken- und Spinnenfiguren huschten zwischen den Stücken auf der Bühne herum ... Auch das riesige Mikrophon und die Mundharmonika aus RUST NEVER SLEEPS waren da.
Die Garagenband ist ein Paradigma der Rockmusik - einfache, ehrliche Musik, gespielt um ihrer selbst willen. Und trotz ein paar Ausfällen in all den Jahren ist Young dieser Garagenband-Ästhetik eigentlich immer treu geblieben."[11]

13.10. Neil unterbricht die Tour für ein Benefizkonzert zugunsten der von seiner Frau Pegi, einem betroffenen Vater und einem Arzt gegründeten 'Bridge School' für körperlich behinderte stumme Kinder.

In der Schule sollen künftig Kommunikationssysteme und computerunterstützte Erziehungsprogramme für diese Kinder entwickelt und angewandt werden, um sie später in ausgewählte öffentliche Schulen eingliedern zu können.

Neil: "Meine Frau Pegi hat diese ganze Sache initiiert, es ist ihre Idee gewesen. Ich konnte ihr dabei helfen, weil ich soviele Leute kenne."[12]

"Einige dieser Kids sind großartig, aber sie können nicht sprechen und sie können ihren Körper nicht bewegen und damit nicht einmal auf einen Knopf drücken. Es gibt inzwischen Gewehre und Raketen, die man abfeuern kann, indem man einfach auf einen bestimmten Punkt schaut. Wir müssen rauskriegen, wie wir diese Technologie für friedliche Zwecke nutzen können."[13]

Neil eröffnet das rein akustische Konzert mit einem Solo-Set ('Heart Of Gold', 'Helpless' und I Am A Child'), bevor Crosby, Stills und Nash auf die Bühne kommen; zusammen spielen sie 'Only Love Can Break Your Heart', 'Change Partners', 'Daylight Again'/'Find The Cost Of Freedom' und 'Ohio'.

Es folgen Auftritte von Tom Petty, Nils Lofgren, Don Henley und Bruce Springsteen.

Das Finale bestreiten alle Musiker zusammen mit einem gemeinsamen 'Hungry Heart' von Bruce Springsteen und Nash's 'Teach Your Children'.

21.11.   Der letzte Abend der Tournee in San Francisco's 'Cow Palace' wird über Kabel-TV und Radio live übertragen.

Neil, in diversen Interviews, während der Tournee:
"Jeder kann gutklingende Platten machen, aber ich möchte etwas schaffen, was sonst niemand macht. Und obwohl mir einige der Mainstream-Künstler wie die CARS, die EURYTHMICS oder ZZ TOP schon gefallen, fühle ich mich doch mehr dem intensiven, abgehackten, ungeschliffenen Speedmetal-Rock, wie ihn die RAMONES spielen, verbunden.

Was das Stückeschreiben betrifft, war ich schon immer von Bob Dylan's *'stream-of-consciousness'*-Texten fasziniert. Es gibt da auf seinem neuen Album einen Song, 'Brownsville', der wirklich großartig ist. Ich mag auch die ROLLING STONES und wünschte, Mick Jagger würde sich wieder mit ihnen zusammentun und weniger tanzen und lieber mehr Musik machen."[14]

"Eine ganze Zeitlang wollte ich meine elektrischen Gitarre überhaupt nicht mehr spielen. Ich hörte im Radio die ganzen Heavy-Metal-Freaks, die alle dreimal so schnell spielen können wie ich, jedes Riff aus dem Lehrbuch. Dann wandte sich alles den Synthesizern und Drum-Computern und Sequenzern zu und das mit den Gitarren begann, abzuflauen. Jetzt hab' ich wieder Lust, meine elektrische Gitarre zu spielen - das kann ich sowieso am besten."[15]

"Seit 1978 habe nicht mehr so richtigen, einfachen Rock'n'Roll gespielt, außer ein bißchen auf *RE*AC*TOR*. Ich habe alles so lang zurückgehalten. Jetzt habe ich sehr viel Energie. Als ob ich sie gespeichert hätte und nun auf einmal loswerden müßte. Ich wußte immer, daß sie zurückkommen würde. Ich wußte nur nicht, wann ...
Wir haben jede Show der Tour aufgenommen, für mein nächstes Album. So haben wir auch *RUST NEVER SLEEPS* aufgenommen. Es waren sechs neue Songs in der Show. Ich nehm' die so oft auf, bis sie in Ordnung sind, und dann wird der Publikumslärm weggenommen und ein paar Overdubs gemacht und schon klingt das Ganze nach 'ner Million Dollar ..."

Angesprochen auf sein Gesundheitsbewußtsein (unübersehbar ist bei seiner Bühnenpräsenz, daß er einige Zeit im Kraftraum verbracht haben muß), erklärt Neil:
"Ich hatte Kinderlähmung, als ich 6 war und erlitt vor einigen Jahren ein 'Post-Polio-Syndrom'. Eines Morgens wachte ich auf und meine Hände waren taub und auch sonst war alles etwas durcheinander. Erst dachte ich, so sei das halt, wenn man älter wird. Doch im Laufe der Zeit wurde es so schlimm, daß ich nicht mal mehr meine Gitarre halten konnte. Ich hatte schon eine Operation ins Auge gefaßt, als ein Arzt meinte, es könnte mit meiner Kinderlähmung zusammenhängen und mir eine Reihe von Übungen empfahl. Ich habe die Europatournee abgesagt und begann, jeden Morgen meine Übungen zu machen. Ich habe sechs Tage in der Woche trainiert: Boxen, Gewichtheben und die Krankengymnastik. Im Endeffekt dauerte es acht Monate, bis ich mich wieder aufgebaut hatte."[16]

1   Neil, NEW YORK TIMES, 8.10.86

2   Neil, LOS ANGELES TIMES, 16.11.86

3   Neil über 'Hippie Dream' auf *LANDING ON WATER*; ROLLING STONE, 2.6.88

4   MUSIKEXPRESS/SOUNDS, 2/1990

5   ROLLING STONE, 2.6.88

6   John Pareles, NEW YORK TIMES, 10.8.86

7   FRANKFURTER ALLGEMEINE ZEITUNG MAGAZIN, 14.11.86

8   SPIN, Januar 1994

9   WASHINGTON POST, 29.9.86

10   USA TODAY, 8.10.86

11   John Pareles, NEW YORK TIMES, 9.10.86

12   USA TODAY, 18.9.86

13   USA TODAY, 8.10.86

14   NEW YORK TIMES, 8.10.86

15   SACRAMENTO BEE, 20.11.86

16   LOS ANGELES TIMES, 16.11.86

1987

"Woher rührt seine Anziehungskraft? Manchmal denke ich,
es ist diese Aura des genialen Neurotikers, die er verbreitet,
diese kontrollierte Verrücktheit - halb Rasputin, halb Peter
Pan."[1]

"In ein Neil-Young-Konzert zu gehen, heißt, einem Musiker
die Ehre und Anerkennung zukommen zu lassen, die er sich
durch zwanzig Jahre Integrität verdient hat: Nie hat er sein
Publikum mit Peinlichkeiten behelligt; nie ist er der
Versuchung erlegen, durch bloße Reproduktion der eigenen
Legende sein Altenteil zu finanzieren; nie konnte man bei
Neil Young wissen, welche Facette seiner sensiblen
Persönlichkeit er mit seiner nächsten Platte, auf seiner
nächsten Tournee präsentieren würde."[2]

"... manchmal, nachts, wenn das TV-Programm vorbei ist,
noch Drinks im Hause sind, und das Gespräch kommt
irgendwie auf Neil Young, dann werde ich wieder wach, ziehe
meine 30 Neil-Young-LPs aus dem Regal, spiele hier einen
Song, da einen Song, einen nach dem anderen, höre nicht zu
reden auf, kenne keinen Schlaf mehr, und alles starrt mich
an mit großen Augen. Das ist Musik, da fühlt man sich zu
Hause. Ein Engel."[3]

6.2.   Santa Barbara, 'Arlington Theatre':
Zwei eineinhalbstündige Auftritte von CSN&Y für 'Greenpeace' - die
beiden ersten 'richtigen' CSN&Y-Konzerte seit 1974.
Neil: "All diese Benefiz-Sachen, die wir bisher gemacht haben, fanden
ohne Proben, ganz spontan, statt. Einige waren nicht gut. *LIVE AID* war
ein richtiges Desaster ... Dies war das erste Mal, daß wir ernsthaft
probten und die Songs einstudierten."
Sie spielen eine Mischung alter und neuer Stücke - u.a. 'Long May You
Run', 'Nothing Is Perfect', 'This Old House', 'Southern Man' und 'Ohio',
sowie Neil's neue Songs 'Long Walk Home' und 'Mideast Vacation'.

Nach den Auftritten bestätigt Neil, daß er sein Versprechen einlösen
werde, für ein neues CSN&Y-Album zur Verfügung zu stehen, sobald
David Crosby wieder *clean* sei.

"Ich sehe die große Chance, daß die Band besser, stärker und vielleicht auch erfolgreicher wird als je zuvor. Es gibt wirklich ein Publikum für CSN&Y. Wir könnten eine riesige Tour machen, und wenn wir dann noch ein gutes Album abliefern ..."

Probleme ergeben sich allerdings mit Neil's Plattenfirma, da für David Geffen ein CSN&Y-Album nur auf seinem Label in Frage kommt, Crosby, Stills und Nash jedoch einen Vertrag bei 'Atlantic' haben.

"Ich weiß nicht, wie das ausgehen wird, aber ich bin sicher, daß die Plattenfirmen, in ihrer Weisheit, einen Weg finden werden, um es CSN&Y zu ermöglichen, eine neues Album zu machen. Aber das ist nicht mein Problem. Wir machen auf jeden Fall eine Platte." (Neil)[4]

März Der Kinofilm *68*, in dem Neil in einer Nebenrolle den Besitzer eines Motorradladens spielt, hat Premiere in Los Angeles.

Szenenphoto aus '68': Neil in der Rolle des Motorradshopbesitzers 'Westy'

24.4. Erstes Konzert der Europatournee mit CRAZY HORSE in Barcelona.
Das Programm der Tour umfaßt nahezu alle Phasen von Neil's Karriere bis hin zu einigen der neuen Songs für die nächste LP. Höhepunkte sind jedoch die energiegeladenen CRAZY HORSE-'Klassiker' mit ihren schier endlos ausgedehnten Feedbacks am Ende der Songs.
Leider wird die Bühnenausstattung der letztjährigen US-Tour (*IN A RUSTED-OUT GARAGE*) nicht mit nach Europa gebracht - die eher enttäuschenden Vorverkaufszahlen lassen dies wegen der hohen Transportkosten nicht zu.

7.5.   Nürnberg, 'Frankenhalle':
"Ausgenommen von ein paar Solo-Einlagen auf der akustischen Gitarre und am Piano gefiel sich ein wortkarger, aber gutgelaunter Young in der Rolle des Rock-Rumpelstilzchens. Solche aggressiv-ausufernden Gitarren-Duelle hat man seit ewigen Zeiten nicht mehr gehört. Youngs Spielweise ist schlicht, aber wirkungsvoll; schneidende Sägezahn-Riffs, kreischende Rückkopplungen und verzerrte Soli bohren sich knapp an der Schmerzgrenze in die Gehörgänge. Jimi Hendrix läßt grüßen. Es besteht wohl kein Zweifel: Neil Young ist ein Gefangener des Rock'n'Roll."[5]

8.5.   Frankfurt, 'Festhalle':
"Es war schon so ein Gig, wo die Luft vor Erwartung knistert. Über das P.A. kommen makellose mittsechziger STONES-Songs - offenbar von Neil selbst ausgewählt. Ein guter Anfang ...
Ganz normale Szene: Vier Schatten schleichen auf die Bühne - man wußte, sie waren da, auch wenn der Rest der Menge sie nicht erkennen konnte. Und dann geht es los. Eine ungeheure Lichtflut bricht hinein, geradeaus in das schwer dümpelnde Riff von 'Mr. Soul' ...

Der nächste Song beginnt, und irgendein Schafskopf in der Menge meint, ein Glas in Richtung Bühne werfen zu müssen - es trifft Neil am Kopf. Der Song bricht ab, und Neil fordert den Täter zum Duell auf der Bühne. Natürlich passiert nichts, also macht Neil sich daran, ins Publikum zu klettern. Die Sache beruhigt sich wieder, aber der Zwischenfall sollte den größten Teil des Abends prägen. Young gibt sich zynisch und bissig, verhöhnt das Volk. Man erinnert sich an die *TONIGHT'S THE NIGHT*-Tour ...
Neils Gitarrenspiel war möglicherweise nie besser. Giftig und schneidend, schwankend von urwüchsigem Blues zu barock getönten Hochland-Hymnen. Sein ganzer Stil basiert auf reinen Tonleitern, und niemand kann es besser."[6]
"Nach wie vor schreibt er poetisch tiefsinnige Protestlieder. Sein energisches Gitarrespiel und der Original-Sechziger-Klang seiner Begleitband vermögen durchaus schöne Erinnerungen an vergangene Zeiten wachzurufen. Aber irgendetwas Besonderes konnte Neil Young nicht bieten, außer vielleicht, daß seine Stimme noch ein wenig brüchiger geworden ist. Hätte Neil Young nicht so hohen Erinnerungswert, wäre das Publikum wohl nicht annähernd so begeistert gewesen."[7]

9.5. Hamburg, 'Sporthalle':
"... ich fragte mich, wie dieser 42jährige Kerl Gitarre spielen kann wie ein verrücktes Teenager-Genie, das noch nicht den Gesetzen des amerikanischen Rock-Biz verfallen ist. Sein Ton kann nicht imitiert werden. Er spielt, als säße er immer hinten im rollenden Cabrio unter strahlender Sonne in einer perfekten Welt, wo sogar der scharfe, laute Rock'n'Roll gebaut ist aus schierer Schönheit und Aggression dazu da ist, das Göttliche zu berühren."[8]

18.5. München, 'Deutsches Museum':
"Populistische Ausrutscher wie 'Heart Of Gold' verzeiht man ihm gern, denn speziell in den langen Stücken wie 'Down By The River' und einer beglückenden Live-Fassung von 'Cortez The Killer' ist die Faszination, Neil Young zu erfahren, wenn sich dieser vergleichsweise langsame und spröde Gitarrist auf eine Melodie einläßt und sich an ihr abarbeitet, wenn die Musik überzeitliche Qualität erreicht. Für die Zugabe hat sich Neil Young das überzeugendste Stück Rock-Musik über Rock-Musik aufgespart: 'Hey Hey, My My (Into The Black)'. Mit hier und nur hier angebrachter Lautstärke jenseits der Schmerzgrenze verschafft er sich und dem Publikum ein kathartisches Finale, das endgültig jede Schwachstelle des Konzerts vergessen macht."[9]

3./4.6. London, 'Wembley Arena':
"High octane Young like a man possessed."[10]
"... er hat Anschluß an die heutige Zeit gehalten, aber nicht, indem er sich den Yuppie-Marktgesetzen unterwarf, sondern indem er mit seinem leicht irren Lächeln immer wieder an unseren Nervenenden kratzt.
'Oh, ich glaube, ich spiele einen anderen Song', entschied er sich hinter seiner akustischen Gitarre, als er nochmal beginnen mußte, nachdem irgendein Ausgeflippter die Bühne gestürmt und die Anfangstakte eines Liedes unterbrochen hatte. 'Sie klingen eh' alle gleich.'
Die Leute schrien und stampften mit den Füßen! Das gefiel Neil, wie er überhaupt die leicht spöttische Zuneigung seines Publikums mochte. Und genauso wie es ihm gefiel, sich umgekehrt über sie lustig zu machen. 'Hey, ich habe genügend Zeit ... Wie wär's mit 'ner halben Stunde Hippie-Philosophie?'"[11]

6.6. Das letzte Konzert der Europatournee in Dublin, Irland - und nach vielen nur halbwegs gefüllten Hallen zum Abschluß endlich ein ausverkauftes Haus:
"Young spielte seine Gitarre wie ein Besessener und entlockte ihr unglaublich brutale, schneidende Töne ...
Einige aus seiner alten Gefolgschaft mag er verloren haben, aber die wurden inzwischen locker durch jüngere, vielleicht sogar noch enthusiastischere Langhaarige ersetzt. Die Hippies von heute, würde ich sagen."[12]

Neil nimmt die ganze Tour auf Video auf, insbesondere das ganze Drumherum der Tour - inklusive einiger handfester Streitereien mit seiner Band. *MUDDY TRACKS* nennt er den fertig geschnittenen Film, der bis heute unveröffentlicht ist:
"Ich hatte zwei kleine Video-8-Kameras dabei, die ich die ganze Zeit laufen ließ. Wenn ich in einen Raum kam, habe ich sie einfach auf den Tisch gestellt. Die Perspektive ist wirklich die der Kamera. Sie nimmt eine eigene Identität an - sie heißt 'Otto' - und die Leute fangen schließlich an , mit ihr zu sprechen. Und diese Kamera sah Dinge, wie sie eben auf so einer Tour ablaufen, die überhaupt nicht lustig waren."[13]
"Man kann sehen, wie Young der Band einen neuen Song erklärt; dann proben sie ihn noch einmal. Schließlich spielen sie den Song zum ersten Mal auf der Bühne und die Band macht soviel falsch, daß ein wütender Young mittendrin abbricht und sie nochmal beginnen läßt. Danach, hinter der Bühne, knöpft sich Young Bassist Billy Talbot vor: '*Jeder* hat das verdammte Arrangement gekannt', schreit er, 'wir haben es einen ganzen Tag lang geprobt! Ich hab' mich hingesetzt und sogar ein *verdammtes Tape* für dich gemacht! Willst du mich verarschen - oder was?'"[14]

Neil: "Wir waren sehr uncool zu jener Zeit, das war sozusagen der Höhepunkt unserer *uncoolness*. Wir waren einfach völlig daneben damals in Europa, weggetreten, fertig."[15]

27./28.6. *SHAKIN' ALL OVER* - unter diesem Motto findet in Winnipeg, Ontario, ein 'Klassentreffen' der ehemaligen lokalen High School-Bands zugunsten des 'Variety Club of Manitoba', einer gemeinnützigen Organisation zur Unterstützung behinderter Kinder, statt.
Neil tritt zum ersten Mal seit 23 Jahren mit den ehemaligen Mitgliedern seiner alten Band THE SQUIRES auf.
Am Samstagabend spielen sie im 'Blue Note' die alten Standards 'Baby, What You Want Me To Do' und 'High Heeled Sneekers'; tags darauf jammt Neil als Höhepunkt der Veranstaltung mit Burton Cummings, Randy Bachman u.a. im 'Convention Centre' ('American Woman', 'Just Like Tom Thumb's Blues', 'Down By The River' und 'Taking Care Of Business').

Juli *LIFE* erscheint.
Bei fast allen Stücken der LP handelt es sich um Liveversionen von Songs, die 1986 bei der US-Tour aufgenommen worden waren und danach im Studio überarbeitet wurden - eine Vorgehensweise wie seinerzeit bei *RUST NEVER SLEEPS*.
"Der Firma zuliebe, so meint der passionierte Künstler, habe er wieder ein Rock-Album gemacht: 'Solange ich Rock'n'Roll spiele, ist offenbar jeder glücklich. Und wenn ich das mit CRAZY HORSE mache, bin auch ich dabei glücklich ...'.
Für seine Zukunft sieht sich der Inbegriff musikalischer Veränderungen allerdings eher bei seiner heimlichen Liebe, der Country-Musik, zu Hause. 'Mein Country-Album war nur die Spitze des Eisbergs. Denn Country-Musik ist die richtige Musik für Rock-Musiker, die älter werden und trotzdem noch spielen wollen'."[16]

"Für Neil hieß es eigentlich immer 'entweder - oder'. Er bringt ein oder zwei gute Alben raus, mit ein paar Songs, die *wirklich* großartig sind. Und dann folgen ein Dutzend oder zwei, die das Gegenteil davon sind. So wie dieses."[17]

7.8.   Neil als Gast bei einem Konzert von Crosby, Stills und Nash im 'Shoreline Amphitheatre' in Mountain View. Sie spielen zusammen 'Long Time Gone', 'For What It's Worth', 'Teach Your Children' und 'Daylight Again'.

Die Pläne für das geplante CSN&Y-Album mußten inzwischen - zumindest vorläufig - auf Eis gelegt werden, da 'Geffen Records' weiter darauf besteht, daß Neil erst noch eine LP für das Label abzuliefern habe.

13.8.   Costa Mesa, California, 'Pacific Amphitheatre':
"In einer kühlen Augustnacht in Costa Mesa beginnen Neil Young & CRAZY HORSE ihre US-Tour. Young, der die Show eröffnet, spielt zuerst einen akustischen Set mit viel altem Material ... bei dessen letzten beiden Nummern er von CRAZY HORSE begleitet wird: Young mit hartem Blues, Chicago-Style. Wahrscheinlich ist da wiedermal ein neues Album, eine neue Stilrichtung im Entstehen."[18]

Wie wahr - Neil erklärt später die Gründe für die kurze Blues-Einlage, die im Laufe der Tournee immer weiter ausgedehnt wird:
"... dieser kleine Blues-Set, den ich mit CRAZY HORSE und unserem Roadie am Saxophon machte, also, das hab ich mir gern angehört ... Es war so eine Art Barmusik und es war cool und mir hat's gefallen und den Leuten schien es auch Spaß zu machen, denn sie flippten völlig aus und niemand schrie nach 'Southern Man', wie sie's im akustischen Teil immer machen - so wie sie's schon meine ganze verdammte Karriere lang machen. Also hab' ich mir gedacht, was ist hier eigentlich los? Das ist ja wirklich toll. Irgendwas muß ich mit diesem Blueszeugs machen ... Es war zwar kein richtiger Blues, aber es war *blue* und es swingte und ich mußte es einfach tun."[19]
"Wir begannen mit einem Blasinstrument. Das hat mir gefallen, also haben wir noch eins dazugenommen. Und in typisch amerikanischer Tradition haben wir immer mehr ausprobiert, bis wir fünf hatten. Und so sind die BLUENOTES entstanden ..."[20]

16.8.   Neil tritt - ohne Band - bei einem Benefizkonzert für die Opfer eines Tornados in Austin, Texas, auf.

20.8.   Columbia, Ohio, 'Merriweather Post Pavillion':

"Von Beginn an war seine Stimme unverwechselbar wie immer - ein trockener, klagender Tenor, der 'Heart Of Gold' und 'Sugar Mountain' die nötige Schärfe verlieh, genau wie einigen anderen neuen Stücken. Das beste davon war ein einfacher Blues mit dem Titel 'This Note's For You', der, unter anderem, das Sponsoring von Rock-Veranstaltungen durch Großkonzerne geißelte."[21]

22.8. Philadelphia, 'Mann Music Center':
"Er eröffnete den elektrischen Teil des Programms mit einer aufgepeppten Version von Springfield's 'Mr. Soul' ... 'Cinnamon Girl' verführte mit seinem harten Rythmus nicht wenige Fans zu ihrer eigenen Art von Begleitung mittels *air guitar* ... doch die wildeste Gitarre der Nacht gab es bei Young's altem Schlachtross 'Down By The River'. Nach einem trockenen, kontrollierten Solo zu Beginn ließ er der Energie freien Lauf, mit einem Stakkato von Tonfolgen, das Bissigkeit und böse Absichten vermuten ließ."[22]

4.9. Letzter Auftritt der Tournee im 'Alpine Valley Music Theatre' in East Troy, Michigan.

22.9. *FARM AID III* im 'Memorial Stadium' in Lincoln, Nebraska.
Neil tritt neben Kris Kristofferson, Willie Nelson, John Mellencamp u.v.a. auf. Er spielt, solo-akustisch, zwei Songs: 'The Farmer' - extra für diesen Anlaß geschrieben - und 'This Old House'.

Oktober Der Film *MADE IN HEAVEN*, in dem Neil eine kleine Nebenrolle spielt, kommt in den USA in die Kinos.
Der Soundtrack enthält eine von Martha Davis gesungene Version des von Jack Nitzsche coproduzierten Schlußsongs aus *LIFE*, 'We Never Danced'.

7.10. "... am 7. Oktober hat mich Elliot Roberts, mein Manager, angerufen und mir mitgeteilt, daß ich höchstwahrscheinlich aus dem Vertrag mit 'Geffen' rauskäme. Und ich hatte gerade diesen riesigen Bomber geraucht und bekam fast einen Herzanfall. Ich war so glücklich, aber ich war zu high, um es genießen zu können. Da hab' ich aufgehört. Ich hatte meinen Grips und meine Sinne einfach nicht mehr genügend beisammen, um mich in diesem Moment richtig freuen zu können."[23]
"'Geffen' fürchtete wahrscheinlich, daß Young sich das erste Mal seit Woodstock wieder dazu verleiten lassen würde, auf Graham Nash zu hören. Der schlug nämlich vor, als Abschiedsgeschenk 'Geffen' ein ganzes Album voller verschiedener Versionen von 'My Way' zu präsentieren (Wirklich ein Jammer, daß Young 'Geffen' verließ)."[24]

31.10.	Ein erster - unangekündigter - Auftritt Neil's mit den BLUENOTES bei einer 'Helloween'-Party in einem kleinen mexikanischen Restaurant in Montebello, ein Vorort von Los Angeles: "Wir waren ein Hit. Und machten beim letzten Song sogar eine völlig neue Konzerterfahrung, als Leute während des Spielens auf die Bühne kamen, einer von ihnen Polaroids machte und die dann für fünf Dollar pro Bild ans Publikum verkaufte. Mexikaner mittleren Alters, die *'air guitar'* spielten - hey, dafür leben wir!" (Neil)[25]
November	In der amerikanischen Zeitschrift MUSICIAN erscheint ein ausführliches Interview mit CRAZY HORSE. Dave Di Martino im Gespräch mit Billy Talbot über Neil: "Wie kommt Ihr Jungs mit ihm aus? 'Wir sind wirklich gute Freunde. Die besten Freunde.' Fühlt Ihr Euch nicht seltsam, wenn er weg ist und sein Countryzeug macht oder als er zum Beispiel mit den STRAY GATORS arbeitete? 'Oh ja, ich bin total sauer. Natürlich.' Sagst Du ihm das auch? 'Klar.' Und was sagt er? 'Garnichts, aber er weiß genau, wie wir uns fühlen. Ich hab's ihm gesagt, wie wir uns fühlen ... Ich will jetzt nicht zu sehr ins Detail gehen, aber als er 'Live Aid' machte, hatte ich gerade irgendeinen anderen Job. Und ich war wirklich *sauer*, weil wir nicht dort oben standen und 'Hurricane' vor Millionen von Menschen in der ganzen Welt spielten. Aber das ist vorbei'."
	Ralf Molina: "Einige Leute reden immer von Neil's Sound. Aber als wir uns zusammenfanden als 'Neil Young & CRAZY HORSE', hatte Neil noch keinen speziellen Sound, genausowenig wie wir. Er kam von SPRINGFIELD, wir von den ROCKETS. Ich glaube, dieser Sound wurde von uns Vieren geschaffen. Ich denke schon, daß wir drei Viertel zu den Songs und zu seiner Art des Spielens beigetragen haben. Und Neil *liebte* Danny."
2.-13.11.	Die ersten 'offiziellen' Shows mit den BLUENOTES finden in der Gegend rund um San Francisco statt; Neil und die 9-köpfige Band spielen ausnahmslos unveröffentlichte Songs, keinen einzigen alten 'Hit'. Neil: *"No old songs will be performed tonight!"*[26] "... wir hatten ein Repertoire von ungefähr vierzehn Songs. Neun oder zehn davon waren alte Songs, die ich schon als Blues geschrieben hatte, einige von ihnen bereits in der High School ... Doch die hatte ich vergessen. Eines Tages schickte mir der Bassist meiner damaligen High School-Band die ganzen Texte per Post zu, mit der Bemerkung: 'Erinnerst Du Dich an irgendeinen dieser Songs?' Und als ich sie durchlas, erinnerte ich mich wieder daran."[27]

"Der Name BLUENOTES hat mir immer schon gefallen. Offensichtlich hatte das etwas mit dem 'Blue Note Cafe' in Winnipeg zu tun, das will ich garnicht abstreiten."[28]

10.11.   Oakland, 'The Omni':
"In seiner neuesten Inkarnation sieht sich Young selbst als gitarrenverrückter Bluesmusiker, als richtiger 'Blues Brother' mit Sonnenbrille, Hut und dünnem Schlips, und er tut das ohne ersichtliche Ironie ...
Diese Verkörperung *klang* zumindest erstklassig; Young spielte ein bestechendes klassisches Bluessolo nach dem anderen und enthüllte eine bisher unbekannte Leidenschaft für die fundamentale Musikrichtung ...
Bestimmt ist dieses Bemühen jedoch wieder nicht mehr als ein amüsanter kleiner Ausflug, eine clever gelegte falsche Fährte, die weder Young selber noch der Sache des Blues einen großen Dienst erweisen wird."[29]

Dezember Warren Zevon's Album *SENTIMENTAL HYGIENE* erscheint; Neil spielt Leadgitarre beim Titelsong.

1   Aubrey Malone, IN DUBLIN, 28.5.87

2   Karl Bruckmaier, SÜDDEUTSCHE ZEITUNG, 22.5.87

3   Michael Ruff, SPEX, Juli 1987

4   alle Zitate aus: ROLLING STONE, 26.3.87

5   Steffen Radlmaier, NÜRNBEGER NACHRICHTEN, 9.5.87

6   Nikki Sudden, SPEX, Juli 1987

7   Arman Sahimi, FRANKFURTER ALLGEMEINE ZEITUNG, 27.5.87

8   Michael Ruff, SPEX, Juli 1987

9   Karl Bruckmaier, SÜDDEUTSCHE ZEITUNG, 22.5.87

10 Richie Taylor, THE SUNDAY PRESS, 7.6.87

11 Dave Hill, THE INDEPENDENT, 6.6.87

12 Richie Taylor, THE SUNDAY PRESS, 7.6.87

13 Neil, ROLLING STONE, 2.6.88

14 Jimmy McDonough, SPIN, November 1990

15 SPIN, März 1993

16 Interview mit Gitti Gülden; MUSIKEXPRESS/SOUNDS, 6/87

17 Bart Bull, SPIN, 1987

18 MUSICIAN, November 1987

19 Q, Mai 1988

20 GRAFFITI, Juli 1988

21 Mike Joyce, WASHINGTON POST, 22.8.87

22 John Milward, PHILADELPHIA INQUIRER, 24.8.87

23 Neil auf die Frage, ob er noch Marijuana rauche; ROLLING STONE, 2.6.88

24 HOWL, 1/88

25 MUSICIAN, Juni 1988

26 Beim Konzert in Salinas am 6.11.87

27 Neil, BAM, 22.4.88

28 Neil, BROKEN ARROW 32 (1988)

29 Joel Selvin, SAN FRANCISCO CHRONICLE, 12.11.87

1988

"No, I'm not in the music business. I'm in the song business.
I'm in the business of giving away notes."[1]

"Wenn ich nochmal 18 wäre, würde ich Heavy Metal spielen
und nicht Blues für die Alten machen. Denn dafür gibt es
Rock'n'Roll: es ist der Sound der Rache."[2]

"Sie meinen also, daß Rock'n'Roll eigentlich ein Medium für
junge Leute sei?
'Ich bin mir nicht ganz sicher. Zweifellos ist es ein Medium
für junge Leute. Die Frage ist, ob es auch ein Medium für
ältere sein kann.'"[3]

"Der Robert De Niro des Rock'n'Roll ... wieviel Musiker
haben ein solch riesiges Werk vorzuweisen, von dem -
vorsichtig geschätzt - vielleicht gerade die Hälfte
veröffentlicht wurde?"[4]

"Ich habe Neil Young immer bewundert. Und obwohl ich
meine ganze Jugend lang von Hippies gequält wurde, die bei
den miesesten Parties 'Heart Of Gold' auf ungestimmten
Gitarren dudelten, verstand es der alte Neil, für einige der
besten Momente in der Geschichte der Rockmusik zu
sorgen."[5]

20.1.   Im 'Waldorf-Astoria'-Hotel in New York findet zum dritten Mal die
jährliche Zeremonie zur Aufnahme in die 'Rock'n'Roll Hall of Fame'
statt.
Im Beisein von Bob Dylan, Mick Jagger, George Harrison und Ringo
Starr, Bruce Springsteen, John Fogerty u.v.a. nimmt Neil die Ehrung für
Woody Guthrie vor, entgegengenommen von dessen Sohn Arlo:
"Neil Young ... begann seine Rede, indem er sich daran erinnerte, wie
hin- und hergerissen er in jüngeren Jahren war. Er wollte ein Rockstar
sein, aber, so Young, 'ich wollte auch dieser andere Typ sein - mit 'ner
Gitarre ein paar Songs singen über die Dinge, die sich um mich herum
zutrugen und die mich wirklich berührten.' Und Singer-Songwriter, so
fand er heraus, 'schienen sich alle auf Woody Guthrie zu beziehen'."[6]

Der Abend endet mit einer 'All Star'-Jam-Session, wo als Höhepunkt 'Like A Rolling Stone' und - auf Neil's Initiative hin - 'Satisfaction' gespielt werden.

Februar   Nach der im letzten Herbst erfolgten vorzeitigen Auflösung des Vertrags mit 'Geffen' kann jetzt endlich das neue CSN&Y-Album in Angriff genommen werden.
Mit Stephen Stills macht Neil auf seiner Ranch die ersten Aufnahmen. Crosby und Nash stoßen erst nach zwei Wochen dazu.
Nash: "... wenn es mit Stephen nicht geklappt hätte, wäre Neil genügend Zeit geblieben, die Sache abzublasen. Ich glaube, er wollte sicher gehen, daß es klappt. Und glücklicherweise war das der Fall."[7]
Neil: "Es war sehr produktiv und sehr gut. Ich denke, die Musik klingt wirklich großartig. Die Harmonien und alles sind genauso elektrisierend wie ... sie sind elektrisierender, als sie es je waren. Es tut sich mehr ... es ist mehr CSN&Y denn je. Früher war ich immer so 'ne Art Anhängsel. Jetzt bin ich die treibende Kraft in der Band. Und das sagt doch eigentlich alles."[8]
Andererseits hat sich seine Euphorie des letzten Jahres inzwischen doch etwas gelegt:
"Ich mache mit CSN&Y eine Platte, aber ich werde mit ihnen nicht touren. Es ist leicht, mit CSN&Y eine tolle Platte zu machen: man hält einfach nur die großartigen Momente fest. Auf der Bühne aber kann man die *schlechten* Momente nicht verbergen. Wenn Leute uns sehen wollen und sie kriegen da oben nur einen Haufen von Versagern zu Gesicht, die sich durch die Songs quälen, offensichtlich drogengeschädigt und übergewichtig sind und sich selbst nicht im Griff haben - was werden diese Leute darüber denken? Und erst recht über sich selbst, wenn das eine Gruppe ist, mit der sie sich vielleicht in ihrem täglichen Leben identifizieren wollen? Das möchte ich den Menschen ersparen."[9]

Weitere Aufnahmen für das Album finden Ende April/Anfang Mai, im Juli und im September in Neil's Studio statt.

März   Neil und die BLUENOTES werden anläßlich der Verleihung der 11. 'Bay Area Music Awards' zur 'Outstanding Blues/Ethnic Group' gewählt. Keiner von der Band ist anwesend. Neil: "Wir dachten nicht, daß wir gewinnen. Deswegen sind wir nicht hin."[10]

April   Das Album *THIS NOTE'S FOR YOU* - eine Anspielung auf den 'Budweiser'-Slogan *'This Bud's For You'* - erscheint.
"Bei 'Geffen' hätte ich diese Platte nicht machen können. Ich hätte die ganze Sache hundertprozentig selbst finanzieren müssen - was ich dann aber sowieso gemacht habe. Denn ich habe diese Platte gemacht, als ich ohne Plattenvertrag dastand. *THIS NOTE'S FOR YOU* ist vollständig

mein eigenes Produkt ... es ist die erste Platte seit sieben oder acht Jahren, die ich ohne jegliche Einmischung einer Plattenfirma gemacht habe."[11]

"Ich hoffe wirklich, daß den Leuten diese Musik gefällt, denn ich mag sie sehr und sie bietet mir ein Zuhause, in dem ich mich vielleicht eine Weile lang wohlfühlen kann, anstatt ewig von einer Tür zur anderen zu hüpfen."[12]

"*THIS NOTE'S FOR YOU* ist nicht nur das inspirierteste Werk Young's seit langem, ... es ist auch seine erste konzeptionell erfolgreiche Platte in den Achtzigern ... und was noch wichtiger ist: von seinen kraftvollen Gitarrenakkorden bis hin zum Tanzboden-Groove der BLUENOTES ist *THIS NOTE'S FOR YOU* eine Wiederentdeckung der Freude an Spontaneität und ungezügelten menschlichen Emotionen und vor allem an dem Privileg, Neil Young zu sein ..."[13]

"Unter zehn Eigenkompositionen, die mit hohem energetischen Aufwand enorm rauh und meist up tempo vorgetragen werden, brillieren vor allem 'Coup De Ville' und 'Twilight', zwei Balladen, die zu den zehn besten Neil-Young-Songs aller Zeiten gehören und in denen er seine typischen Countryharmonien und unverwechselbare Phrasierung mit *blue notes* und *after hour club jazz* kreuzt."[14]

"Bleibt nur die Frage: Was kommt als nächstes, Neil Young? Reggae? Ein Hip-Hop-Album? Schätze, selbst das würde er noch irgendwie hinkriegen ..."[15]

BLUE NOTES FROM A RESTLESS LONER - ein Interview mit David Zimmer in der Zeitschrift BAM:

Neil: "Ich bin jetzt 42 Jahre alt und was ich an der Countrymusik mag, mag ich auch am Blues. Ein alter Mann kann den Blues spielen und ein alter Mann kann Countrymusik singen; ein alter Mann kann aber Rock'n'Roll nicht so richtig erdig und dreckig und spontan spielen, wie es eigentlich sein sollte. Es ist dann mehr wie eine Neuinszenierung oder wie ein Museumsstück, aber nichts mehr echtes ...

Wenn man zurückblickt, kann man feststellen, daß dieses Bluesding für mich so neu nun auch wieder nicht ist. Hör dir mal *TONIGHT'S THE NIGHT* an ... die ganze Platte ist von Blues beeinflußt. Und auch in *EVERYBODY'S ROCKIN'* war viel Blues ...

Meine Lieblingsgitarristen waren schon immer Bluesgitarristen. Auch Hendrix war meiner Meinung nach ein Bluesgitarrist. Er hatte nur einen unglaublich eigenständigen Sound. Natürlich war es genausogut Psychedelic, weil er ja immer high war, aber es basierte eindeutig auf Blues. Hendrix war immer einer meiner Favoriten, zusammen mit B.B. King, Lonnie Mack, Hound Dog Taylor und Jimmy Reed."

"... Ich bin physisch stärker als je zuvor in meinem Leben. Und ich bin besser drauf denn je. Mit 90 Prozent meiner Bekannten verhält es sich gerade umgekehrt. Sie trinken zuviel oder ihre Familien sind am Ende, weil sie mit ihren Drogengeschichten nicht fertig werden. Und sie üben nie und sind einfach nicht ernsthaft genug. Sie spielen nur, wenn ich sie anrufe. Auf lange Sicht werden diese Leute schlecht dastehen ..."

Über sein Leben auf der Ranch: "Mir gefällt es da, wo ich lebe, denn es ist weg von allem, aber doch nahe genug, um überall hinfliegen zu können und das zu machen, was ich machen muß oder was ich machen will ...

Irgendetwas in mir möchte, daß ich mich zurückziehe, daß ich mich fernhalte von allem, außer von denjenigen, die ich wirklich liebe und die mir sehr nahe stehen - meine Familie und gute Freunde."[16]

13.4. Hollywood, 'The Palace' - der erste einer kleinen Reihe von Club-Auftritten mit den etwas veränderten BLUENOTES (Rick 'The Bass Player' Rosas und Chad Cromwell ersetzen Billy Talbot und Ralph Molina):

"Im 'Palace' stellten Young und die BLUENOTES, seine 9-Mann-Band von der Platte, das Material der LP vor und ergänzten es durch Kompositionen ähnlich bluesiger Machart ...

Eine der Schwierigkeiten für Young, wenn er nur Blues spielt, ist seine Stimme. Im Gegensatz zu der Kraft und Ausdrucksstärke eines großen Bluessängers singt Young mit dünner, zittriger Stimme, die die Zerbrechlichkeit seiner Beziehungen und Träume unterstreicht ... Unweigerlich tendiert man dazu, unsere besten Künstler - und speziell altgediente wie Young und Bob Dylan - an ihren eigenen Bestleistungen zu messen. Und da ist es schwer für sie, diesen Erwartungen zu entsprechen, wenn sie in Kleider schlüpfen, die ihnen nicht so ganz passen."[17]

17.-21.4.   Sieben Shows im 'The World' in New York City - alle werden für ein geplantes Live-Album aufgenommen (*THIS NOTE'S FOR YOU TOO*), das leider nicht erscheinen wird.
"'Direkt aus der Herrentoilette der 'Greyhound'-Station - Neil Young und die BLUENOTES!' Wie passend. Neil Young kam zu seinem ersten Club-Auftritt in New York seit fast 15 Jahren und spielte - was sonst - den *bar-room blues*. Er erschien mit einer sechsköpfigen Bläsersektion und einem brandneuen Songbuch voll mit 'Stax'-mäßigen Krachern und traurigen Balladen ... Als ob er am Morgen nach seinem letzten Auftritt mit CRAZY HORSE aufgewacht ist und beschlossen hat, seine wahre Berufung sei es, der neue John Mayall zu sein ...
Es ist einer der faszinierendsten und unerklärlichsten Schwenks in Young's Karriere. Er nennt diese neue Phase die 'Morgendämmerung des *Power Swing*'; erfahrungsgemäß ist zu vermuten, daß er, noch bevor die Abenddämmerung naht, schon wieder auf anderen Wegen wandeln wird - aber vielleicht ist das Ganze diesmal auch etwas längerfristig."[18]
"Heute abend gibt es keine *journey through the past* und das ist auch nicht der kanadische Troubadour oder der zeitweilige Rock'n'Roller da oben auf der Bühne, sondern ein Meister des Blues, der Sänger und Gitarrist der BLUENOTES. Der Name 'Neil Young' ist nicht einmal auf den Eintrittskarten oder den Plakaten für diese Show aufgetaucht ... 'Applaus, meine Damen und Herren, für Mr. Shakey Deal!! Hier ist Shakey!'"[19]

23.4.   Letzter der Club-Gigs im 'Agora Ballroom' in Cleveland, Ohio.

Mai   *FOREVER YOUNG* - ein Gespräch mit David Donohue im NEW MUSICAL EXPRESS.
Neil über den Idealismus der sechziger Jahre: "Noch immer glaube ich an das, wovon ich denke, daß es für die Welt gut wäre. Meine Überzeugungen sind also noch immer die gleichen wie in den Sechzigern, wenngleich auch einige Ecken und Kanten inzwischen abgeschliffen sind ...
In den Sechzigern dachten alle, sie könnten die Welt verändern ... so nach dem Motto *'peace and love and everything is going to be OK'* ...

es hat zwar nicht geklappt, aber die Idee ist immer noch gut. Wenn wir die Idee vom Frieden vergessen, dann sind wir wirklich verloren."[20]
SHAKEY'S LAST STAND - Neil in einem Interview mit Tom Hibbert für das Magazin Q:
"Ich höre mir nicht viel Musik an. Ich bin da überhaupt nicht auf dem Laufenden. Meine Wurzeln liegen in der Vergangenheit. Ich höre mir alte Sachen an, von den Meistern - den Meistern des Blues, der Countrymusik, der Klassik, der Big Band-Ära und des Rock'n'Roll ...
Punk war 'ne gute Sache, weil er meinen alten Kumpels und mir klar machte, daß wir uns bis dahin einfach immer wiederholt hatten ...
Ich bemühe mich wirklich, nicht zum Rock-Establishment zu gehören, aber ich denke, ich gehöre einfach dazu, weil ich halt schon so lange im Geschäft bin."
Tom Hibbert über Neil's Verhalten während des Interviews:
"Schau dir alte Photos von Crosby, Stills, Nash & Young an und du weißt genau, wer von ihnen damals der 'Coole' war.
Aber der Geist ... man muß sich Sorgen um seinen geistigen Zustand machen. Neil Young's Antworten auf meine Fragen sind oft abschweifend und unzusammenhängend, manchmal einsilbig und manchmal gibt es keine. Dann ist er wieder müde oder er fühlt sich nicht wohl oder er hat andere Sachen im Kopf wie Obst, das er essen will, und Züge, die er noch erwischen muß ..."[21]

2.6.   Im ROLLING STONE erscheint ein Interview mit James Henke.
Neil verrät dabei, daß es im Laufe der letzten zwei Jahre mehrere BUFFALO SPRINGFIELD-'Reunions' gegeben hat:
"In Stills' Haus. Wir treffen uns einfach alle paar Monate und spielen miteinander. Die Originalbesetzung - Richie, Dewey, Bruce, Stephen und ich. Wir haben das drei- oder viermal gemacht und ich bin sicher, daß es noch öfter geschehen wird."
Über seine Erfahrungen mit Drogen erzählt er:
"Man könnte das, was ich gemacht habe, nicht tun, wenn man drogenabhängig wäre. Ich habe zwar ein paar Drogen genommen. Ich rauchte viel Gras in den Sechzigern, habe das in den Siebzigern weiter gemacht und auch andere Sachen ausprobiert. Aber ich war nie süchtig ... ich bin nie an den härteren Drogen hängen geblieben. Ich hab viel ausprobiert, aber ich denke, im Grunde bin ich ein *survivor*. Ich war nie Alkoholiker. Und nie habe ich Heroin ausprobiert ...
Niemals gab es Heroin direkt in meiner Nähe, denn die Leute wußten genau, wie ich darüber dachte. Alles, was Leute killt, wollte ich nicht haben. Alles, was du unbedingt haben mußt, was dich im Griff hat, all das lehne ich ab."
... und über die Zusammenarbeit mit 'Geffen Records':
"Ich glaube, sie haben in mir nur so einen alten Hippie aus den Sechzigern gesehen, der immer noch akustische Musik machen will oder

irgend sowas. Sie haben mich nicht als Künstler gesehen, sondern als ein Produkt, und dieses Produkt hat einfach nicht in ihr Marketingkonzept gepasst ...
In all den Jahren bei 'Warner Brothers' wurde mir nie eine Aufnahme-Session gestrichen. Aus welchem Grund auch immer. Bei 'Geffen' ist das mehrmals passiert. Da wurde ganz offensichtlich manipuliert. Das war so ganz anders als all meine Erfahrungen zuvor."

ROLLING STONE, 2.6.88

7.6.   'Concord Pavilion', Concord, California:
Der erste von drei Gastauftritten Neil's beim Start von Bob Dylan's *NEVER ENDING TOUR*. Dylan und seine Band hatten dafür einige Zeit auf seiner Ranch geprobt.
Neil, jeweils während der gesamten Dauer der Konzerte auf der Bühne, spielt Gitarre bei Dylan-Klassikern wie 'Subterranean Homesick Blues', 'Maggie's Farm', 'Gates Of Eden', 'Tangled Up In Blue' und 'Like A Rolling Stone'.

10./11.6.   Auftritte mit Dylan & Band in Berkeley und Mountain View.
"It was a lot of fun. I love playing with Bob."[22]

Juli   *NEIL YOUNG PAINTS IT BLUE* - so der Titel eines Interviews mit Holly Gleason in der kanadischen Zeitschrift GRAFFITI.
Neil: "Einige der Songs, die wir jetzt spielen, habe ich schon in der Highschool geschrieben. Drei oder vier aus dem Programm sind aus jener Zeit. Als ich noch in der Schule war, hab' ich viel Blues gehört ... es ist etwas, was mir immer gefallen hat.
Für mich ist das alles Musik, und darauf kommt's an ...

Als ich nach L.A. kam, um *LANDING ON WATER* aufzunehmen, war mein ursprüngliches Konzept, eine Bluesplatte mit Bigband zu machen. Ich hatte all diese Songs, die ich in einem Zeitraum von 20 Jahren geschrieben hatte - und sie hingen in der Luft, weil ich einfach keine Band hatte, mit der ich sie hätte aufnehmen können. Jetzt hatte ich auf einmal diese Bläser, und ich merkte, daß ich all diese alten Songs aufnehmen konnte, die ein Teil meines Lebens sind. Dinge aus meiner Teenager-Zeit bis zu dem Punkt, als meine Familie auseinanderbrach."

Noch einmal stellt Neil seine Haltung zu der ihm immer wieder unterstellten Sympathie für Ronald Reagan dar:
"Ich bin noch immer derselbe wie vor zwei, fünf oder zehn Jahren. Da hat sich nichts wesentlich verändert. Niemals war ich so rechtsgerichtet, wie es mir unterstellt wurde. Ich habe lediglich gesagt, daß ich ein paar Dinge richtig fand, die Reagan als Präsident machte. Plötzlich dachten alle, ich wäre auf seiner Seite. Das war nie der Fall - nie würde ich jemanden in dieser Weise unterstützen."[23]

Juli MTV weigert sich, Neil's neues Video zu 'This Note's For You' zu senden. Als offizielle Begründung wird unerwünschtes *product placement* angegeben - etwas eigenartig, wenn man bedenkt, daß sich der von Regisseur Julian Temple gedrehte Clip gerade *gegen* das Sponsoring in der Popmusik wendet: in einer Szene des Videos löscht ein Whitney Houston-'Double' das in Brand geratene Haar eines Michael Jackson-Darstellers mit dessen Lieblings-Softdrink ...
Julian Temple vermutet, daß MTV den Video wegen eventuell zu befürchtender Beschwerden wichtiger Werbepartner nicht ausstrahlt:
"Wenn es so weit gekommen ist mit der Rockmusik, ist das ganz schön deprimierend. Ich kann mir vorstellen, daß es Kids ärgert, daß mit Popmusik Bier und Softdrinks verkauft wird. Wenn sie MTV schauen, müssen sie diese Werbespots alle paar Minuten über sich ergehen lassen. Ich weiß nicht, warum man das nicht ansprechen darf."[24]

Neil erfährt davon auf seinem Segelschiff mitten im Pazifik:
"Über Funk habe ich erfahren, daß sich MTV weigerte, 'This Note's For You' - mit Herstellungskosten von immerhin $120.000 - auszustrahlen. Es war ein lustiger Song, das war alles. Und ich habe mir gedacht: 'Wie konnte ich nur so total daneben liegen mit meiner Einschätzung von dem, was sie lustig finden. Hab' ich denn den Kontakt zur Welt völlig verloren?'"[25]
Nach seiner Rückkehr verfaßt Neil einen Offenen Brief an MTV, der mit folgenden Zeilen endet: "Wofür steht denn das 'M' in MTV - für 'Music' oder für 'Money'? Lang lebe Rock'n'Roll!"[26]

Neil in einem Interview mit Massimo Cotto auf die Frage, ob ihn ein besonderes Erlebnis dazu bewog, 'This Note's For You' zu schreiben:
"Als ich das erste Mal eine Anzeigentafel mit *'Neil Young & Crazy Horse, Miller Highlife Concert Series'* sah, mit deren Namen so groß wie unserer, dachte ich: 'Moment mal, was geht hier vor? Ich habe keine Ahnung von *'Miller Highlife Concert Series'.*' Es scheint etwas darzustellen, was es in Wirklichkeit nicht ist. Und ich mag das nicht. Es gibt einen Unterschied zwischen einem Werbespot und einem Konzert!"[27]

"Zweimal hab' ich diesen Preis für das beste Bühnenkonzept gewonnen. *RUST NEVER SLEEPS* hatte so ungefähr die größten Bühnenaufbauten jener Zeit. Nie brauchten wir Geld von Sponsoren, obwohl wir nicht immer ausverkauft sind und auch nicht die höchsten Eintrittspreise verlangen. Wenn wir das können, warum dann nicht jeder?"[28]

Glenn Frey von den EAGLES, der seinen Song 'You Belong To The City' an 'Pepsi' verkaufte, sieht das ganz anders:
"Ich weiß nicht, was schlimmer ist: 17 Alben zu machen, die wie Demos klingen, sie als fertige Produkte herauszubringen und von den Leuten dafür Geld zu verlangen, oder daß ich von 'Pepsi' 1 Million Dollar annehme - nicht wahr, Neil? Wer bescheißt hier wen? Seit *HARVEST* hast du keine vernünftige Platte mehr gemacht."[29]

12.8.   Unter dem Titel *SPONSORED BY NOBODY* startet in Cincinnati eine vierwöchige USA-Tour mit den BLUENOTES.
Im Gegensatz zu den vorangegangenen beiden Club-Tourneen spielen Neil und die Band jetzt auch Songs aus dem 'regulären' Repertoire ('After The Goldrush', 'Tonight's The Night', 'On The Way Home', 'My My, Hey Hey'), aber auch einige ganz neue Stücke, z.B. eine 11-strophige Version von 'Sixty To Zero', 'Ordinary People' (Neil: *"too long to be a video, too long to be on the radio, and too long to be on an album."*) und 'Days That Used To Be', das als direkte Folge der Erfahrungen mit 'This Note's For You' entstand.
Im Vorprogramm treten zumeist Buddy Guy und Junior Wells auf.

13.8.   Lee Masters, Direktor von MTV, gibt bekannt, daß in den drei Ausgaben der *MUSIC NEWS* am 19.8. der ungekürzte 'This Note's For You'-Clip ausgestrahlt werden wird - zusammen mit einem Interview mit Neil über "die gesamte Problematik der Kommerzialisierung" .
John Pareles von der NEW YORK TIMES sieht darin die typische Art von MTV, mit so etwas umzugehen: "Der Philosoph Herbert Marcuse nannte dies 'repressive Toleranz' - Rebellion als Nachrichten-Clip, kurz gemeldet und dann schnell wieder vergessen."[30]

31.8. New York City, 'Pier 84':
'Sixty To Zero' umfaßt hier nur noch 4 Strophen; der Abend endet mit einer aggressiven, aufwühlenden Version von 'Tonight's The Night', bei der Neil schließlich alle Saiten seiner Gitarre zerreißt.

Promophoto der BLUENOTES

4.9. Auburn Hills, Michigan, 'Palace Arena':
Joe Walsh gastiert bei der Zugabe (dem neuen 'Doghouse' und einer weiteren wilden Version von 'Tonight's The Night') an der Gitarre.

7.9. Beim vorletzten Konzert der Tournee werden Neil und den BLUENOTES im 'Royal Hawaiian Hotel' in Honolulu die noch ausstehenden 'Bammies' ('Bay Area Music Awards') vom März überreicht.

8.9. Letzter Auftritt der Tour im 'Sheraton Hotel' in Honolulu.

September Dave Zimmer, Herausgeber von BAM, listet Neil's 'Danger Bird' unter seinen '10 Greatest Rock Guitar Solos Of All Time' auf:
"Wahrscheinlich kennen nur die hartgesottenen Neil Young-Fans diesen Song, aufgenommen mit CRAZY HORSE und veröffentlicht auf *ZUMA* im Jahr 1975. Doch noch immer, nachdem ich ihn ungefähr 200 Mal gehört habe, jagt er mir Schauer über den Rücken, mehr noch als 'Like A Hurricane' oder 'Cortez The Killer'. Es ist, als ob Young's quälende, ungestüme Gitarrenläufe (besonders beim zweiten Solo) vom Himmel herabstürzten, sich dann überschlagen und ihr Innnerstes nach Außen kehren würden, während er seine 'Gibson Les Paul' malträtiert."[31]

Die Gruppe STEALIN HORSES veröffentlicht ihr gleichnamiges Debütalbum; Neil ist darauf bei dem Song 'Harriet Tubman' an der Mundharmonika zu hören.

25.10. Albuquerque, New Mexico, 'Kiva Auditorium':
Erstes Konzert einer Mini-Tour mit den aus rechtlichen Gründen jetzt in TEN MEN WORKIN' umbenannten BLUENOTES (Harold Melvin hat seit den sechziger Jahren eine Begleitband gleichen Namens, von der Neil gemeint hatte, sie existiere längst nicht mehr).
Die Auftritte beginnen alle mit einem solo-akustischen Teil, bevor erst Ben Keith und nach einer Pause auch die restliche Band dazustoßen.

29.10. Sacramento, 'Community Center':
"Mit einer Bühnenausstattung, die aus der Nachbildung einer Achtelnote vor einem schwarzen Hintergrund bestand, und einer fast nicht vorhandenen Lightshow, erinnerte das Ganze so garnicht an eine große Rock-Show ...
Als Young mit seiner Band zurückkam - das übliche Rockquartett plus eine sechsköpfige Bläsersektion - und mit einer beinharten Version von 'Ten Men Workin' begann, waren die Zeichen für den Rest der zweistündigen Show gesetzt ... wie eine heiße Club-Band, mit Young's überraschend bissiger, stilsicherer und prägnanter Leadgitarre im Vordergrund."[32]

30.10. Die Kurztournee endet mit einem Konzert im 'Warner's Theatre' in Fresno, California.

November *AMERICAN DREAM* - nach 18 Jahren erscheint CSN&Y's zweites Studioalbum.
"Vierzehn volle Songs; und kein Füllmaterial, sondern richtige vier-, fünfminütige Songs zum Mitsummen, mit Versen, Refrains, Solos, allem Drum und Dran, und vor allem mit Harmonien. Diesen märchenhaften, ätherischen, butterweichen, unvergleichlichen Harmonien ... die LETTERMEN, die FOUR SEASONS und das KINGSTON TRIO lassen grüßen.
... Neil Young fühlt sich hörbar wohl auf dem neuen Album. Mit der ihm eigenen Melodik, die Bodenständigkeit und Zurückhaltung ausstrahlt, setzt er der Pseudo-Bedeutsamkeit CSN&Y's etwas entgegen, ohne jedoch auch nur einmal in Gefahr zu geraten, sie zu unterminieren."[33]
Neil selbst sieht das Album - mit etwas Abstand - jedoch anders:
"Ich sah damals die Chance, ein Album zu machen, das jeden umhauen würde. Ich wollte das und sie wollten das auch; aber es gelang einfach nicht ... Wir haben es versucht, aber es ging nicht. Irgendwas hat gefehlt - um genauer zu sein, wir waren eben keine Band; der Zusammenhalt,

den man braucht, war nicht vorhanden. CSN&Y hatte schon immer Sessionmusiker benutzt, und das war immer ein Problem gewesen."[34]

12.11.   Los Angeles, 'Palace Theater':
Graham Nash organisiert das Benefizkonzert *CHILDREN OF THE AMERICAS RADIOTHON* zugunsten bedürftiger Kinder Nord- und Südamerikas.
Neil kommt beim Auftritt von Crosby, Stills und Nash auf die Bühne und spielt mit ihnen 'This Old House' und 'Name Of Love'.

14.11.   CSN&Y als Gäste bei *ROCKLINE* - Neil und Stills im Studio in San Francisco, Nash und Crosby sind in Los Angeles zugeschaltet.

17.11.   Neil ist in New York Ehrengast bei der Verleihung der 'Silver Clef Awards' der englischen 'Nordoff-Robbins'-Stiftung, die sich die Entwicklung von Programmen zur Förderung geistig behinderter Kinder mittels Musiktherapie zur Aufgabe gesetzt hat.
Im Rahmen einer Versteigerung zugunsten der Stiftung bietet Neil $10.000 für einen Anzug John Lennon's aus der frühen Epoche der BEATLES; bei der abschließenden Session jammt er u.a. mit Robert Plant und Buckwheat Zydeco.

4.12.   Ein ähnlicher Anlaß: im 'Coliseum' in Oakland findet das zweite Benefizkonzert für die 'Bridge School' ('An All Acoustic Evening Of Music') statt.

"Anders als bei den kürzlichen 'Amnesty International'-Konzerten, bei denen einige Superstars die Kurzversionen ihrer regulären Shows darboten, präsentierte das 'Bridge'-Konzert Bob Dylan, Tracy Chapman, Nils Lofgren und CSN&Y in kurzen Sets mit vier oder fünf Stücken, die Appetit nach mehr weckten, aber doch zufriedenstellen konnten ... Die Show begann mit Neil Young, der ein paar alte Favoriten, wie 'Comes A Time' und 'Sugar Mountain', spielte und auch kurz Besuch bekam von seine alten Kollegen Crosby, Stills und Nash, die später nochmal zurückkehren und das Konzert mit ihrem eindrucksvollsten Auftritt seit Jahren beschließen sollten ... Seit einigen Jahren waren CSN nur noch ein Schatten ihrer selbst gewesen. Doch die Anwesenheit Young's bewirkte einiges bei den anderen drei, und ihr Harmoniegesang war besser als zu ihren besten Zeiten. Sie glänzten mit einer Auswahl von acht Songs, die von den frühen 'Helplessly Hoping', 'Southern Man' und 'Love The One You're With' bis zu Material aus ihrem neuesten Album reichte ..."[35]
Neben den hier erwähnten Gästen treten noch Jerry Garcia & Bob Weir, Billy Idol, sowie Tom Petty & THE HEARTBREAKERS auf.

17.12. In Santa Clara, California, führen Neil und seine Frau Pegi durch das Programm einer Weihnachtsfeier zugunsten von 'Parents Helping Parents', einer Organisation zur Selbsthilfe von Eltern behinderter Kinder.

1   Neil über seine Haltung zu den 'Grammy Awards'; BAM, 22.4.88

2   Neil, Q, Mai 1988

3   James Henke im Gespräch mit Neil; ROLLING STONE, 2.6.88

4   David Zimmer, BAM, 22.4.88

5   George Byrne, IRISH INDEPENDANT, 1988

6   ROLLING STONE, 10.3.88

7   ROLLING STONE, 1.12.88

8   BAM, 22.4.88

9   NEW MUSICAL EXPRESS, 7.5.88

10   BAM, 7.10.88

11   Neil, Q, Mai 1988

12   Neil, BAM, 22.4.88

13   David Browne, ROLLING STONE, 5.5.88

14   Olaf Krämer, TIP, 1988

15   Jörg Feyer, MUSIKEXPRESS/SOUNDS, 6/88

16   BAM, 22.4.88

17   Robert Hilburn, LOS ANGELES TIMES, 15.4.88

18   David Fricke, MELODY MAKER, 30.4.88

19   Tom Hibbert, Q, 5/1988

20   NEW MUSICAL EXPRESS, 7.5.88

21   Q, 5/1988

22   Neil, ROLLING STONE, 11.8.88

23   GRAFFITI, 7/1988

24   USA TODAY, 7.7.88

25   USA TODAY, Ende 1990

26   Q, 10/1988

27   HOWL, 1/88

28   Neil, MUSIC EXPRESS MAGAZINE, Januar 1993

29   BROKEN ARROW 34 (1989)

30   NEW YORK TIMES, 14.8.88

31   BAM, September 1988

32   Bruce Nixon, SACRAMENTO BEE, 31.10.88

33   Howard Hampton, L.A. WEEKLY, 23.12.88

34   PULSE!, November 1990

35   David Barton, SACRAMENTO BEE, 6.12.88

1989

"As long as I keep landing, I'll be able to go up there again."[1]

"Wenn ich so zurückblicke, neige ich dazu, die Achtziger als einzelne Abschnitte zu betrachten. Als ich mittendrin steckte, erkannte ich das natürlich nicht."[2]

"Die 80er waren schwierig für mich, auch wegen meiner Familie, wegen meines Kindes, dem wir helfen wollten. Das hat viel Zeit gekostet, viel Energie aus mir rausgezogen. Ich hörte einfach auf, Gefühle zu haben, weil ich diese Trauer um meinen Sohn nicht fühlen wollte. Also riegelte ich mich hermetisch ab, fast das ganze Jahrzehnt. Wenn du nämlich aufhörst, *eine* Sache zu fühlen, fühlst du *alles* nicht mehr. In deinen Emotionen gibt es nur noch ein 'Ein' oder 'Aus'. Du schließt eine Tür. Du kannst dir vielleicht einreden, es gehe dir prächtig. Aber wenn du einen Song schreiben willst, stößt du an diese Tür. Die ist zu. Du kannst nicht über deine Gefühle schreiben, weil sie zu ist. Diese Erfahrung war ein Teil dessen, was mich im letzten Jahrzehnt geprägt hat."[3]

11.1.   Mit einer neuen Band, RESTLESS genannt, spielt Neil einige Gigs im Süden der USA; der erste Auftritt findet im 'Fox Theatre' in St. Louis, Missouri, statt.
RESTLESS setzt sich zusammen aus den Ex-BLUENOTES Rick 'The Bass Player' Rosas und Drummer Chad Cromwell, sowie Ben Keith und Frank Sampedro. Die Songauswahl umfaßt neben alten Klassikern auch eine ganze Reihe neuer Stücke, die erst im Laufe des Jahres auf *ELDORADO* und *FREEDOM* veröffentlicht werden.

16.1.   Beim letzten Konzert der Minitour - im 'Saenger Theatre' in New Orleans - kommt es zu einem umjubelten Gastauftritt von Rufus Thibodeaux, dem Fiddler der INTERNATIONAL HARVESTERS.

Anschließend weilt Neil mit Chad Cromwell und Rick Rosas für Aufnahmen in der 'Hit Factory' in New York City. Ein Album mit dem Titel *TIMES SQUARE* ist im Gespräch.

18.-23.2.   Sechs Auftritte mit RESTLESS im Nordwesten der USA und in Vancouver, Kanada, schließen sich an.

Dabei wird am 21. im 'Paramount Theatre' in Seattle zum ersten Mal 'Rockin' In The Free World' gespielt: "Ich hab' diesen Song geschrieben, als ich unterwegs war ... in meinem Bus; mir kam die erste Zeile in den Sinn und ich dachte: 'Mein Gott, das ist wirklich 'ne gute Aussage, aber gleichzeitig auch so ein richtiges Klischee, so was von offensichtlich.' Und von da an wußte ich, daß ich's verwenden muß." (Neil)[4]

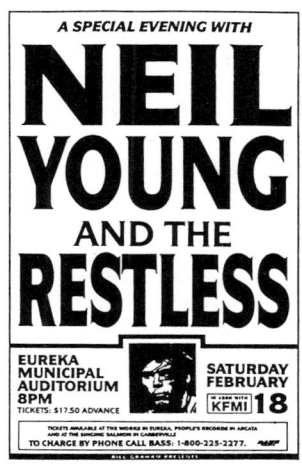

27.2.   'The Album Network' sendet in der Reihe *IN THE STUDIO* (Folge 36) ein Interview mit Neil und Ben Keith über die Entstehung von *HARVEST*.

März   Neil weilt bei den Dreharbeiten für *LOVE AT LARGE* (deutsch: *DIE LIEBE EINES DETEKTIVS*), einen Film von Alan Rudolph. An der Seite von Tom Berenger und Ann Archer spielt er die Rolle eines weißhaarigen Gangsters.

27.3.   *IN THE STUDIO* (Folge 40) bringt diesmal Interviews mit David Crosby, Stephen Stills und Neil über die Aufnahmen zu *DEJA VU*.

5.4.   'Entertainment Centre', Perth, Australien:
Beginn einer einmonatigen Tournee, die Neil und seine - wegen des Verlustes seines Hundes 'Elvis' - inzwischen in LOST DOGS umbenannte Band durch Australien, Neuseeland und Japan führt.
"Die Musik verschmolz zu einem einzigen großen, pulsierenden Lärm und kulminierte in langen, halluzinierenden Versionen von 'Mr. Soul'. Scherzhaft nannte er diesen neuen Sound *'Popular Music'*; die dazugehörige Bühnenshow erinnerte jedoch eher an *'Popular Mechanics'*: eine psychedelische Diashow und krachende

Maschinengeräusche zwischen den Songs. Und die Roadies auf der Bühne trugen sogar Schutzhelme."[5]
Nach einem akustischen Solo-Set zu Anfang der Show besteht das restliche Repertoire der LOST DOGS aus einer Mischung bewährter Stücke ('Cinnamon Girl', 'Powderfinger', 'Hey Hey, My My' und 'Tonight's The Night') und neuer Songs wie 'Heavy Love', 'Don't Cry', 'No More', 'Cocaine Eyes', 'Box Car' und 'On Broadway'.

5.5. Das letzte Konzert der Tournee in Nagoya, Japan.

Zur Tour erscheint (in Australien als Mini-LP und Cassette, in Japan als CD) *ELDORADO*:
"Ich nahm jegliche Weichheit aus *TIMES SQUARE* heraus, machte das Ganze *noch* böser, als es eh schon war und ließ es dann so. Und hier sind sie nun - meine etwas seltsamen geistigen Ergüsse. Eigentlich ziemlich selbstzerstörerisch, aber irgendwie macht es doch Sinn."[6]
"Ich wollte es nicht weltweit veröffentlichen und viel Getue machen deswegen. Es war mehr eine künstlerische Sache, und deshalb nur für einen beschränkten Rahmen gedacht. So hab ich es also in Japan rausgebracht, aber dabei wußte ich ja, daß die interessierten Leute die Musik trotzdem zu hören kriegen würden; sie würden sie füreinander kopieren, und die Kopie einer CD klingt ja immer noch ganz gut. Man kann Musik auf verschiedene Arten veröffentlichen, und trotzdem kann jeder sie hören. Der einzige Unterschied in diesem Fall war, daß wir damit kein Geld verdienten."[7]
"Auf *ELDORADO* ist ein großer Orbison-Gedenksong, 'Don't Cry' ... Als ich den schrieb und aufnahm, hatte ich *Roy Orbison meets trash metal* im Kopf. Wirklich."[8]
"Die hier zu hörende Version von 'Eldorado' führte wegen der sauber gespielten akustischen und elektrischen Gitarre (Overdub) und den eingesetzten Kastagnetten bereits an anderer Stelle zu dem nicht ganz unrichtigen 'DIRE STRAITS in Mexico'-Vergleich, an dem man wirklich schwer vorbeikommt. Klar, daß das lange nicht so hart ist wie die ersten 3 Lieder, doch dieses abwechslungsreich strukturierte Stück kommt an Young-Perlen wie 'Cortez The Killer' oder 'Like A Hurricane' reichlich nahe heran."[9]

Juni *THE BRIDGE - A TRIBUTE TO NEIL YOUNG*, ein Benefiz-Sampler von Independent-Künstlern und -Bands zugunsten der 'Bridge School', erscheint.
"*THE BRIDGE* feiert nicht allein Young's Songwriterqualitäten, sondern ebenso seine Bilderstürmermentalität und die anarchische Freude, mit der er schon immer die Mythen und Konventionen des Rock'n'Roll in Frage stellt. Und so gehen die besten Versionen dieses Albums auch über die ursprünglichen musikalischen Formen der jeweiligen Songs

hinaus, ohne dabei jedoch deren emotionelle Prämissen zu verletzen: das pulsierende, liebevolle 'Winterlong' der PIXIES; SOUL ASYLUM's wüster 'Barstool Blues'; Nick Cave's Version von 'Helpless', die sich dahinschleppt wie ein deutscher Trauermarsch in einem Kabarett der zwanziger Jahre."[10]

Der Sampler markiert den vorläufigen Höhepunkt einer ganzen Reihe von Coverversionen von Neil's Songs, die seit Mitte der achtziger Jahre auf Platten, CDs oder bei Livekonzerten zumeist junger Bands und Interpreten auftauchen.

Neil selbst über das ihm gewidmete 'Tribute'-Album:

"... ich mag die Leute und es ist wirklich nett, daß sie es gemacht haben, aber eigentlich bin ich noch nicht reif dafür. Sie beabsichtigen zwar damit nicht, das Kapitel 'Neil Young' zu schließen, aber irgendwie erschreckt es mich doch."[11]

5.6.   Neil beginnt ein kurze akustische Solotour durch den Nordosten der USA mit einem Konzert in Bristol, Connecticut.

Im Vorprogramm die INDIGO GIRLS; Neil's Set umfaßt zumeist ältere Stücke, aber auch die neuen Songs 'No More', 'Someday', 'Crime In The City' und das sich zur neuen 'Hymne' entwickelnde 'Rockin' In The Free World'.

14.6.   Abschluß der Kurztournee im 'Jones Beach Music Center' in Wantaugh, New York:

Bruce Springsteen ist Gast bei der Zugabe 'Down By The River'.

Der gesamte Auftritt wird gefilmt; zwei Songs ('Crime In The City' und 'This Note's For You') werden später für das Video *FREEDOM* verwendet.

2.7.	Neil tritt im Pine Ridge-Reservat in South Dakota beim *PAHA SAPA MUSIC FESTIVAL* zugunsten der dort beheimateten Lakota-Sioux-Indianer auf. Anschließend arbeitet Neil in seinem Studio auf der Ranch an neuen Stücken für das nächste Album.

2.7. Neil tritt im Pine Ridge-Reservat in South Dakota beim *PAHA SAPA MUSIC FESTIVAL* zugunsten der dort beheimateten Lakota-Sioux-Indianer auf.

Anschließend arbeitet Neil in seinem Studio auf der Ranch an neuen Stücken für das nächste Album.

18.8. Fortsetzung der akustischen Solo-Tournee, mit gelegentlichen Gastauftritten von Ben Keith und Frank Sampedro, im 'Pacific Amphitheatre' in Costa Mesa, California.

19.8. Los Angeles, 'Greek Theatre':

Für die Zugabe kommen Crosby und Nash auf die Bühne. Zusammen singen sie 'Ohio' und widmen es den chinesischen Studenten, die bei den Unruhen im Mai umgekommenen sind.

5./6.9. New York City, 'The Palladium':

"Der Verlust der Unschuld kann weh tun, doch nur wenige Songwriter haben darunter mehr gelitten als Neil Young. Seine Songs konfrontieren eine paradiesische, ländliche Vergangenheit mit einer brutalen, korrupten Gegenwart. Drogen, Käuflichkeit und Betrug regieren in den neuen Stücken, die er letzten Dienstag mit ins 'Palladium' brachte ... und er offerierte wenig Hoffnung außer seiner hartnäckigen Weigerung, aufzugeben ...

Mit drahtloser Gitarre und ebensolchem Mikrofon ausgestattet, wanderte er, über sein Instrument gebeugt, unablässig auf der Bühne umher und spielte seine Songs, manche mit dem Gesicht zur Seite oder zur kahlen, schwarzen Wand hinter sich gewandt.

Und doch wirkte sein Gesang - mit der Stimme, die zum charakteristischsten 'Anti-Tenor' in der Rockmusik wurde - offen und verletzlich ..."[12]

"Als Gitarrist ist er mit der akustischen Gitarre genauso effektiv wie mit den stechenden, rauhen Power-Attacken seiner elektrischen. Die gegenwärtige Tournee zeigt in bemerkenswerter Weise, daß er auch solo mit einer verstärkten Akustikgitarre Rockmusik machen kann ..."[13]

Beide Konzerte werden gefilmt; fünf der Songs sind auf dem Video *FREEDOM* zu sehen.

Am zweiten Abend erhält Neil aus den Händen von Daryl Hannah MTV's 'Video of the Year Award' für 'This Note's For You' - nachdem der Clip im Jahr zuvor von MTV eine ganze Zeit lang boykottiert worden war!

9.9. Die Solo-Tour endet mit einem Konzert im 'Red Rocks Theater' in Denver.

September   Tracy Chapman's neues Album *CROSSROADS* erscheint; Neil spielt Piano und akustische Gitarre bei dem Song 'All That You Have Is Your Soul'.

In der DDR wird, kurz vor der 'Wende', auf dem staatseigenen 'Amiga'-Label das erste - und damit auch einzige - Album Neil's, *HARVEST*, veröffentlicht.
"Es ist nicht nur die sogenannte 'bewußte' Jugend, die mit Tränen in den Augen bei Neil Young-Musik an die verflossenen Ideale der Protest-Jahre nach 1968 und an Woodstock denkt. Es sind immer wieder auch massenhaft neue jugendliche Fans,die sich von der eigenen schnörkellosen Musik Neil Young's gefangen nehmen lassen, weil sie überzeugt." (Michael Manthey auf der Rückseite der DDR-Ausgabe)

30.9.   New York City, NBC-Studios: Auftritt bei *SATURDAY NIGHT LIVE*.
Mit Bassist Charlie Drayton, Drummer Steve Jordan und Frank 'Poncho' Sampedro an der zweiten Gitarre spielt Neil eine beinharte Version von 'Rockin' In The Free World', ein solo-akustisches 'The Needle And The Damage Done', sowie 'No More' (das in dieser Version später auf einer Promo-CD veröffentlicht wird).
"Das war das Lauteste, was ich jemals im Fernsehen gehört habe, der Text zu 'Rockin' In The Free World' war fast nicht zu verstehen ... Sein Gesichtsausdruck allein genügte jedoch völlig. Er schien wirklich auszuflippen."[14]
Neil: "Ich mag Fernsehauftritte nicht. Mochte ich noch nie. Es ist ätzend und du kannst nichts dagegen machen. Du kannst nicht einfach reinkommen und 'Rockin' In The Free World' spielen, sonst wirkst du wie ein Vollidiot. Um diesen Song so zu bringen, wie er sein sollte, muß dein Blut kochen, alles voll aufgedreht, und die Maschine muß am Laufen sein. Um das zu erreichen, mußte ich 'Saturday Night Live' völlig ignorieren. Ich mußte so tun, als ob ich garnicht da wäre."[15]
"Es hat geklappt. All die anderen Rockmusiker seiner Generation sind reif für 'Madame Tussaud's'; hier aber stand Young, geradezu erschreckend lebendig ...
Das Elvis-T-Shirt war gut gewählt: einen Moment lang erschienen all seine 80er Jahre-Platten wie schlechte Elvis-Filme, und dies hier war sein *68 SPECIAL*."[16] [Elvis Presley's TV-Show *68 SPECIAL* war sein Comeback nach einer 8-jährigen Bühnenabstinenz gewesen, während der er vornehmlich Filme gedreht hatte.]

"Hast du die Show bei der zweiten Ausstrahlung gesehen? Sie haben alle Ecken und Kanten rausgeschnitten. Das zeigt doch, was das für Scheißkerle sind. Warum alles glattbügeln? Sie haben überhaupt nichts kapiert. Genau deshalb bin in der Show 15 Jahre lang nicht aufgetreten und werde das auch in den nächsten 15 nicht mehr tun."(Neil)[17]

Oktober   *FREEDOM* erscheint.

Aus *ELDORADO*, dessen fünf Songs ja ursprünglich schon vorher auf *TIMES SQUARE* erscheinen sollten, wurde nun *FREEDOM* - mit allerdings nur noch drei dieser Stücke darauf ...

"Das Ende eines Jahrzehnts scheint bei Neil Young immer Beklemmung und Widerwillen auszulösen. 1969 verabschiedete er sich von den vagen *Peace and Love*-Versprechungen der Sechziger mit zornigen Gitarren und dem Eingeständnis seiner Verzweiflung auf *EVERYBODY KNOWS THIS IS NOWHERE*. Zehn Jahre später, auf *RUST NEVER SLEEPS*, beantwortete er die fortschreitenden Verkalkungsprozess und die Selbstgefälligkeit der Superstars in den Siebzigern mit bösen Texten und zerstörerischen Gitarrenorgien, nicht zu vergessen die wohlüberlegte provokative Nennung von Elvis Presley und Johnny Rotten im gleichen Song.

FREEDOM ist der Sound von Neil Young, ein weiteres Jahrzehnt später - und wieder blickt er ärgerlich und ängstlich zurück. Die Songs sind voller gescheiterter Existenzen, enttäuschten Hoffnungen und Drogenanspielungen. Das, was verbindet - Vertrauen, Liebe, Nächstenliebe - gibt es nicht; Betrug ist an der Tagesordnung. Young wirft dir das alles an den Kopf und es trifft dich wie ein Kübel eiskaltes Wasser ...

Young brachte vor zwei Jahren ein Album mit dem Titel *LIFE* heraus, für dieses hier träfe der Titel eher zu."[18]

"Neil Young erzählt von Ängsten, Träumen, Wünschen, gibt politische Statements, ist engagiert, glaubhaft und abwechslungsreich wie selten zuvor. Vorzüglich unterstützt von seiner Band, bestehend aus Gitarrist/Pianist Ben Keith, Bassist Rick 'The Bass Player' Rosas und Schlagzeuger Chad Cromwell, dazu populären Freunden wie der Sängerin Linda Ronstadt, gibt der Mann mit der eigenwilligen Stimme sein Bestes."[19]

Neil selbst zu *FREEDOM*: "Ich wollte nur, daß dies ein Neil Young-Album wird, so blöd das aus meinem Mund auch klingen mag. Jahrelang habe ich das, was wirklich in mir vorging, dadurch umgangen, daß ich mit Stilen spielte, Genre-Alben machte. Ich war nicht in der Lage, über das zu sprechen, was in meinem eigenen Leben geschehen war, also verschloß ich mich davor. Das habe ich jetzt überwunden, aber ich weiß, daß ich dadurch auch viele Fans vor den Kopf gestoßen habe. Trotzdem war es eine ganz tolle Zeit, man lebt schließlich nur einmal. Ich bin immer gespannt, wie man auf meine Sachen reagiert, aber ich richte mich nicht danach."[20]

"Das kolumbianische Drogenkartell arbeitet mit europäischen Rechts-Terroristen zusammen, und das ist eine wirklich üble Verbindung. So ist vieles, über das ich schreibe, den Europäern gar nicht gegenwärtig. Und das Schlimmste ist: was passiert, wenn das Zeug in die CSSR kommt?

Es ist eben Teil der Freiheit. Das ist es, was *FREEDOM* zu sagen sucht. Wie alles ausgeht, ist offen. Die Aussichten sind weder besonders gut noch besonders schlecht. Und ich würde mich natürlich auch immer für die Freiheit entscheiden. Man muß ja schließlich seine Fehler selber machen dürfen."[21]

"Laß 'Too Far Gone', 'Ways Of Love', 'Someday' und 'Don't Cry' mal weg; das sind die Songs, die mich stören. Diese älteren Songs entwischten mir alle, als ich sie geschrieben hatte. 'Ways Of Love' war ein großartiger Song, als ich ihn 1975 schrieb und wenn ich ihn damals aufgenommen hätte ... Wenn ich nichts damit mache, solange sie neu sind - vergiß' es. Dann wird nichts mehr draus. Das ist auch so eine Frustration beim Plattenmachen. Aber ich mache ja nicht wirklich Platten - ich trete auf und mache Aufnahmen davon ...

Wenn ich ein paar neue Songs gehabt hätte, die auf *FREEDOM* gepaßt hätten, dann wäre es eine bessere Platte geworden. Aber ich wollte diese Stilvielfalt und deswegen bin ich die Kompromisse eingegangen."[22]

Auch die LP *TRANSVERSE CITY* von Warren Zevon wird in diesem Monat veröfflicht; Neil spielt darauf Leadgitarre bei dem Stück 'Gridlock' und singt Background bei 'Splendid Isolation'.

Zevon: "Neil ist einer meiner Lieblinge in jeder Beziehung - musikalisch, seine ganze Einstellung, seine Persönlichkeit, wie er zum Leben auf diesem Planeten steht ... Eigentlich mag er Overdubben nicht - er ist nicht diese Art von Musiker, aber für mich hat er's gemacht. Ihm beim Overdubben zuzuschauen, ist genauso, als ob man ihm im Stadion bei einem Solo zusieht."[23]

28.10.   Das dritte 'Bridge School'-Benefizkonzert findet im 'Shoreline Amphitheatre' in Mountain View statt:
Tom Petty, Sammy Hagar und Neil eröffnen den Abend mit Dylan's 'Everything Is Broken'. Neil's akustischem Set (mit u.a. 'Pocahontas', 'Crime In The City', 'No More' und 'Rockin' In The Free World') und Auftritten von Tracy Chapman, Petty & THE HEARTBREAKERS und Hagar folgen Crosby, Stills & Nash. Nach einigen Songs zu dritt spielen sie zusammen mit Neil noch 'Human Highway', 'Got It Made', 'Silver And Gold', 'Southern Cross' und 'Ohio'.
Den Schlußpunkt bildet, wie schon in den Jahren vorher, ein gemeinsames 'Teach Your Children'.

November   *YOU SORT IT OUT!* - Neil im Interview mit Mark Cooper über das soeben auch als Single veröffentlichte 'Rockin' In The Free World':
"Der Song besteht aus vielen Bildern von der Gewalt in unseren Straßen, von Obdachlosen, Drogen und Krieg und all den Moslems, die uns, Amerikaner genauso wie Europäer, hassen. Sie sind nicht das, was

wir als 'zivilisiert' bezeichnen, aber sie denken, wir seien die Barbaren, wir sind für sie die Teufel. Ich beschreibe lediglich beide Seiten, wie ein Journalist. Ich habe keine Meinung dazu; ich biete keine Antwort, keine Anleitung. Ich schreibe nur, was ich zu sehen glaube, und ich ändere meine eigene Meinung darüber täglich ...
Dieses Lied ist ähnlich wie 'Born In The USA'. Der Refrain ist zweischneidig. Einerseits, so ist es - *keep on rockin' in the free world*, das ist es, was wir Amerikaner wollen, weiter machen, was uns gefällt. Aber andererseits, wie frei ist denn die freie Welt überhaupt? Die chinesischen Studenten haben diese idealistische Anschauung von Freiheit und Demokratie und genau das wollen sie. Ich sage nur, schauen wir uns das Ganze mal genauer an."[24]

Diedrich Diederichsen in seiner Besprechung des Songs:
"Mein oft gegen Protestsänger erhobener Vorwurf, hier würde sich einer mit anderer Leute Elend schmücken, trifft hier nicht nur nicht zu, sondern umgekehrt hat es hier einer geschafft, die Verhältnisse so klar zu stellen - ohne sich und seine Beziehung dazu zu mythologisieren oder sich in die Pose eines Aufdeckers zu begeben: die Fakten sind ja bekannt und Neil Young tut auch nicht, als wäre es anders, sondern gibt sich als genau der *Verstärker* zu erkennen, der der Künstler ist ... Song des Jahres, Single des Jahres. Gültiges Statement für alles, was jetzt kommen wird."[25]

12.11.   Neil feiert seinen 44. Geburtstag bei einem Frank-Sinatra-Konzert.
"'The Volume Dealers', meine Produktionsfirma mit Nicholas Bolas, trat einige Male an 'Reprise' heran, um eine Frank Sinatra-Platte zu produzieren. Das wäre eine Sache, die ich wirklich gerne machen würde. Ich glaube, Frank könnte eine großartige zeitgemäße Platte machen." (Neil)[26]

26.11.   San Francisco, 'Cow Palace':
Neil tritt bei einem Benefizkonzert zugunsten von Erdbeben-Hilfsorganisationen auf - am 17.10. war Nordkalifornien von schweren Erdbeben erschüttert worden. Er spielt 'My My, Hey Hey', 'Rockin' In The Free World', 'Heart Of Gold' und 'Crime In The City' und jammt anschließend mit Steve Miller, Carlos Santana und den CHAMBERS BROTHERS.

5.-13.12.   Eine kurzfristig arrangierte 'Blitz-Tournee' führt Neil nach Europa - die stattfindenden politischen Veränderungen im Osten brachten ihn auf diese Idee.
Auf dem Programm stehen auch zwei Termine in Frankfurt und Hamburg, die speziell vielen DDR-Bürgern nach der gerade frisch erlangten Reisefreiheit zum ersten Mal die Gelegenheit geben, Neil live zu sehen.
"Die Rock-Dinosaurier sterben nicht aus. Sie repetieren in gigantischen Stadien ihre Hits von Anno dunnemals und bewegen damit Millionen Dollar. Zu den wenigen Heroen aus grauer Vorzeit, die sich nicht zum Affen machten, gehört Neil Young ... Wie ein Kampf gegen Windmühlenflügel wirkt es jetzt, wenn Young für seine Auftritte kleine, intime Musikklubs bucht."[27]

5.12.   Erster Auftritt der Tour im 'Teatro Smeraldo' in Mailand.

7.12.   Frankfurt, 'Music Hall':
"Ein Mann und seine Gitarre. Sein Piano. Und seine Songs. Schönere, größere gibt es nicht auf dieser Welt. Und ein besseres Konzert wohl auch nicht. Es beginnt und es endet mit 'Rockin' In The Free World' ... genau dasselbe wie damals '79 mit 'Hey Hey, My My'. Der Reigen hat sich geschlossen, ein Jahrzehnt voller stilistischer Ausflüge, die alle toll waren, doch am Ende ist er wieder nur Neil Young, so allein, wie er hier auf der Bühne stand."[28]

8.12.   Hamburg, 'Große Freiheit'; eine 60-minütige Aufzeichnung wird am 6.1.90 vom NDR im Radio gesendet.
"Ein Mann Rock = Folk Fels. Donnernde Akkorde einer einsamen akustischen Gitarre sind härter/energiereicher als ... (Er boxt auf den Korpus, schafft Nachdruck). Das drahtlose Mikrophon hängt ihm pfenniggroß am Kragen, hindert nicht seine rastlose Wanderschaft. Und diese Harmonika - der erste laute Ton - das unglaubliche Heulen - das macht ihm keiner nach. Ein einzelnes Spotlight folgt den Schritten, mit denen er entschlossen die Riesenbühne durchmißt. Wandert im Kreise und improvisiert 'Rudolph The Rednose Reindeer', nur weil jemand nach 'White Christmas' gerufen hatte. Versteckt sich vor dem Spotlight hinter einem Pfeiler während 'The Needle And The Damage Done'. Widmet

'Ohio' den chinesischen Studenten ... neckt das Publikum mit unberechenbarem Blues-Gepicke direkt vor dem Einsatz des kollektiven Absingens der Titelzeile von 'This Note's For You'."[29]

"'Rock and Roll!' Wie unter einem Genickschlag zuckt Neil Young zusammen, taumelt, rettet sich in eine theatralische Gitarren-Pantomime, schreit zurück *'You want rock'n'roll, eh?'* und schleicht dann mit gesenktem Kopf zum Klavier, murmelt immer wieder *'I can't rock any more, I can't rock any more'*, bis die ersten schwermütigen Akkorde die Wunderkerzen aufleuchten lassen ...

Bei keinem anderen US-amerikanischen Sänger wird das Doppelbödige der Freiheit so spürbar. Seine Hymnen sind zugleich befreiend und bedrückend: *'Keep on rockin' in the free world'*. Das Victory-Zeichen streckt sich ihm in der Hamburger 'Großen Freiheit' entgegen, und das Publikum singt den Refrain, als hätte es endlich die wahre Nationalhymne entdeckt. Neil Youngs Stimme legt sich darüber, nervig und quälend und bricht den blinden Optimismus der Drei-Klang-Stimmung ...

Neil Young hat nichts mit den Zombies zu tun, die in diesem Jahr durch die Konzerthallen geschickt werden, nichts mit einem Revival oft wiedergekäuter Aufbruchsstimmung. Seine Lieder sind so traurig und voll böser Ironie, daß jedem der Refrain im Hals steckenbleiben müßte."[30]

10.12.   London: eines von Neil's raren Live-Radio-Interviews - mit Richard Skinner für BBC's *SATURDAY SEQUENCE*.

12.12.   London, 'Hammersmith Odeon':
"Bemerkenswert mutig, auch wenn es sich um jemanden handelt, der seit zwanzig Jahren Überraschungen und Risiken liebt. Die Bühne war bis auf ein Piano mit einer Flasche Bier darauf völlig leer, auch kein Mikrofon war zu sehen. Mit einem harten Riff auf der Gitarre näherte sich dann von der Seite her eine große, gebeugte Gestalt, eine klagende, traurige Mundharmonika spielend, die um den Hals befestigt war - wie ein alter Straßenmusikant direkt aus der U-Bahn ...

Neil Young spielte solo, aber 'Hey Hey, My My' zu Beginn und das neue, wohlbedacht zweischneidige 'Rockin' In The Free World' waren genauso laut und aufwühlend wie mit voller Rockband ...

Neil Young ließ einem der besten Alben des Jahres eines der denkwürdigsten Konzerte folgen."[31]

"Im Verlauf des Konzerts versuchte er, ein bißchen mit dem Publikum ins Gespräch zu kommen, aber niemand war so aufgedreht wie er selbst, und außerdem - von Neil Young 'Rock'n'Roll' zu fordern, ist so, als ob man Harry Dean Stanton *'act'* zuruft. Daneben gab es aber einen tollen Moment beim Stimmen. *Kerrang. 'Does that sound perfect? Let's fuck it up somehow'*."[32]

230

"Eines kriegst man von Neil Young nie geboten: déja vu. Die Rückkehr des alten Loner's nach London gestern abend, ein fast ausschließlich akustischer Solo-Auftritt, entpuppte sich als das elektrisierendste Konzert des Jahres ...
Young ist kein Nostalgie-Verkäufer. Seine Überzeugungen vertritt er genauso glasklar wie er Gitarre spielt und ihm bei seiner Arbeit zuzuschauen, war wieder mal eine Offenbarung ...
Gottseidank, er brannte nicht aus, er rostete nicht und er welkte auch nicht dahin. Man scheut sich vielleicht, ihn als den größten lebenden Rock'n'Roll-Star zu bezeichnen - aber, verdammt nochmal, er ist es."[33]

13.12.   Die Tournee endet mit einem Konzert im 'Ahoy'-Sportpalast in Rotterdam.
Neil spielt hier einige sehr seltene Songs und Versionen, z.B. das unveröffentlichte 'Razor Love', 'Winterlong' und eine akustische Version von 'Cocaine Eyes'.

TOO FAR GONE - unter diesem Titel erscheint Ende des Jahres im amerikanischen VOICE R&R QUARTERLY ein Interview mit Jimmy McDonough, in dem Neil u.a. auch eine Bilanz der achtziger Jahre zieht:
"Ich mag das, was ich in den Achtzigern gemacht habe. Auch wenn ich dafür einen Haufen Kritik einstecken mußte. Alles, was ich tat, ergab für mich einen Sinn, trotzdem fragten mich die Leute, wohin ich auch kam: 'Was soll das, verdammt nochmal? Warum tust du das? Du untergräbst systematisch deine Verkaufszahlen.' Es tat sich ein tiefer Abgrund auf zwischen mir und allen anderen.

231

Jeder fühlte das. Jeder um mich *herum* hat das gefühlt - eine lange Zeit. Meine Frau, meine Familie, sie alle erwähnten es mir gegenüber. Es war wohl nicht lustig mit mir ...
Ich fing wieder an zu touren, Musik zu machen, aus mir heraus, live. Nicht so sehr auf Platten, sondern live. Um mich selbst wieder zu finden, mußte ich spielen, spielen, spielen, ohne Pause. *Ich* fühlte mich isoliert. Wenn ich spielte, fragte ich mich: 'Was ist los? Und wo? Und wo bin ich?' Dadurch, daß ich live spielte, fand ich wieder zurück. Es war der einzige Weg."[34]

14.12.   New York City, 'The Ritz':
"Neil Young kam im 'Ritz' zu THE ALARM auf die Bühne und spielte mit ihnen eine krachende Version seines 'Rockin' In The Free World', das die Band während ihrer US-Tour im Programm hatte. 'Es ist großartig, daß er uns den Respekt und die Ehre erwies, mit uns zu spielen,' meinte ALARM-Sänger Mike Peters.' Es ist ein toller Song für den Beginn der Neunziger. Ich denke, er sagt viel darüber aus, was zur Zeit auf der Welt los ist."[35]

29.12.   Das Zweite Deutsche Fernsehen zeigt in seiner Sendung *ASPEKTE* ein kurzes Interview mit Neil, das anläßlich seiner beiden Deutschland-Konzerte Anfang des Monats aufgenommen worden war.

1   Neil, Q, November 1989

2   Neil, CD REVIEW, Februar 1992

3   Neil, MUSIKEXPRESS/SOUNDS, 2/1990

4   BROKEN ARROW 45, 1991

5   Jimmy McDonough, VOICE R&R QUARTERLY, 1989

6   Neil, VOICE R&R QUARTERLY, 1989

7   Neil, PULSE!, November 1990

8   Neil, NEW MUSICAL EXPRESS, 4.5.91

9   HOWL, 5/89

10   David Fricke, ROLLING STONE, 2.11.89

11   Q, November 1989

12   John Pareles, NEW YORK TIMES, 7.9.89

13   John Rockwell, NEW YORK TIMES, 17.9.89

14   Jimmy McDonough, VOICE R&R QUARTERLY, 1989

15   VOICE R&R QUARTERLY, 1989

16   Jimmy McDonough, VOICE R&R QUARTERLY, 1989

17   Neil, MUSICIAN, Februar 1991

18   David Fricke, ROLLING STONE, 2.11.89

19   LIVE IN CONCERT, 11/1989

20   Q, November 1989

21   SPEX, Februar 1990

22   VOICE R&R QUARTERLY, 1989

23   BROKEN ARROW 46, 1992

24   Q, November 1989

25   SPEX, Januar 1990

26   HOWL, 1/88

27   DER SPIEGEL, 48/1989

28   HOWL, 6/1990

29   Michael Ruff, SPEX, Februar 1990

30   Konrad Heidkamp, DIE ZEIT, 15.12.89

31   Robin Denselow, THE GUARDIAN, 14.2.89

32   David Cavanagh, SOUNDS, 23.12.89

33   Max Bell, THE EVENING STANDARD, 13.12.89

34   VOICE R&R QUARTERLY, 1989

35   ROLLING STONE, 8.2.90

1990

"Yes, he has the <u>wildest</u> eyes of anyone I've ever met this side of Jerry Lee Lewis ..."[1]

"... beim Reinkommen bemerke ich an der Wand das Cover des nächsten Albums ... es hat diesen kaputten *Selfmade-*Look seiner besten Platten. Gleich daneben hängt ein Zettel mit nur einem Wort darauf, in Großbuchstaben: *ATTITUDE.*"[2]

"Ich bin nur ein alter Folkie - aber ich kann meine akustische Gitarre nicht mehr finden, das ist das Problem ..."[3]

"Wahrscheinlich werde ich 85 Jahre alt und sie müssen mich mit Ketten von der Bühne zerren. Ich würde gerne in die Rock'n'Roll-'Hall of Fame' aufgenommen werden, aber wahrscheinlich könnte ich an der Zeremonie garnicht teilnehmen, weil ich gerade 'nen Gig habe."[4]

"1990 war das erste Jahr seit 1963, in dem keine einzige Gitarrenband ein Nummer-Eins-Album hatte."[5]

"Feedback is back."[6]

8.1.   Neil ist wieder einmal zu Gast bei *ROCKLINE*, um im Radio Fragen von Hörern zu beantworten.

Im Laufe des Monats trifft er sich mit CRAZY HORSE, um die 'atmosphärischen' Störungen zu beseitigen, die seit dem Ende der 87er Tour das Verhältnis zu Ralph Molina und Billy Talbot getrübt hatten.
Im Zuge der Vorbereitungen für eine ins Auge gefaßte CD-Anthologie merkte er nämlich beim Durchforsten alter Bänder, wie gut viele der Konzerte und Aufnahmen mit 'The Horse' waren:
"Ich merkte, was mir gefiel und was mir nicht gefiel. Ich merkte auch, daß viele der Sachen, die ich für cool gehalten hatte, garnicht cool waren, und daß viele Sachen, die ich nicht so gut in Erinnerung hatte, gut *waren*. Und daß manche Sachen, von denen ich glaubte, sie seien großartig, wirklich großartig *waren*."[7]
"Wenn ich mit CRAZY HORSE spielte, war ich immer am besten, ich fühlte mich am besten und es klang auch am besten. Ich wußte das zwar

schon vorher, aber beim Durchforsten all dieser Bänder wurde es mir völlig klar."[8]

"Es ist, als ob man zu seinen eigenen Wurzeln zurückkehrt. Ich kehre dahin zurück, wo ich anfing."[9]

"Für mich ist das die Essenz meines musikalischen Lebens. Es ist der Kern, ein schwelendes Feuer, das immer und immer wieder aufglimmt. Wichtiger als BUFFALO SPRINGFIELD, wichtiger als CSN&Y. Ganz egal, welche Melodie oder welchen Song du auch nennst. CRAZY HORSE kommt einfach immer wieder. Wenn ich nie etwas anderes gemacht hätte, die CRAZY HORSE-Sachen würden auch für sich alleine stehen."[10]

SPEX, Februar 1990

Februar   Neil, Willie Nelson und John 'Cougar' Mellencamp geben eine Pressekonferenz zum bevorstehenden *FARM AID IV*-Konzert:
"'Die Krise ist nicht geringer, sondern tatsächlich noch schlimmer geworden,' sagte Nelson. Und Mellencamp bemerkte, daß seit der ersten *FARM AID*-Show eine Million kleiner Farmen aufgeben mußten.
Young zeigte sich besorgt darüber, daß Farmer keine Kredite bekämen, wenn sie nicht 'anerkannten' landwirtschaftlichen Praktiken, wie dem heftigen Einsatz von Chemie, zustimmen würden: 'Farm Aid und Umweltschutz gehören zusammen'."[11]

25.2.   MTV in den USA zeigt *FREEDOM*, ein halbstündiges Video mit den Aufnahmen aus Jones Beach und New York vom Juni bzw. September letzten Jahres, in seiner Reihe *UNPLUGGED*.

8.3. ROLLING STONE veröffentlicht seine Kritiker-Charts; zum 'Album des Jahres' wurde *FREEDOM* gewählt.

17.3. Neil nimmt an der Verleihung der 'Bay Area Music Awards' im 'Civic Auditorium' in San Francisco teil, wo er als bester Sänger und für das beste Album (*FREEDOM*) geehrt wird.
Den Abschluß des Abend bildet eine - für Veranstaltungen dieser Art inzwischen wohl obligatorische - Jam Session mit John Fogerty, John Lee Hooker, Neil u.v.a.

31.3. Im 'Santa Monica Civic Auditorium' findet ein Benefizkonzert für Dallas Taylor, den früheren CSN&Y-Drummer, statt.
Nach jahrelangem übermäßigen Alkohol- und Drogenkonsum benötigt Taylor eine Lebertransplantation; das Konzert soll Gelder dafür und für eine Anti-Drogen-Stiftung erbringen.
Die DESERT ROSE BAND und Don Henley eröffnen den Abend; danach tritt Neil auf und spielt 'Rockin' In The Free World', 'Eldorado' (mit Frank Sampedro), 'Someday' und den neuen Song 'Mother Earth'.
Im Anschluß daran kommen Crosby, Stills & Nash auf die Bühne; nach einigen Stücken schließt sich ihnen Neil an. Zusammen spielen sie 'Human Highway', 'Silver And Gold', 'Southern Cross', 'Wooden Ships' und 'Teach Your Children'.
Das gemeinsame Geschenk der Mitwirkenden für Taylor, ein Bassdrum-Fell, signiert Neil mit:

"'Sea of Madness', Big Sur Folk Festival. What a groove."

"Taylor ist der Meinung, er sei bei CSN&Y rausgeflogen, weil er sich bei dem 'andauernden Streit zwischen Stephen und Neil' wegen Bandangelegenheiten auf die Seite Stills' geschlagen hatte, und daß dieses Konzert eine Art Versöhnung zwischen ihm und Young bedeute. Bevor sie 'Wooden Ships' spielten, drückte Young seinem früheren Mitspieler mit einem freundlichen Lächeln fest die Hände. 'Neil war wirklich nett,' erzählt Taylor. 'Er sagte, daß er dies um nichts in der Welt hätte verpassen wollen'."[12]

1.4. Ein Tag später ein weiteres Benefizkonzert - am gleichen Ort, mit den gleichen Mitwirkenden - zugunsten der 'California Environmental Protection Initiative'.
Neil, der die gleichen Stücke spielt - auch mit CSN - wie tags zuvor:
"*'Save The Planet'* mag ein wenig wie *'Hard Rock Café'* klingen, aber es muß einfach sein."[13]
"Höhepunkte der beiden Vier-Stunden-Shows waren jeweils Young's starker Soloset und Henley's Auftritt ..."[14]

7.4.   *FARM AID IV* im 'Hoosier Dome' in Indianapolis:
50.000 Zuschauer erleben mehr als 70 (!) Auftritte in knapp 14 Stunden;
u.a. von Bonnie Raitt, Lou Reed, Don Henley, Elton John, Jackson
Browne, GUNS N' ROSES, Steve Earle, Willie Nelson, John
Mellencamp und Crosby, Stills & Nash.
Neil spielt zusammen mit Crosby, Stills & Nash 'This Old House',
anschließend solo 'Rockin' In The Free World' und 'Mother Earth' (die
dort gespielte Version wird Ende des Jahres - etwas überarbeitet - auf
RAGGED GLORY veröffentlicht).
Man rechnet mit Einnahmen von über einer Million Dollar:
"God bless you all for helping the farmers. Keep the faith." (Kris
Kristofferson)
"We've got to fight and not back down." (Neil)

16.4.   Im 'Wembley'-Stadion in London findet ein Konzert für den noch
inhaftierten Führer der südafrikanischen Befreiungsorganisation ANC,
Nelson Mandela, statt.
Neben vielen anderen treten Tracy Chapman, Lou Reed, Peter Gabriel,
die NEVILLE BROTHERS und Neil auf (er spielt 'Rockin' In The Free
World' und 'Mother Earth').

Juni   In einer Scheune auf seiner Ranch (*"... a barn that's big - about 150 feet
long and 60 feet wide ..."*[15]), ausgestattet mit mobilen Aufnahmegeräten,
arbeiten Neil und CRAZY HORSE an neuen Stücken; über den letzten
Tag erzählt er:
"Wir haben an dem Tag vier Sachen aufgenommen und beim letzten
Akkord eines der Songs, während des Feedbacks, war es so richtig laut,
man fühlte alles vibrieren und jeder sagte: 'Welch ein Schluß!' Es stellte
sich aber heraus, daß es das Erdbeben war. Wir ritten die Welle, wie
man so schön sagt. Wir surften auf dem Erdbeben."[16]

Juli   MUSICIAN berichtet von der Klage eines Konzertbesuchers gegen Neil
und die Betreiber des 'Universal Amphitheatre' in Burbank, Cal., wegen
einer angeblich durch ein Konzert mit CRAZY HORSE im Jahr 1986
verursachten Gehörschädigung. Die Angelegenheit wird außergerichtlich
beigelegt.

Neil arbeitet im Sommer mit Joel Bernstein weiter an der geplanten CD-
Anthologie, die "zwischen vier und zwanzig CDs"[17] mit
Konzertausschnitten, Outtakes und Unveröffentlichtem umfassen und
sich auch auf Videoaufnahmen erstrecken soll:
"Es ist lustig. Ich habe alles aufgenommen, was ich im Lauf der Jahre
gemacht habe, und ich habe auch jede Tournee auf Video. Es gibt so
ungefähr hundert unveröffentlichte Stücke, und viele davon existieren
auf Video ...

Ich hab gedacht, daß es meine Sache ist, all dies zu ordnen und in einen Zusammenhang zu bringen, damit ich mich - sollte mir mal etwas zustoßen - nicht auf einen anderen verlassen müßte. Ich weiß schließlich selbst am besten, was wohin gehört und wie es zusammenpaßt ...
Das Ganze ist wirklich interessant und ich bin auch voll bei der Sache, aber man kann so etwas natürlich nicht in einem Jahr schaffen."[18]
In einem Interview mit Jörg Feyer hatte Neil bereits Anfang des Jahres die Neugierde seiner Fans geweckt:
"Die populären Sachen sind dabei, aber auch viele Songs, die ich damals zwar in der gleichen Besetzung aufnahm, die dann aber ins Archiv wanderten. Zusammen mit 'Heart Of Gold' und 'Old Man' wird z.B. 'Bad Fog Of Loneliness' vertreten sein, mit Linda Ronstadt und James Taylor - dasselbe Studio, dieselbe Session. Oder 'Wondering' von *EVERYBODY'S ROCKIN'*, da gibt's das Original aus der *AFTER THE GOLDRUSH*-Phase, mit Nils Lofgren und Steve Stills. Ziemlich gute Nummer. Klingt wie 'Southern Man', genau der gleiche Sound."[19]
"Weil ich schon so viele Platten gemacht habe, hatte ich immer diesen riesigen Überhang an unveröffentlichtem Material. Ich habe mehr Sachen, die ich in den Achtzigern nicht veröffentlichte, als ich herausbrachte ..."[20]

September *RAGGED GLORY* erscheint.
Neil: "Es ist lustig, sieben der Songs habe ich innerhalb einer Woche geschrieben. Das war zwei Wochen vor 'Farm Aid'. Es sind die letzten sieben Songs auf dem Album ...
Ich wollte mit Absicht lange Instrumentalteile spielen, man hört ja sonst kaum noch jemanden improvisieren. Heutzutage ist auf Platten nicht mehr viel Spontanes zu hören, außer bei Blues und Funk. Früher gab's das auch im Rock'n'Roll ..."[21]
"Zwischen dem allerersten Treffen und der Ablieferung des Bandes lagen genau drei Monate. Die eigentlichen Aufnahmen dauerten jedoch nur zweieinhalb Wochen."[22]
"Niemand sonst macht mehr diese Art von Musik ... Diese Platte handelt davon, wie ich meine Probleme löse, sie stimmt mich freundlich. Wenn ich Ärger habe oder frustriert bin, beruhigt sie mich. Wenn ich sie anhöre, weiß ich wieder, wie's lang geht."[23]
"Ralph's Becken, die hohen Töne meiner Gitarre, unter allem Bill's rumpelnder Bass - einfach ein großartiger Sound. In meinen Augen ist es fast schon wie klassische Musik. Wie wagnerianische Melodiebögen, mit verschiedenen Themen, die sich entwickeln und allen Arten von Emotionen darin. Sie vermengen sich und lösen sich wieder auf. Hier gelten keine Regeln ..."[24]
"Wenn sich die Leute all meine Platten betrachten, ist das wie ein Gang durchs Museum mit Bildern an der Wand: hier die frühe Periode, wo er diese Art von Musik gemacht hat. Dann hatte er da jene düstere Periode.

238

Nun die 80er Phase, mit den verschiedenen Genres und Stilen und Charakteren. Und schließlich kommen wir zu *RAGGED GLORY*, und das ist einer der Höhepunkte."[25]

"Das Album, ein im Schnelldurchgang bearbeiteter Rohdiamant mit Stücken, die im Studio in einem Take aufgenommen wurden, ist eine Rückkehr zu dem ihm eigenen Stil, ein starkes Gebräu aus Country, 60er Nuggets, Thrashmetal und ausladenden 70er-Jahre-Improvisationen ... *GLORY* erinnert mehr an *ZUMA* als jedes andere Young-Album, obwohl es weit über dessen kommerzielle Grenzen hinausgeht ... Es ist einer der großen für sich allein stehenden Eckpfeiler der elektrischen Rockmusik."[26]

"Ich glaube, Neil Young ist der *King of rock'n'roll*. Ich sehe niemanden in der ganzen Musikszene, der auch nur *annähernd* seine Größe erreicht.

Der Titel der neuen Platte umschreibt treffend ihren Charme ... Sie ist locker und wild, und sie ist verdammt laut, und sie springt von einem tollen Stück zum anderen ... CRAZY HORSE, vielleicht die letzte große Garagenband unserer Tage und definitiv Neil's beste Band.

RAGGED GLORY ist ein Denkmal dieser Garagenmusik, des Verfechtens von Leidenschaft statt Präzision, von roher Kraft und ungeschminkter Emotion."[27]

"Nimm *'peace and love live there still'* und *'psychedelic music fills the air'* zusammen mit *'Rockin' in the Free World'* - das ergibt ein besseres Bild, als es irgendjemand anders in letzter Zeit zu malen verstand."[28]

"Die Platte mag als Statement im Sinne von *when the social comment is over you have to come back to mother booze* erscheinen. Ähnlichkeiten zu *RUST NEVER SLEEPS* gibt es nicht. Sie ist zufrieden, ein Mix aus Rock'n'Roll ... und Big Blessing an das garnichtmalsoländliche, volldigitalisierte Heim, das die Existenz dieser Musikform denen gegeben hat, die mit ihr umzugehen wissen."[29]

239

"Was Neil Young's *RAGGED GLORY* zum besten Album von 1990 macht, ist nicht allein, daß die Musik zeitlos ist, sondern daß es weder *politically correct*, noch *politically incorrect* ist. Es verkündet vielmehr etwas, das wesentlich tiefer reicht, und zwar eine grundlegende Moral ... die die Popmusik jeder erdenklichen Couleur völlig verloren hat."[30]

"... *The Electric Guitar and the Damage Done* wäre der richtige Untertitel für *RAGGED GLORY*."[31]

Neben den auf *RAGGED GLORY* veröffentlichten Stücken hatte Neil im Frühjahr und Sommer noch eine ganze Reihe anderer Songs aufgenommen. In einem Interview nennt er 'Interstate', 'Born To Run', 'Boxcar', und 'Natural Beauty' ("das akustische Ding, das eigentlich auf die Platte sollte. Wir haben vergessen, es anzuhören.")[32]

Ein weiteres Stück, 'Don't Spook The Horse' - ein 8-minütiger Song mit dem ganz typischen, etwas schleppenden, locker und ohne Rücksicht auf Feinheiten aufgenommenen CRAZY HORSE-Feeling - wird zusammen mit 'Mansion On The Hill' als 7"-/CD-Single herausgebracht:

"Wenn man das kauft, kann man sich das Album eigentlich sparen. Da ist alles drin enthalten. Es ist eine Kurzversion des ganzen Albums. Besonders gut für Kritiker, die mich nicht leiden können." (Neil)[33]

5.9. Diverse amerikanische Rundfunkstationen strahlen eine von Radio KTXQ produzierte *RAGGED GLORY*-'World Premier'-Sendung aus.

Zwischen Stücken von der neuen LP interviewt DJ Redbeard Neil und CRAZY HORSE zu einzelnen Songs und zu aktuellen Themen wie 'Sponsoring' (Neil: "Sollte ich mich etwa hinstellen und *'Four dead in Ohio'* singen, gesponsort von 'Miller High Life'?") oder 'Zensur' (Neil: "Das ist nichts Neues. Das gibt es schon lange. Egal, ob sie es *labeling* oder *censorship* nennen ... Aber ohne Redefreiheit sind die 'guten Sitten' nichts wert. Man muß sich frei ausdrücken können.")

| **Oktober** | "Neil Young als weißgefönter Zar"[34] in Alan Rudolph's Film *DIE LIEBE EINES DETEKTIVS* (original: *LOVE AT LARGE*), der in diesem Monat in die deutschen Kinos kommt: |

Die von 'Warner/Reprise' noch für diesen Herbst angekündigte Europatournee mit CRAZY HORSE wird ohne Angaben von näheren Gründen abgesagt.

FREEDOM, das Video mit den Solo-Akustik-Aufnahmen vom Sommer letzten Jahres, wird nun auch in Europa veröffentlicht.

| **15.10.** | Neil's Mutter, Edna Rassy Young, stirbt. |

| **19.10.** | In BAM ein Interview mit Bill Holdship. |

Neil über den aktuellen Stand der Rockmusik: "Es gibt noch immer eine Menge Bands, die richtig rocken, aber die hört man halt nicht im Radio. Und es gibt Bands, die live so richtig krachen, aber wenn sie dann ins Radio kommen, klingen sie alle gleich. Heutzutage machen sie aus einer tollen Rockband ein Stück Scheiße, bevor sie im Rundfunk gespielt werden. Sie sorgen dafür, daß sie alle gleich klingen."

Befragt nach seinen Lieblings-Gitarristen, antwortet Neil:

"Hendrix. Hank Marvin. Bert Jansch. John Lee Hooker. Ich mag auch die Art, wie Willie Nelson Gitarre spielt. Er ist ein verdammt guter Gitarrenspieler. Seine Solos sind Klasse. Er ist einer der Besten. Erinnert sehr an Hendrix. Er spielt sehr weich und fließend ...

Dann gibt es noch Eric Clapton, und Robert Cray ist wirklich gut. Und Mark Knopfler. Aber er wie auch Eric haben J.J. Cale viel zu verdanken, besonders Mark. J.J. Cale ist wirklich ein Diamant. Sein Beiträge zur Musik sind gewaltig, doch die meisten erkennen das garnicht."

BAM, Oktober 1990

26.10.   Mountain View, 'Shoreline Amphitheatre' - das vierte 'Bridge School'-Benefizkonzert.
Wie immer gibt es nur akustische Musik, diesmal von Larry Kegan & Gene LaFond, Jackson Browne, Edie Brickell, Chris Isaak, Steve Miller und Elvis Costello:
"Während seines Sets, mitten in 'Veronica', wechselt Costello mit seiner Akustischen die Tonart und spielt plötzlich einen Vers aus Neil's 'The Ways Of Love'. Der Komponist, der mit seiner Frau auf der Seite der Bühne steht, lächelt erfreut und betrachtet Costello in etwa so wie der Hund, der auf den alten 'RCA'-Labels der Stimme seines Herrn lauscht."[35]
Höhepunkt des Abends ist jedoch zweifelsohne der erste - wenn auch 'nur' akustische - Auftritt Neil's mit CRAZY HORSE seit 1987:
"Der 20-Minuten-Auftritt, mit dem Young das Konzert beendete, enthielt auch den CSN&Y-Klassiker 'Helpless' und gipfelte in dem immer wieder Gänsehaut erzeugenden 'Down By The River', bei dem auch Costello mit Gitarre und Gesang mitwirkte."[36]
Gemeinsamer Schlußpunkt ist diesmal Neil's 'Rockin' In The Free World'.

November	Das amerikanische Magazin DETAILS veröffentlicht neben einem Interview mit Neil eine Darstellung seiner Karriere in Form einer Fieberkurve; auf einer Wertungsskala von 0 bis 10 erhalten *AFTER THE GOLDRUSH*, *TONIGHT'S THE NIGHT*, *DECADE*, *RUST NEVER SLEEPS* und *RAGGED GLORY* jeweils 9 Punkte; *TRANS* und *OLD WAYS* dagegen müssen mit jeweils einem Punkt Vorlieb nehmen. Bei *RE*AC*TOR* wird die Einstufung unter entweder 0 oder 10 dem Leser überlassen: "... eine LP mit schleifenden, metallenen Grabgesängen, die sowohl als kompromißloses Meisterwerk, wie auch als der unhörbarste Mist seit Lou Reed's *METAL MACHINE MUSIC* gefeiert wird. Wobei letztere Meinung verbreiteter ist."

In dem Interview antwortet Neil auf die Frage von Scott Cohen, welche Band in der Geschichte der Rockmusik er gerne live erlebt hätte: "Link Wray und die WRAYMEN; Buddy Holly und die CRICKETS; Lonnie Mack zu der Zeit von 'Wham' und 'Memphis'; Jimmy Reed live spielen zu sehen wäre aufregend gewesen; Hound Dog Taylor; und die frühen ROLLING STONES, so ein Jahr vor ihrer ersten Platte. Mich würde einfach interessiern, wie diese Bands aussahen, was sie an Technik benutzten und wie es war, dabei zu sein, als sie spielten." Und er verrät, welche Platten seine eigenen Aufnahmen beeinflußten: "*ARE YOU EXPERIENCED* von Jimi Hendrix; eine von Bert Jansch, die nur in Canada erhältlich war; einige frühe BEATLES-Platten; und, als ich als junger Teenager so richtig auf Musik stand, Ronnie Self, die BOBETTES, die CHANTELS und - instrumental - die FIREBIRDS."

6./7.11.	Dreharbeiten für Videoclips zu 'Over And Over' und 'Fuckin' Up' im 'Cat & Fiddle'-Restaurant am Sunset Boulevard in Los Angeles. Neil: "Die Leute beschweren sich oft über Videos, aber das Problem sind nicht die Videos - es sind die Leute, die sie machen. Außerdem, es ist nun mal das, was läuft heutzutage. Ich hasse es, wenn die Leute herumlaufen und sich beklagen, daß das Musik-Business nicht mehr so ist, wie es mal war ... wäre es nämlich so, wäre es langweilig. Ich denke, was wir in den 60ern und 70ern gemacht haben, war großartig, aber es ist vorbei und das freut mich. *Lets's move on* ... Es ist wichtig, daß man in einem Video etwas von dem Künstler spürt. Das ist für mich das Geheimnis. Dabei ist es egal, ob der Sänger nur singt oder eine Rolle spielt ... Der Charakter des Videos sollte dem Künstler und der Musik gerecht werden. Wenn das nicht hinhaut, gibt es Schwierigkeiten."[37]

13.11.	Santa Cruz, 'The Catalyst': Ein kurzfristig anberaumter, dreistündiger *'warm up'*-Gig für die mit CRAZY HORSE bevorstehende Tournee. Viele neue Songs von

RAGGED GLORY werden geprobt, aber auch selten gespielte 'Oldies' wie 'Danger Bird', 'T-Bone' und 'Bite The Bullet'.

Dezember *LONG TIME COMIN'*, eine Retrospektive der Geschichte von Crosby, Stills & Nash auf Video, erscheint. Sie enthält auch Aufnahmen eines TV-Auftritts von BUFFALO SPRINGFIELD ('For What It's Worth'), von CSN&Y mit Taylor und Reeves ('You Don't Have To Cry' aus der *TOM JONES SHOW* im Jahr 1969), sowie eine großartige CSN&Y-Version von 'Down By The River'.

"Die Leute, die ich gut finde in diesem Geschäft, sind Leute wie Neil Young - oh, ächz, was für ein Hippie, so ein richtiger Hippie! Noch nie hat er gelogen, und keine Plattenfirma kann ihm sagen, was er tun soll, das kommt für ihn nicht in Frage. Er treibt seine Spielchen, sehr gute Spielchen, und nie weiß man, was an guten Ideen er als nächstes hat." (John Lydon alias 'Johnny Rotten')[38]

1   Bill Holdship, BAM, 19.10.90
2   Jimmy McDonough, SPIN, 1990
    [*attitude* = Haltung; Standpunkt; Einstellung]
3   Neil im Interview mit James Henke; ROLLING STONE, 4.10.90
4   Neil, USA TODAY, Ende 1990
5   VILLAGE VOICE, 5.3.91
6   'Reprise Records' im Medieninfo über *RAGGED GLORY*
7   SPIN, November 1990
8   Neil gegenüber Greg Kot; CHICAGO TRIBUNE, 21.10.90
9   Neil, ASSOCIATED PRESS, 22.11.90
10 Neil über CRAZY HORSE; CREEM, Januar 1991
11 ROLLING STONE, 22.3.90
12 ROLLING STONE, 17.5.90
13 SPEX, Februar 1990
14 ROLLING STONE, 17.5.90
15 Neil, GUITAR WORLD, Juni 1993
16 ROLLING STONE, 4.10.90
17 Joel Bernstein, VILLAGE VOICE, 25.9.90
18 Neil, ROLLING STONE, 4.10.90
19 MUSIKEXPRESS/SOUNDS, 2/1990
20 Neil, CD REVIEW, Februar 1992
21 ROLLING STONE, 4.10.90
22 Neil, MUSIKEXPRESS/SOUNDS, 11/1990
23 Neil, CHICAGO TRIBUNE, 21.10.90
24 Neil, HITS, 24.9.90
25 Neil, PULSE!, November 1990
26 Gavin Martin, NEW MUSICAL EXPRESS, 15.9.90
27 Kurt Loder, ROLLING STONE, 20.9.90
28 Greil Marcus, VILLAGE VOICE, 5.3.91
29 Michael Ruff, SPEX, 1/1991
30 Bill Holdship, VILLAGE VOICE, 5.3.91
31 Michael Corcoran, ROLLING STONE, 21.3.91
32 MUSICIAN, Februar 1991
33 ROLLING STONE, 4.10.90
34 Andreas Banaski, SPEX, 9/1990
35 MUSICIAN, Februar 1991
36 SAN FRANCISCO CHRONICLE, 28.10.90
37 LOS ANGELES TIMES, 25.11.90
38 SELECT, Dezember 1990

1991

"If he ever hangs up his guitar, the silence will be deafening. "[1]

"Neil Young ist eine klassische Figur. Wie Ismail aus 'Moby Dick', Sitting Bull, Shakespeare's König Lear oder Job aus der Bibel steht er da und kämpft gegen den Wind, wohlwissend, daß er auf verlorenem Posten steht, aber bereit, alles zu geben."[2]

"Das neueste meiner Autos ist ein 62er Chrysler 'Le Baron', eine viertürige Limousine. Ich hab' auch einen 53er Buick 'Skylark', Chassis Nr. 1, den Prototyp. Ich hab' viele ... es ist nun mal leider mein Los, ein verdammter reicher Hippie zu sein, der alte Autos sammelt."[3]

"Jeder denkt, ich sei verrückt. Vielleicht haben sie recht, aber mir gefällt's."[4]

Januar Neil und CRAZY HORSE bereiten sich in Prince's 'Paisley Park'-Studios in Minneapolis auf die bevorstehende dreimonatige *RAGGED GLORY*-Tour vor.
"Wir spielen an Orten, die von niemandem gesponsort werden, alten Hallen, in denen ich noch einmal spielen möchte, bevor sie endgültig zusammenfallen. Der 'Boston Garden' zum Beispiel, das 'Forum' in Montreal, die 'Maple Leaf Gardens' und der 'Madison Square Garden', bevor es so teuer wird, daß sowieso keiner mehr hingehen kann."[5]

Als Bühnendekoration läßt Neil die riesigen Attrappen der *RUST NEVER SLEEPS*-Tour nachbauen: je 2 bis zu vier Meter hohe Imitationen von 'Fender Deluxe'- und 'Fender Bassman'-Verstärkern, sowie 4 blaue und rote Transportkoffer, in denen bei den Konzerten Verstärker untergebracht werden.

22.1. Drei Tage nach Ausbruch des Golfkriegs beginnt die Tournee im 'Target Center' in Minneapolis:
"Die Show war eine vier Stunden und fünfzehn Minuten dauernde Gitarrenorgie, zusammen mit zwei lauten 'Noise'-Bands: SOCIAL DISTORTION ... und - gewagt, aber durchaus passend - SONIC YOUTH, seit Jahren Lieblinge des 'Underground' ...

Zu Anfang sang Young zutiefst zwiespältige Songs über Frieden, Liebe, Freiheit und Krieg. Dann erklangen Luftsirenen und das Geräusch von Regen und Donner, bevor eine langsame, schrille und leidenschaftlich laute Version von Bob Dylan's 'Blowin' In The Wind' folgte.

Nach diesem galaktischen Beginn wurde es etwas ruhiger und das Publikum mußte eine fast die Grenzen der Belastbarkeit überschreitende Folge von *RAGGED GLORY*-Songs durchstehen. Durch Young's selten gespieltes, aber wichtiges 'Campaigner' - mit seinem zeitlosen *'Even Richard Nixon has got soul'*, das Young netterweise um Ronald Reagan und George Bush aktualisierte - wurde die Menge jedoch aufgerüttelt. Er beendete die Show mit 'Tonight's The Night', seinem erschütternden Gedenksong an einen Junkie aus dem gleichnamigen 1975er Album."[6]

'Cassingle'; USA, 1991

4.2.   New York City, 'Madison Square Garden':

"... zwischen der Ankündigung und dem Konzert selbst fielen die Bomben, und das hatte hier genauso Auswirkungen wie auf alles andere auch ...

Young hatte in seiner Karriere schon einige ausgesprochen dumme politische Kommentare abgegeben, und so wußte ich nicht genau, was ich davon halten sollte, als er nach SONIC YOUTH's Auftritt Hendrix' 'Star Spangled Banner' erschallen ließ. Ich war mir auch nicht sicher, was ich von dem riesigen gelben Band halten sollte, das um den überdimensionalen Mikrophonständer gebunden war. Immerhin, es war schön, das 'Peace'-Zeichen über der Bühne zu sehen, auch wenn es das von der *FREEDOM*-Tour war. Aber obwohl es Kritik gab an der Vorhersehbarkeit seiner Songauswahl und seiner Routiniertheit, hat er mich nie so positiv überrascht wie diesmal. Ich muß zugeben, mit seiner Version von 'Blowin' In The Wind', nach dem Motto 'Jedes Wort ist wichtig' - als ob er sagen wollte: 'Das ist nun mein Song, Bob, versuch's und hol' ihn dir zurück' - hatte er mich schon auf seiner Seite ... und obwohl er zwei Stunden lang nichts sagte, schaffte sein schmerzhafter und vertrauter Beat - mit Schlachtrössern wie 'Powderfinger' und 'Cortez The Killer' - den nötigen Abstand zum Kriegsgeschehen, und in diesem Zusammenhang war auch 'Rockin' In The Free World' ideologisch ein Volltreffer."[7]

"Was mich schockt, ist der pure *Lärm* seiner Musik. Abgenutzten Begriffen wie 'Powerchord' (sogar über zarte Songs wie 'Cinnamon Girl' brechen sie herein wie Riesenwogen) und 'Katharsis' gibt Young auf diese Weise neue Bedeutung. Seine Solos sind nicht dekorativ, sondern eruptiv, drängend, reinigend, als versuche er, ein ganzes Knäuel seelischer Schmerzen zu lösen."[8]

5./6.2.   Philadelphia, 'Civic Center':
"In gewissem Sinne befand sich Young, 46, immer im Krieg. Beständig suchte er den unausweichlichen Konflikt mit den Autoritäten, um seiner eigenen Identität willen. Seine Lovesongs handeln von den ganz persönlichen Opfern in Beziehungen. Seine Charaktere, oft isoliert von der 'normalen' Gesellschaft, haben die Konsequenzen ihres Handelns zu tragen ...
Young ließ seine Songs nicht einfach so enden. Jeder Höhepunkt ... hatte seinen eigenen monumentalen Schluß, der ein Ereignis für sich darstellte. Es waren dröhnende Gitarrenbreitseiten, die sich in Feedback auflösten, um schließlich orchestrale Dichte zu erreichen, und abschließende Soli, die bei 'Cinnamon Girl' z.B. sogar die Wiederholung der gesamten Melodie bedeuteten."[9]

24.2.   East Rutherford, New Jersey, 'Meadowlands Arena':
"Die Show am Sonntag mag für die 'Heart Of Gold'-Fans im Publikum ein Schock gewesen sein, aber für diejenigen, deren Bezugspunkt das inbrünstige Gitarrenspiel in 'Like A Hurricane' oder auf dem neuen *RAGGED GLORY*-Album ist, war es klassischer Young. Und es war ein Beweis dafür, daß es Wege gibt, nie alt zu werden."[10]

5.3.   VILLAGE VOICE veröffentlicht die alljährlichen Poll-Ergebnisse; unter 289 befragten Jazz- und Popmusikkritikern wurde *RAGGED GLORY* mit deutlichem Abstand zum Album des Jahres 1990 gewählt.

13.3.   Houston, 'The Summit':
"Mit 46 hat Young mehr Elan und Charisma als GUNS N' ROSES und der ganze Rest dieser jungen Tätowierten zusammen. Das ist der Mann,

248

der *'Better to burn out than fade away'* singt. Nach dem Auftritt von Mittwoch zu schließen, lodert das Feuer noch ganz hell."[11]

14.3. Dallas, 'Reunion Arena':
"In dem schnörkellosen Konzert kam Lautstärke vor Finesse, was die emotionalen Eindrücke der Musik noch verstärkte. Es ließ aber auch Young's diverse Talente deutlich werden, besonders sein so oft unterschätztes Leadgitarrenspiel ...
Bedenkt man, wie kraftvoll Young und CRAZY HORSE miteinander klingen, ist es ein Jammer, daß sie in den letzten mehr als 20 Jahren immer nur gelegentlich zusammengearbeitet haben."[12]

17.3. Oklahoma City, 'The Myriad':
"Es war ein eingegrenztes, eindimensionales Konzert von jemandem, der Songs aus hunderten verschiedenen Richtungen hätte bringen können.
Das soll aber nicht heißen, daß die 8.000 Besucher des 'Myriad' enttäuscht nach Hause gegangen wären. Viele waren zu erschlagen, um es zu bemerken. Oder sich darüber zu beschweren. Vielleicht waren sie ja auch deswegen gekommen: um eindimensionale, dröhnende, leblose Songs zu hören.
Das war jedoch nicht das, was ich hören wollte ...
Nach dem Konzert entstaubte ich mein altes Exemplar des besten Albums, das Young je gemacht hat - *HARVEST*.
Nun, das war die Musik, die ich hören wollte!"[13]

März *RAGGED GLORY*, ein ca. 30-minütiges Video mit fünf Clips (2 verschiedene Versionen von 'Fuckin' Up', sowie 'Farmer John', Over And Over' und 'Mansion On The Hill'), wird in den USA veröffentlicht.

6.4. San Francisco, 'Cow Palace':
"Es war ein CRAZY HORSE-Projekt, *RAGGED GLORY* aus dem letzten Herbst, das Young wieder als einen etablierte, mit dem in Zukunft zu rechnen ist. Und natürlich war *RAGGED GLORY* das Herzstück des überfüllten Konzerts vom Samstag ... Zwei 10-minütige Stücke von *RAGGED GLORY* - 'Love To Burn' und 'Love And Only Love' - gaben CRAZY HORSE Raum zum Improvisieren, während Young auf der Bühne herumstampfte und mit seinen zerfetzten Hosen und den fliegenden Haaren wie ein Wahnsinniger aussah."[14]

"Elliot Roberts spürte, daß die Show letzte Nacht im 'Cow Palace' einer der Höhepunkte der Tour gewesen sei, 'denn sie war nicht so aggressiv wie die anderen'. Und er meinte damit nicht das Publikum. 'Nein, ich spreche von Neil, um ihn geht es mir'."[15]

7.4. Sacramento, 'Arco Arena':
"Bevor ich die Sportarena in Sacramento verließ, drehte ich mich noch einmal um. Immer noch bließ der Ventilator einen stürmischen Wind auf die Bühne, immer noch stand Young über seine Gitarre gebeugt, aufgeputscht, giftig. Er war bereit, alles niederzureißen. Er hatte diesen Blick in seinen Augen. Heute würde er töten."[16]

'Arco Arena',
Sacramento,
7.4.91

Photo: Dave Sigler

14.4. CBS zeigt in den Abendnachrichten Neil und Billy Talbot als interessierte Zuschauer des Eishockey-Playoff-Spiels zwischen den CALGARY FLAMES und den EDMONTON OILERS.

26./27.4. Die beiden letzten Konzerte der Tournee in der 'Sports Arena', Los Angeles.

4.5. *ANGRY YOUNG MAN. The greatest show on earth. Neil Young on the road* - so die Titelseite des NEW MUSICAL EXPRESS über die soeben abgelaufene Tour.
"Überleben, sich nicht unterkriegen lassen trotz falscher Versprechungen, und dies Abend für Abend unterm Scheinwerferlicht beweisen - genau darum ging es bei den *RAGGED GLORY/DON'T SPOOK THE HORSE*-Auftritten.
Young, der nahezu seine gesamte Karriere lang auf der Flucht gewesen war - vor den Dämonen des Musikgeschäftes wie Überheblichkeit, Seichtigkeit und Wichtigtuerei - war bereit für diesen *'Wildman-On-The-Road'*-Trip ...
Seine Show war eine wildes Feuer aus Liebe und Frieden, Haß und Krieg, Wut und Leidenschaft, Angst und Tapferkeit, Tod und

Wiedergeburt. Von allen Seiten angegriffen, zeigte er sich dennoch entschlossen, das Weltbild seiner Songs noch einmal durchzukauen und wieder auszuspucken: eine widersprüchliche, konfuse Welt aus Westcoast-Utopien, urbaner Gewalt, Hippie-Idealen und punkigem Nihilismus."[17]

NEW MUSICAL EXPRESS, 4.5.91

Sommer Neil stellt ein Live-Album und ein Video aus dem umfangreichen Material der letzten Tournee zusammen.

Anschließend beginnt er mit den Aufnahmen für eine neue LP. Dafür reformiert er die STRAY GATORS - Ben Keith, Kenny Buttrey, Tim Drummond und Spooner Oldham (anstelle Jack Nitzsche).
"Ich war wirklich völlig ausgebrannt. Also mache ich jetzt etwas völlig anderes, weit davon entfernt, ganz natürliche Sachen. Man hat das Bedürfnis nach Ruhe, nach Dingen, die klein und ruhig erscheinen - aber wenn man sich mit ihnen beschäftigt, sind sie auch groß. Es ist wie unter einem Vergrößerungsglas, anstelle von etwas riesigem, das die Wand wegbläst. Es ist das Gegenteil. Jetzt habe ich mich diesem Extrem zugewandt. Das ist eine ganz natürliche Entwicklung. Und es ist angenehm; mir gefällt es, so zu arbeiten."[18]

September Robbie Robertson's Album *STORYVILLE* erscheint, auf dem Neil Background bei 'Soap Box Preacher' singt.
Robertson hatte bei den Aufnahmen für diesen Song jemanden mit einer "charakteristischen Stimme" gesucht, als er erfuhr, daß Neil in der Nähe gerade an seinem eigenen Album arbeitete. Robertson: "Neil klang nicht

nur genau richtig, er sah auch genau richtig aus - wie ein Straßenprediger - Neil sah gut aus!"[19]

Drei Auftritte zugunsten von 'Amnesty International' in Japan (mit Tracy Chapman und Bruce Cockburn) müssen aufgrund einer Ohrinfektion Neil's abgesagt werden.

Oktober Das Livealbum *WELD*, die Zusatz-CD *ARC* - eine 35-minütige Komposition aus Songfragmenten und Rückkopplungen - und ein entsprechendes Video mit Aufnahmen der vergangenen Tournee erscheinen.

"Die gequälten Gitarren kreischen. Der mächtige Baß wummert. Das Schlagzeug knallt in die Eingeweide. Die Verstärker rauchen. Schräge Gesänge, verzerrte Soli, gellende Rückkopplungen, grelle Lichter - Inferno! Neil Young und CRAZY HORSE sind in der Stadt, um ihre Klassiker dahinzumetzeln. Nachzuhören in feinster Laserqualität im zweistündigen CD-Set *WELD*."[20]

"Young's Beziehung zu seinem eigenen Werk war schon immer in Bewegung. Und auch wenn bei seinen Tourneen oft das gleiche Grundrepertoire zu hören war, ist seine Haltung ihm gegenüber doch ambivalent. Noch immer gräbt er zwischen den Gebeinen seiner Songs nach neuen Bedeutungen, neuem Leben. Und so ist *auch WELD*, ähnlich wie vorher *TIME FADES AWAY* und *LIFE RUST*, ein eigenständiges, wichtiges Dokument, ein Zustandsbericht Young's derzeitiger Obsessionen und eines der gewaltigsten Gitarren-Kreuzfeuer, die je aufgenommen wurden."[21]

"Für jeden, der dachte, Young und seine Band hätten bei *RAGGED GLORY* den Gebrauch von Rückkopplungen auf die Spitze getrieben, eröffnet *WELD* neue Dimensionen klanglicher Turbulenzen ... *WELD* mangelt es jedoch ein wenig an den Überraschungsmomenten, die die Tourneen vor *RAGGED GLORY* so unvergleichlich machte. Da aber Young diesem Ausschlag des Pendels nun bis zum äußersten Punkt gefolgt ist, kann vermutet werden, daß die Überraschungen beim nächsten Mal folgen."[22]

"... *WELD*, aufgenommen vor dem dramatischen Hintergrund des Golfkriegs, ist ein überwältigendes Werk, das wildeste Gitarren-Album aller Zeiten."[23]

Neil: "Wir haben die ganze Zeit CNN geschaut, haben den ganzen Mist mit verfolgt, und dann gingen wir raus und spielten diese konfliktbeladenen Songs. Das war eine harte Sache. Was aber hätten wir sonst tun sollen?

... Wir konnten nicht rausgehen und einfach nur Entertainment bieten."[24]

"Für mich zeigt *WELD* in erster Linie, wie das Publikum und wir zusammenfanden. Und die Musik ist eine Reflektion dieser Zeit. Sie ist

äußerst brutal. Besonders die Stücke mit langgezogenen Enden - wie 'Rockin' In The Free World'. Es kam mir vor, als ob ich im Krieg sei. Ich versuchte, den Sound von Zerstörung, Gewalt und Konflikten, schweren Geschützen nachzuahmen - totaler Zerstörung."[25]
"Wir wählten die jeweils besten Versionen der verschieden Songs aus, die wir bei vielleicht 10 oder 12 Auftritten aufgenommen hatten. Genauso beim Video. Auch hier sind es die besten Versionen. Und es sind fast immer die gleichen wie auf der CD."[26]

"Der Gesang auf dem WELD-Video klingt sehr viel stärker live als die Vocals der Platte, weil das Video völlig anders abgemischt wurde. Wir mußten alles zweimal aufnehmen und es jedesmal neu abmischen. Das Video sehe ich als Dokument von etwas, das ich für wichtig halte. Ich wollte in der Lage sein, es irgendwann mal meinen Enkelkindern zu zeigen: 'Das ist es, was wir damals machten!'" (Neil)[27]
"Kunstgriffe wie Golfkriegsbilder zu seiner denkwürdig brutalen Version von 'Blowin' In The Wind' mauern Solidarität, und die Musik dieses Live-Videos ist sowieso über jeden Zweifel erhaben, da weitgehend identisch mit dem gleichnamigen Live-Album."[28]

Die Anregung für *ARC* (in limitierter Auflage gemeinsam mit *WELD* auch als 3-CD-Set *ARC-WELD* erhältlich) kam nicht zuletzt auch von SONIC YOUTH's Gitarrist Thurston Moore. Neil hatte ihm eine Kopie von *MUDDY TRACKS*, dem unveröffentlichten Video der 87er Tour mit CRAZY HORSE, gegeben, in dem fast ausschließlich die Anfänge und die langgezogenen, verzerrten Schlüsse einzelner Songs zu hören sind.
Neil: "Thurston brachte es zurück und meinte: 'Wow, ihr solltet eine Platte aus diesem Zeug machen' ...
ARC ist die Essenz aus *WELD*. Das ist das Neue daran. Wenn man sich meine Musik aus den letzten 30 Jahren betrachtet und wissen will, wo ich jetzt stehe - das ist es. Es passiert, sobald wir den Rhythmus verlieren. Wir durchbrechen ihn und schon ist es geschehen. Alles andere ist uns dann egal. Es ist wie Jazz oder sowas ...
Es gibt da eine bestimmte Ordnung. Ich hatte 57 Ausschnitte zur Verfügung, die wir *'sparks'* nannten. Wir suchten sie heraus, nummerierten sie und isolierten sie von den Konzerten, aus denen sie stammten. Von den 57 Stück wählte ich 37 aus. Sie waren alle auf Computer gespeichert und ich hatte alle Tonarten und die Textstellen, die in ihnen vorkamen, notiert, und auch aus welchem Konzert sie stammten, damit ich von einer Halle in die andere wechseln konnte, ohne daß sich der Sound zu sehr ändern würde."[29]
"Es sind nur Klänge. Das ist der Kern des Ganzen. Es ist wie *New Age Metal*. Man könnte *ARC* in einem Heavy Metal-Club als Pausenmusik spielen, und es würde nicht stören ... Coole Sache, finde ich."[30]

"*ARC* ist bestimmt die unkommerziellste Veröffentlichung eines bekannten Künstlers seit Lou Reed's *METAL MACHINE MUSIC* aus den Mitt-Siebzigern.

Eins muß man Young lassen: er ist und bleibt ein kontroverser, bilderstürmender Musikveteran, ein Stilbrecher, der jedes Format sprengt und sein Publikum immer wieder herausfordert."[32]

25.10. Konzertveranstalter Bill Graham kommt zusammen mit seiner Lebensgefährtin und dem Piloten bei einem Hubschrauber-Absturz nahe Sears Point, Sonoma County, ums Leben.

28.10. Neil nimmt an den Trauerfeierlichkeiten für Bill Graham in der 'Emanuel'-Synagoge in San Francisco teil.

Palo Alto, 2.11.91
Photo: Dave Sigler

2.11. Das alljährliche akustische 'Bridge School'-Benefizkonzert; wieder im 'Shoreline Amphitheatre' in Mountain View.

Gäste sind John Lee Hooker (er spielt drei Lieder mit seiner elektrischen Gitarre; Neil meint, als er ihn ankündigt: "Er hat sein ganzes Leben elektrische Gitarre gespielt. Ihm steht es zu, machen zu können, was er will"), Don Henley, Nils Lofgren, Larry Kegan & Gene LaFond, Tracy Chapman, Willie Nelson und SONIC YOUTH (akustisch!).

Neil tritt mit den STRAY GATORS auf:

"Nur wenige Wochen nach Veröffentlichung seines wohl härtesten elektrischen Albums schlägt Young eine Richtung ein, wie sie gegensätzlicher nicht hätte sein können, zurück zu seinen zartesten Songs ..."[33]

Neil hatte den Abend mit Dylan's 'Forever Young' eröffnet; mit den STRAY GATORS spielt er zum Abschluß 'Long May You Run', 'Birds' (*"Young cried during his rendition of 'Birds'"*[34]), die neuen Stücke 'Harvest Moon' und 'From Hank To Hendrix', sowie 'Comes A Time' - ausnahmslos Lieder, die langandauernde Beziehungen zum Thema haben!

Zum Schluß ein gemeinsames 'Forever Young' und - zum Andenken an Bill Graham, dessen Konzerte traditionell mit 'Greensleeves' endeten - eine Instrumentalversion dieses Stücks von Neil.

3.11. Weit über 300.000 Menschen besuchen das unter dem Motto *LAUGHTER, LOVE & MUSIC* stehende Gedenkkonzert für Bill Graham und seine beiden mit ihm verunglückten Begleiter im 'Golden Gate Park' in San Francisco.

"CSN&Y, nur mit ihren Gitarren, spielten bewegende Versionen von 'Teach Your Children', 'Love The One You're With', 'Long May You Run', 'Long Time Gone', 'Southern Cross', 'Only Love Can Break Your Heart' und 'Wooden Ships'. Dann, vor der Zugabe, sagte Neil Young: 'Bill Graham ließ uns alle gut aussehen. Er gab uns die Chance, Euch zu beweisen, daß wir über unsere eigenen Karrieren hinaus etwas zustande bringen können. Er brachte uns immer wieder dazu, etwas für andere Menschen zu tun und sorgte dann für die entsprechenden Auftrittsmöglichkeiten, damit es auch keine Ausreden gab. *Well, thank you, Bill.* Ich spiele jetzt diesen Song. Er soll uns nicht traurig machen, aber es ist halt einer meiner Songs. Was soll ich noch sagen?' Und damit begannen CSN&Y mit 'Ohio'."[35]

Neil kommt noch einmal zur Zugabe von GRATEFUL DEAD auf die Bühne und singt ein bewegendes 'Forever Young'.

Joan Baez, Kris Kristofferson und Graham Nash beschließen das Konzert mit 'Amazing Grace'.

Nash: "Als wir bei Bill Graham's Gedenkfeier spielten, trafen wir uns buchstäblich zehn Minuten vor der Show, kritzelten schnell unsere Songliste und sind dann raus vor 400.000 Leute. Es war ein emotioneller Augenblick, einer dieser ganz großen Momente."[36]

11.11. Erneut ist Neil zu Gast bei der Radioshow *ROCKLINE*.

November Unter Federführung von Graham Nash erscheint *CSN*, eine aus vier CDs bestehende Anthologie, die auch 15 teilweise bisher unveröffentlichte Songs der CSN&Y-Ära enthält, u.a. die ungekürzte Originalversion von Crosby's 'Almost Cut My Hair'.

Eigentlich war eine CSN&Y-Box geplant gewesen, dies überschnitt sich aber mit Neil's Plänen für seine eigene Retrospektive.

Nash: "Die Planungen begannen in einer sehr offenen, freundlichen, kreativen Atmosphäre zwischen Neil und mir, aber dann kam das Geschäftliche mit ins Spiel und am Schluß blieben mir nur meine eigenen Tapes."[37]

Neil zur gleichen Zeit über sein eigenes Projekt:

"Da gibt es so viele Songs. Sie werden in mehreren Teilen, verteilt auf einige Jahre, herauskommen ... Ich würde sagen, daß der erste Teil in etwa einem Jahr fertig sein wird - ein komplettes Buch und vier CDs.

Es gibt also viele unveröffentlichte Sachen, und ich brauche das Gefühl, daß ich alles beisammen habe. Ich hab' so eine Art Sammelleidenschaft. Es war alles ziemlich wahllos, aber jetzt habe ich es geordnet, alles ist im Computer."[38]

"Es dauerte anderthalb Jahre, bis wir die optimale Kombination von Aufnahmegeräten und Konvertern gefunden hatten. Auf diese Weise konnten wir den Übertragungsverlust auf ein Minimum reduzieren. Mir war klar, daß viele von diesen Sachen in diesem Format wahrscheinlich für die Ewigkeit konserviert sein werden. Zur gleichen Zeit war ein Archivist an der Arbeit, der nichts anderes tat, als die Aufnahmedaten und Besetzungen zu erforschen, damit die chronologische Reihenfolge stimmte."[39]

Anstelle einer Singleauskopplung aus *WELD* läßt Neil eine 3:23 Minuten lange ("Genau die richtige Länge für eine Single"[40]) Promo-Version von *ARC* an die amerikanischen Radiostationen versenden.

"Wenn ich herumrennen und mir Gedanken machen würde, ob meine Songs ins Radio kommen, wäre schon längst ein Loch im Fußboden. Aber es interessiert mich nicht mehr. Ich mache einfach meine Musik ...

Ich bin umgeben von einer musikalischen Familie, die mich unterstützt, was immer ich auch mache. Ich habe CRAZY HORSE, Crosby, Stills und Nash, die STRAY GATORS, die HARVESTERS, die BLUENOTES ... all diese verschiedenen Möglichkeiten, mich auszudrücken. Und solange ich davon Gebrauch mache, kann ich frisch bleiben ..."[41]

Dezember "Die Rockmusik ist zum ersten Mal an *diesem* Punkt angelangt - warum sollte sie nicht älter werden können? Ich meine, alles wird älter, warum sollte ich nicht älter werden können, und warum sollte ich nicht weitermachen können? Ich kann älter werden und Rockmusik spielen bis ich umfalle, oder nicht? Es gibt da keine Vorschrift." (Neil)[42]

Neil's neues Lieblingsthema:
"*Digital sucks.* Ich bin überzeugt, wir befinden uns im tiefsten Mittelalter der Sound-Technologie. Und bevor die Sampling-Techniken nicht einen gewaltigen Sprung nach vorne machen, ist der therapeutische Wert von Musik erst einmal verloren. Es gibt eine Unzahl von Klängen im Bereich der Obertöne - dort liegt die Magie! Es ist ein Kosmos, ein klangliches Universum, Millionen verschiedener Klänge, und Digitaltechnik reduziert das alles auf eine Ebene ...
Wenn Musik wie Wasser unter einer Dusche ist, dann ist 'Analog' wie feiner Nebel, der dir ins Gesicht spritzt, während 'Digital' winzigen Eiswürfeln entspricht, die alle gleich groß sind und alle die gleiche Temperatur haben."[43]

1   USA TODAY, 21.3.91
2   Jonathan Takiff, PHILADELPHIA DAILY NEWS, 6.2.91
3   Neil, MUSICIAN, Februar 1991
4   Neil, PULSE!, Dezember 1991
5   Neil, MUSICIAN, Februar 1991
6   Bill Wyman, ENTERTAINMENT WEEKLY, Januar 1991
7   Robert Christgau, VILLAGE VOICE, 5.3.91
8   Simon Reynolds, MELODY MAKER, 16.2.91
9   Tom Moon, PHILADELPHIA ENQUIRER, 7.2.91
10 Matty Karras, NEW JERSEY PRESS, 26.2.91
11 Claudia Perry, HOUSTON POST, 15.3.91
12 Vicente Rodriguez, DALLAS MORNING NEWS, 16.3.91
13 Chuck Davis, DAILY OKLAHOMAN, 20.3.91
14 Barr Nobles, SAN FRANCISCO CHRONICLE, 8.4.91
15 Gavin Martin, NEW MUSICAL EXPRESS, 4.5.91
16 Gavin Martin, NEW MUSICAL EXPRESS, 4.5.91
17 Edwin Pouncey, NEW MUSICAL EXPRESS, 4.5.91
18 Neil, PULSE!, Dezember 1991
19 MUCH MUSIC TELEVISION (Kanada), 9.10.91
20 MUSIKEXPRESS/SOUNDS, 1/1992
21 Allan Jones, MELODY MAKER, 19.10.91
22 Don McLeese, ROLLING STONE, 4.11.91
23 MELODY MAKER, 30.11.91
24 ROLLING STONE, 28.11.91
25 Neil, MELODY MAKER, 30.11.91
26 Neil, PULSE!, Dezember 1991
27 FACHBLATT MUSIKMAGAZIN, 1/1992
28 MUSIKEXPRESS/SOUNDS, 2/1992
29 MELODY MAKER, 30.11.91
30 Neil, PULSE!, Dezember 1991
31 Neil, ROLLING STONE, 28.11.91
32 Jim Sullivan, BOSTON GLOBE, 1991
33 Brad Kava, SAN JOSE MERCURY NEWS, 4.11.91
34 ROLLING STONE, Dezember 1991
35 ROLLING STONE, Dezember 1991
36 ROCK CD, 4/1992
37 ROLLING STONE, 4.11.91
38 PULSE!, Dezember 1991
39 Neil, FACHBLATT MUSIKMAGAZIN, 1/1992

[40] Neil, CD REVIEW, Februar 1992
[41] Neil, THE FRESNO BEE, 29.11.91
[42] MUSICIAN, Dezember 1991
[43] Neil, SAN FRANCISCO CHRONICLE, Dezember 1991

1992

*"You know the six minutes of your life that you lose with
every cigarette you smoke? You get them back with every
Neil Young guitar solo you experience."*[1]

"Wenn man die Zeit zurückdrehen könnte, welchen Musiker
würdest Du dann gerne treffen?
'... Hound Dog Taylor. Und Leadbelly und Robert Johnson.
Und ich hätte auch gerne Chopin und Beethoven getroffen -
alle zusammen an einem Ort'."[2]

"Ich schreibe nur, wenn mir danach zumute ist. Ich setzte
mich nicht hin, um zu schreiben, für mich ist es also kein
Job. Alles, was Ähnlichkeit mit einem Job hat, das ist eines
meiner Prinzipien - ich hab' nicht viele, sobald es also ein
Job ist, hör' ich auf damit!"[3]

"Ich höre nicht viel Musik. Eigentlich nur im Radio. Was eben
drankommt, was die Leute im Autoradio hören oder was
meine Frau gerade hört, wenn ich im Zimmer bin. Wenn
niemand mehr im Zimmer ist, mach ich's sowieso aus."[4]

"Betest Du manchmal?
'Auf meine Art. Ich weiß nicht, ob es mir hilft, aber manchmal
schau ich schon nach oben'."[5]

15.1. 'Rock'n'Roll Hall of Fame'-Zeremonie im 'Waldorf Astoria'-Hotel in New
York City. Neil übernimmt die Ehrung für die JIMMY HENDRIX
EXPERIENCE:
"Hierher gelangt man nicht allein. Er war bahnbrechend und er war eine
Legende. Doch es ist schwer zu sagen, ob er es ohne diese anderen zwei
geschafft hätte."[6]
Zum Abschluß der traditionelle 'Allstar'-Auftritt (u.a. mit Keith
Richards, Carlos Santana, Noel Redding, The Edge und Steve Cropper):
"Der einzig wirklich hervorstechende Moment des Abends war der, als
Neil Young das Solo in 'All Along The Watchtower' übernahm, ein
glühender Energieausbruch, der eigentlich der Schlußpunkt der
Zeremonie hätte sein müssen ..."[7]

16.1. Ein kurzer Gastauftritt Neil's bei einem Konzert von BOOKER T. & THE MGs im 'Lone Star Roadhouse' in New York City. Er spielt Gitarre bei der Zugabe 'Baby What You Want Me To Do'.

20.1. Im 'Paramount Theatre' in Seattle beginnt eine erste Serie von Liveauftritten - nicht mit den STRAY GATORS, wie allgemein erwartet, sondern solo und akustisch - mit vielen neuen Stücken aus dem inzwischen fast fertigen Album *HARVEST MOON*:
"... das Publikum gestern abend im 'Paramount' wollte einfach nicht gehen. Sie blieben stehen und applaudierten über zehn Minuten, nachdem Neil Young seine Show mit 'After The Goldrush' beendet hatte.
Plötzlich erschien Young wieder auf der Bühne, nahm eine der dort verbliebenen Gitarren, setzte sich hin und sagte, als das Licht ausging: 'Ich hoffe, Ihr erinnert Euch an das.' Und mit zerbrechlicher, sanfter Stimme begann er das beschauliche und nostalgische 'Old Man'. Das Publikum, völlig ruhig, hing förmlich an seinen Lippen.
Momente wie diesen erlebt man heutzutage nicht mehr häufig bei Konzerten, ist doch alles so berechenbar geworden. Er zeigt den Grad der Verehrung, den Young bei seinen Fans genießt, genau wie die lange Schlange der Wartenden vor der Show."[8]

25.1. Spokane, Washington, 'Opera House':
"Es war einer jener besonderen Abende und eines jener besonderen Konzerte - Neil und 2.700 Freunde im 'Opera House'.
Umgeben von Gitarren, Banjos, zwei Klavieren und einem Harmonium spann ein relaxter und (für seine Verhältnisse) sehr gesprächiger Young auf der ansonsten leeren Bühne ein Netz sanfter Love-Songs ...
Die Reaktion des Publikums trug viel zu dem Erfolg des Konzerts bei. Auch während ungewöhnlich langer Perioden unbekannten Materials saß die Menge völlig still und aufmerksam, nur um am Ende jedes Songs um so stürmischer in Beifall auszubrechen."[9]

Februar Die Veröffentlichung von Neil's neuem Album, *HARVEST MOON*, wird vorerst verschoben. Mit den STRAY GATORS begibt er sich noch einmal ins Studio, wo u.a. eine neue Version von 'Depression Blues' aufgenommen wird.

13.-19.2. Sechs Konzerte im 'Beacon Theatre' in New York City:
"Young's Stil auf der akustischen Gitarre ist einmalig. Mit einer einzigen Bewegung kontrolliert er Percussion, Rhythmus und Melodie; sein Daumen schlägt eine Bassnote, die den ganzen Akkord durchhält, seine Finger entlocken den hohen Saiten die feinsten Töne ..."[10]
"Zwei Drittel der fünfzehn Songs an diesem Abend waren neues Material. Young, sitzend und umgeben von einer ganzen Flotte von

Gitarren, war bei ausgezeichneter Stimme. In die Jahre gekommene Liebe und unsere Umwelt waren die Themen des Abends, und einige der Melodien erreichten die Anmut und Schönheit von *HARVEST*. Zumeist schienen die neuen Songs jedoch unglücklicherweise recht sentimental und leichtgewichtig zu sein ..."[11]

'Songlist'; 19.2.92

"... eine weitere Kehrtwendung in der Karriere des 46jährigen Young. Der hatte mit seiner Stammband CRAZY HORSE vor genau einem Jahr die Betonwände im 'Madison Square Garden' zum Wackeln gebracht. Im 'Beacon Theatre' jedoch wackelten nur die Schwingtüren der Ausgänge. Die entfesselte Power der *RAGGED GLORY*-Tour vom vergangenen Jahr war out, *HARVEST* war in ...
Die auf Party vorprogrammierten Fans quittierten es mit Unmut."[12]
"Es ist der letzte seiner sechs Abende im 'Beacon'; Young ist gerade mitten in einem seiner 10 neuen Songs, die er auf dieser kurzen US-Tour getestet hatte, als ihm das unhöfliche Gegröhle eines Fans oben am Balkon zuviel wird.
'Ich mag diesen Song wirklich auch gern,' knurrt Young den Störenfried an, nachdem er zu singen aufgehört hatte. Er wartet einen Moment, dann wendet er sich mit einer Art väterlicher Ungeduld an das Publikum. 'Wisst ihr, irgendwann war jeder Song mal neu. Als ich das erste Mal nach New York kam, spielte ich im 'Bitter End' und in der 'Carnegie Hall' und ich spielte genausoviel neue Songs wie heute. Diese Leute, die mich mögen, merken nicht, daß sie mich so in meiner Entwicklung hemmen würden ... Ich spiele das jetzt nochmal'."[13]

März   GUITAR PLAYER veröffentlicht ein Interview mit Jas Obrecht, in dem Neil viel über seine diversen Gitarren und Verstärker, seine Spieltechniken etc. verrät.

Auf die Frage, worauf es ihm bei einem Solo ankomme, antwortet Neil: "Eine höhere Stufe zu erreichen. Man kann das fühlen. Und das ist alles, worauf es mir ankommt. Man könnte auch sagen, falsche Noten sind mir egal. Ich achte bei einem Solo auf die ganze Band. Man kann es zwar Solo nennen, weil das der gebräuchliche Ausdruck dafür ist, aber eigentlich ist es ein Instrumental. Und das wird von der ganzen Band gespielt."

Für junge Musiker hält er folgenden Rat bereit:
"Fang einfach an zu spielen. Lern ein paar Akkorde und spiele mit jemandem, der vielleicht ein bißchen besser ist als du. Lerne aus Büchern nie mehr, als unbedingt nötig. Von anderen Leuten was zu lernen, darum geht es in der Musik. Schnapp was auf und setze es selbständig wieder zusammen ... Sei kreativ. Und selbst wenn nur Mist dabei herauskommt, mach einfach weiter. Schon bald wird es ganz toll sein."

... in der Zeitschrift L.A. STYLE erscheint ein Interview mit Kristine McKenna:
"Abgesehen von der Physiologie, was ist der wichtigste Unterschied zwischen Männern und Frauen?
'... Generell würde ich sagen, daß Frauen feinfühliger sind. Sie fühlen das Wetter, sie fühlen die Zeit - ein ständiges Auf und Ab, alles verändert sich. Ich glaube an die Überlegenheit der matriarchalischen Gesellschaft, wo die Frau eine Göttin ist und die weibliche Seele verehrt wird. Frauen haben eine tiefe Beziehung zum Leben, und ihre Reaktionen auf das, was um sie herum geschieht, sollten ernstgenommen werden als untrügliche Zeichen dafür, was wirklich in der Welt vorgeht.'
... Was ist für dich die wichtigste Veränderung in dir selbst im Laufe deines Lebens?
'Ich habe jetzt mehr Verständnis für andere. Ich mußte daran ganz bewußt arbeiten, denn es hatte einen Punkt gegeben, wo ich dermaßen auf mich selbst fixiert war, daß ich nicht mehr mitbekam, daß da auch noch andere Leute eine Rolle spielten. Glücklicherweise wurde mir aber dann doch klar, daß da viele Menschen um mich herum sind, die mir bei dem helfen, was ich mache, und je länger ich es mache, desto bewußter wird mir, welch ein Geschenk mein Leben ist. In der Lage zu sein, mit all diesen verschiedenen Musikern spielen zu können, von einem Lager ins andere wechseln und sich ständig verändern zu können, anstatt immer das gleiche tun zu müssen - dafür bin ich sehr dankbar.'"

... und schließlich noch ein Interview im dem amerikanischen Magazin MONDO 2000, in dem Neil wieder einmal eine interessante Anmerkung zum letzten Vers von 'After The Goldrush' (*"Silver spaceships ..."*)[14] macht:

"Ich glaube, das wird noch passieren. Vielleicht nicht mehr zu meinen Lebzeiten, aber es wird definitiv Menschen geben, die die Erde verlassen werden, um woanders hin zu fliegen. Das ist eine natürliche Weiterentwicklung ...
Alles wird anders sein. Nanotechnologie, Maschinen, die leben, Kühlschränke, die neue Kühlschränke bauen, die dann größere Kühlschränke bauen - und bald den ganzen Staat einfrieren können ... (lacht)"

14.3.   'Texas Stadium' in Irvine, Texas:
FARM AID V mit John Mellencamp, Willie Nelson, Steve Earle, Tracy Chapman, Paul Simon, Waylon Jennings, Merle Haggard, den TEXAS TORNADOS, Neil u.v.a. - ein insgesamt zwölfstündiges Konzert vor über 40.000 Zuhörern.
Neil's kurzer Auftritt umfaßt die noch unveröffentlichten Songs 'Harvest Moon', 'Unknown Legend' und 'Old King', sowie 'Old Man' und 'Heart Of Gold'.

17.3.   Neil besucht ein Konzert von U2 im 'Garden' in Boston.

18.-24.3.   Weitere sechs Solo-Auftritte in Boston und Philadelphia:
"Young ist wahrscheinlich der einzige in der Popmusik, der es vermag, aus einem Abend mit teilweise sogar unveröffentlichten Mid-Tempo-Songs und Balladen ein magisches Ereignis zu machen. Jeder einzelne Song erreichte eine Art Trance-Zustand, der es ihm erlaubte, jegliche Emotion auszudrücken, wie privat auch immer."[15]

31.3./1.4.   Don Henley organisiert im 'Universal Amphitheatre' in Los Angeles zwei Benefizkonzerte für Walden Woods, ein bedrohtes Naturschutzgebiet in Massachusetts.
Neil tritt am zweiten Abend neben John Fogerty, Don Henley und Roger Waters auf:
"... sein akustischer Set ['Unknown Legend', 'From Hank To Hendrix', 'Old King', 'Such A Woman', 'Dreamin' Man', 'Natural Beauty' und 'After The Goldrush'] war genauso erfrischend wie Fogerty's Gruß an die Vergangenheit. Und obwohl einige im Publikum bei dem unbekannten Material etwas unruhig wurden, spielte Young die neuen Songs so intensiv, als ob er gerade eine Platte aufnehmen würde.
Im Unterschied zu Fogerty schreibt Young seine Songs sozusagen elliptisch und webt dabei scheinbar zufällige oder obskure Bilder zusammen. Und doch ... passen sie auf geheimnisvolle und meisterhafte Weise zusammen."[16]

GUITAR PLAYER druckt einen Gastkommentar Neil's mit dem Titel *DIGITAL IS A HUGE RIP-OFF* ab, in dem er seine Kritik an der gegenwärtigen CD-Technologie wiederholt:
"'Digital' ist ein riesiger Betrug. Es kommt viel zu früh und es taugt nichts. Eine Farce.
Die Digitaltechnik müßte um drei oder vier Stufen angehoben werden, die Sampling-Raten - mindestens - vervierfacht werden, um dahin zu gelangen, wo die Analogtechnik schon war ...
EVERYBODY KNOWS THIS IS NOWHERE auf CD ist einfach nicht so gut wie das Original. Und deswegen müssen diese Platten auch jedesmal neu vom analogen Original gemastert werden, sobald es eine Verbesserung gibt. Die Verbesserungen werden jedoch auf absehbare Zeit nicht besonders groß sein, da die Technologie für entsprechende Sampling-Raten einfach noch nicht reif ist.
Das Schlimme daran ist, daß dabei soviel von der Musik verloren geht. Es wird immer noch großartige Musik gemacht, besonders akustisch. Für einen Musiker wie mich wäre es noch wichtiger, nicht digital arbeiten zu müssen: wie gerne würde ich wieder Gitarren mit all ihrer Wärme und Atmosphäre, ihren Höhen und Tiefen, den wirklichen Spannungen und Schwingungen hören, anstatt einer bloßen Vervielfachung der dominanten Faktoren."

Bei anderen Gelegenheiten äußert er sich ähnlich:
"Als Künstler, der ich ... die Überspielung meines gesamten Katalogs von Analog auf Digital bereits zum dritten Mal - um wenigstens halbwegs damit zufrieden zu sein - überwacht habe, fühle ich, daß etwas verloren geht, daß die Schönheit und Tiefe der Musik einfach nicht rüberkommt ...
Ich benutze meine digitalen Geräte seit 1982. Ich habe zwei 'Sony'-Multitracks, und ich benutze auch das 'Sony 1630'-System zum Mastern ... Es ist so: einmal 'D', immer 'D'. Und ohne 'D' läuft heute überhaupt nichts mehr. Den Künstlern sagt man: 'Das ist es. Damit müßt ihr arbeiten.' Also arbeite ich damit."[17]
"Es ist besser, gleich ganz digital zu arbeiten, als erst analog aufzunehmen und dann am Schluß doch digital zu enden. Das wäre Selbstbetrug. Du hörst es dir die ganze Zeit analog an und mußt dann doch darauf verzichten. Mir ist es lieber, ich weiß von Anfang an, wie ich dran bin, also benutze ich digitale Aufnahmegeräte."[18]

Rusty Kershaw's Album *NOW & THEN* erscheint. Neil ist darauf bei sieben Stücken an der Mundharmonika oder als Backgroundsänger zu hören (Kershaw hatte 1974 an den Aufnahmen zu *ON THE BEACH* mitgewirkt - er spielte Slide-Gitarre bei 'Motion Pictures' und Violine bei 'Ambulance Blues' - und auch die *Liner notes* dazu geschrieben).

17.-22.5.	Fünf Konzerte in Cleveland und Detroit: "Eine der seltenen Gelegenheiten, die Texte eines Musikers zu verstehen und sich keine Gedanken darüber machen zu müssen, wieviel Ohrenschmalz es einem durch das Pulsieren der heutzutage in der Rockmusik überlauten Verstärker verschiebt. Verdanken wir das wirklich alles *MTV UNPLUGGED*?"[19]
23.5.	Neil erhält die Ehrendoktorwürde der kanadischen Lakehead University in Thunder Bay, Ontario. Neil in seiner Dankesrede: "Ich glaube, daß ich die gleiche Erziehung genoß wie jeder andere auch, nur auf eine andere Art und Weise. Ich machte meine verschiedenen Diplome in Hintereingängen, Umkleideräumen und Motels."[20]
23.-29.6.	Fortsetzung der Solo-Shows im Osten der USA.
11.7.	Während eines Urlaubs mit der Familie in Evergreen, Colorado, gastiert Neil bei Warren Zevon's Auftritt beim 'American Music Festival' in Winter Park, nachdem sie sich vorher zufällig in einem Café getroffen hatten. Er begleitet ihn bei 'Splendid Isolation' an der Mundharmonika und singt selbst 'Comes A Time'.
Juli	Neil zieht sich beim 'Paragliding', unweit seiner Ranch, eine schmerzhafte und langwierige Rückenverletzung zu, die ihn bis in den Herbst hinein behindert.
August	"Ich würde so gerne mehr Musik mit ihm machen. Verdammt, ich würde sterben dafür, aber er ist wirklich beschäftigt. *HARVEST MOON?* Ich verrate nichts, kein Wort kommt über meine Lippen, haha." (David Crosby)[21] Die CD-Version von CSN&Y's *4 WAY STREET* erscheint - mit vier 'Bonustracks', u.a. Neil's bislang unveröffentlichtem Live-Medley 'The Loner/Cinnamon Girl/Down By The River' aus dem Juni 1970. "*4 WAY STREET* ruft einem in Erinnerung, daß diese vergangene musikalische Ära aus mehr als Liebe und Blumen bestand; es war auch soziales Bewußtsein, gemixt mit einer gehörigen Dosis Musik, die ihre Wurzeln im Blues-Rock hatte."[22]
September	Nils Lofgren's Album *CROOKED LINE* wird veröffentlicht. Neil (Gitarre, Mundharmonika und Gesang) wirkt bei den drei Stücken 'You', 'Someday' und 'Drunken Driver' mit.
11.9.	Mit einem Konzert an der 'Wright State University' in Dayton, Ohio, beginnt die nächste Etappe von Neil's Solotour.

21./22.9. Los Angeles, 'Greek Theatre':
"Der Großteil von Young's 20 Songs stammte aus seinen frühen Jahren - Material, inkl. 'Down By The River', das bis in seine Zeit vor CSN&Y zurückreichte.
Doch Young vermied es, den Abend zu einem bloßen Nostalgie-Trip werden zu lassen, indem er die Arrangements drastisch veränderte oder die Stücke so aneinanderreihte, daß sie neue Zusammenhänge ergaben, so z.b. bei der besonders gelungenen Verbindung der drogenbezogenen Stücke 'The Needle And The Damage Done' und 'Tonight's The Night' ...
All das war aber eigentlich nur die Beigabe zum Herzstück des Abends: der Vorstellung von sechs Songs aus dem nächsten Album, einem, auf das viele Young-Fans seit mehr als zwei Jahrzehnten warteten.
HARVEST MOON soll nächsten Monat erscheinen und ist die Fortsetzung von *HARVEST*, dem beruhigenden, hörerfreundlichen Album aus dem Jahr 1972, das Young an die Spitze der nationalen Verkaufshitparaden brachte ...
Man findet es selten, daß jemand mit Young's Sensibilität und poetischem Auge als Texter gleichzeitig ein solch starkes Verlangen nach einem derart zornigen musikalischen Ausdruck, wie er ihn bei den Tourneen mit CRAZY HORSE freisetzt, besitzt.
Allzuhäufig in der Rockmusik bleibt dann nicht viel übrig, läßt man diesen Zorn weg. In dem nackten, akustischen Umfeld am Montag demonstrierte Young jedoch den außergewöhnlichen Tiefgang seiner Kunst."[23]

27.9. Letzter Gig dieses Tourneeabschnitts im 'Desert Sky Pavilion' in Phoenix, Arizona.

16.10. New York City, 'Madison Square Garden':
Neil tritt bei dem - von ihm kurzerhand *BOBFEST* getauften - Konzert zur Feier des 30-jährigen Bühnenjubiläums von Bob Dylan auf.
Mit der 'Hausband' BOOKER T. & THE MGs spielt er - direkt im Anschluß an Sinead O'Connor's umstrittenen Auftritt (Neil: "... eine typisch New Yorker Begrüßung. Das Publikum machte einen Test und sie bestand ihn nicht. Verlang nicht, daß ich deswegen Mitleid mit ihr habe."[24]) - umjubelte Versionen von 'Just Like Tom Thumb's Blues' und 'All Along The Watchtower', später dann mit Dylan, Tom Petty, Roger McGuinn, Eric Clapton und George Harrison 'My Back Pages'; zum Finale spielen alle Mitwirkenden zusammen 'Knockin' On Heaven's Door'.
"Es war großartig. Ich genoß es. Musikalisch gesehen, war es für mich viel ergiebiger als alle anderen Konzerte dieser Art, die ich bisher machte. Erstens, weil es mir die Gelegenheit gab, diese Songs zu spielen. Und dann war die Band, mit der ich spielte, so verdammt gut - BOOKER T. & THE MGs! Was konnte da schon schiefgehen?" (Neil)[25]

Oktober

Ende des Monats steht die Veröffentlichung von *HARVEST MOON* unmittelbar bevor; zu Promotionzwecken reist Neil deshalb für sechs Tage nach Europa, um dort in fünf verschiedenen Ländern eine ganze Reihe von Interviewterminen wahrzunehmen.

Neil bei dieser Gelegenheit über Deutschland:
"Ich denke, daß die Deutschen derzeit in einer schwierigen Lage stecken mit dem Zufluß all der wirtschaftlich schlechter gestellten Menschen aus dem Osten. So etwas kann man nicht an einem Tag und auch nicht in ein oder zwei Jahren zu aller Zufriedenheit regeln. Das kann zehn Jahre oder mehr dauern. Aber ich denke, daß der Westen und der Osten Deutschlands nie dasselbe sein werden. Es wird immer eine unsichtbare Grenze geben. Aber das ist okay, wir haben ja auch North Carolina und South Carolina ..."[26]

... und über das 'Columbus-Jahr':
"Jetzt, wo wir seit ungefähr 500 Jahren hier sind und die ursprünglichen Kulturen fast völlig zerstört haben, realisieren wir langsam, daß sie vielleicht doch einen bestimmten Wert hatten. Nicht einmal die Römer gingen soweit, als sie ganz Europa besetzten. Sie eroberten und zerstörten, aber die angegriffenen Länder behielten zumindest ihre Sprachen und einen Teil ihrer Kultur. Im Gegensatz dazu haben die Europäer, nachdem sie Amerika entdeckten, die Indianer praktisch ausgelöscht."[27]

1.11.

'Shoreline Amphitheatre', Mountain View:
Das 6. 'Bridge School'-Benefizkonzert; diesmal u.a. mit PEARL JAM (Sänger Eddie Vedder: "Meine Eltern erzählten mir, ich wurde gezeugt, während sie Neil Young hörten."[28]).

Neil eröffnet den Abend mit 'Sugar Mountain', 'I Am A Child' und 'Heart Of Gold'; er beschließt ihn mit 'From Hank To Hendrix', 'After The Goldrush', 'Harvest Moon' (mit Ben Keith), 'Unknown Legend' und einem gemeinsamen Song mit Elton John.

November   *HARVEST MOON* erscheint.

Neil: "Als wir mit *HARVEST MOON* begannen, litt ich gerade an Hyperakusis [= übersteigertes Hörempfinden], weil ich so lange mit solcher Lautstärke gespielt hatte. Mein Gehör wurde super-empfindlich, selbst ruhige Sachen klangen sehr laut und laute Sachen machten mich fast taub ... Ich spielte also wirklich leise und hörte den geringsten Ton im Raum. Ich ließ alle Verstärker weg, die wir nicht benötigten: ich wollte nicht den kleinsten Verzerrer noch sonst irgendetwas, was den akustischen Ton veränderte. Wir nahmen sehr leise auf ... genau das Gegenteil davon, wie ich vorher aufgenommen hatte, es war entspannend und friedlich ...

Nun, wo es fertig ist, scheint die Verwandtschaft mit *HARVEST* auf der Hand zu liegen, aber als ich damit begann, wußte ich überhaupt nicht, daß es so enden würde. Als erstes schrieb ich einen Song fertig, 'You And Me', den ich 1975 begonnen hatte. Dann schrieb ich noch ein paar Songs, bis es genügend waren, um über eine Aufnahmesession nachzudenken. Ich überlegte, welche Musiker dafür in Frage kämen, und als ich mir die Namen notiert hatte und begann, sie anzurufen, stellte ich fest, daß es sich um dieselbe Band handelt, mit der ich *HARVEST* aufgenommen hatte. Es waren also die Songs, die diktierten, mit welchen Musikern ich spielte. Glücklicherweise war es kein Problem, die Jungs zusammenzubekommen. Jeder hatte Zeit, alles lief easy."[29]

"Ich will nicht zurückgehen. Meine Verantwortung liegt darin, hier zu sein und das zu tun, was ich tue. Ich sehne mich nicht nach der Vergangenheit, und darum geht es auch nicht bei *HARVEST MOON*. Auch wenn ich älter werde, ich blicke trotzdem nicht zuviel zurück. Ich bin ziemlich zufrieden mit dem, was ich jetzt mache."[30]

"An der ruhigen Oberfläche besteht *HARVEST MOON* aus nichts anderem als dahingeklimperten akustischen Akkorden, wunderschön darübergesungenen Harmonien und weichen Melodien, die wie luftgekühlte Limousinen auf einer Landstraße dahingleiten.

269

Unter dieser Ruhe und all den kosmischen Plattitüden verbirgt sich jedoch ein *human highway* voller geborstenem Glas und kaltem Schweiß: *'In the meadow dusk I park my Aerostar / With a loaded gun and sweet dreams of you'.*"[31]

"Kein anderer käme mit *HARVEST MOON* ungeschoren davon. Niemand sonst könnte es sich erlauben, genau dieselbe Besetzung wie vor 20 Jahren zu rekrutieren ... und ganz bewußt einige seiner alten Songs in neuen Kompositionen durchscheinen zu lassen, ohne daß dabei Zweifel an seiner Kreativität aufkommen würden. Aber Neil ist eben nicht wie jeder andere ...

Wenn ich mich richtig erinnere, wurde *HARVEST* in einer Hülle veröffentlicht, die biologisch abbaubar sein sollte, sodaß sie im Laufe der Zeit verrotten und damit der Welt einiges an unerwünschtem Abfall ersparen würde. Es war die verzweifelte Geste eines ehrlichen Menschen, der sich wünschte, daß jeder so denken und handeln würde, um diese Welt besser zu gestalten. Zwanzig Jahre später hat sich daran nichts geändert."[32]

"Für viele Young-Fans ist es die ultimative Belohnung. *HARVEST MOON* ist, mit all den unüberhörbaren Referenzen an seine Vergangenheit, ein sanftes und doch gewaltiges Werk, ein brilliantes Gegenstück zu der überschäumenden Kraft von *RAGGED GLORY* und *WELD*."[33]

"Man vermißt prägnante Melodien, die sonst immer Youngs Stärke gewesen sind, mehr als einmal überschreiten die Songs die Grenze von Stil zum Selbstplagiat, die Texte wirken seltsam faul und altersschwach, manchmal sogar einfältig. Was die Stücke selbst nicht leisten, muß die Produktion retten: Tolle Gesangssätze mit Linda Ronstadt, Nicolette Larson und James Taylor, die Pedal-Steel-Gitarre von Ben Keith ... ein herbstliches Sound-Design, das starke Ähnlichkeiten zum 78er-Album *COMES A TIME* aufweist.

Kein Zentralwerk also, eher ein Atemholen, Innehalten und befremdetes Heraustreten aus der unmittelbaren Umgegend, um sich von falschen Gewißheiten zu verabschieden und so das Terrain für den nächsten Kampf zu sondieren."[34]

14.11. Im 'Riverside Theatre' in Milwaukee beginnt die letzte Etappe von Neil's Solo-Auftritten dieses Jahres.

Neil: "Das Ziel der ganzen Tour war es, meine Fähigkeit wiederzuerwecken, mit neuen Songs auf die Bühne zu gehen, den kompletten Auftritt durchzuziehen und das Publikum mit akustischer Gitarre und neuen Songs bei der Stange zu halten. So begann ich auch meine Karriere."[35]

17.11. Vor etwa 200 geladenen Gästen filmt der Kabel-Musiksender VH-1 in den 'Channel 11'-Studios in Chicago ein Konzert Neil's für seine Reihe *CENTER STAGE*, das in den folgenden Monaten in unterschiedlichen Versionen mehrmals ausgestrahlt wird.

"Eine schmerzhaft intensive Version des 1977er 'Like A Hurricane' am Harmonium ist der Höhepunkt - Young nennt es danach die 'transsylvanische Version', obwohl es eigentlich mehr an *PHANTOM DER OPER* erinnert ..."[36]

21./22.11. Minneapolis, 'Orpheum Theatre': die beiden letzten Abende der kurzen Tour.

5.12. New York City, NBC-Studios: Auftritt bei *SATURDAY NIGHT LIVE*. Neil singt 'From Hank To Hendrix' und 'Harvest Moon'.

16.12. New York City, 'Ed Sullivan Theatre': Aufzeichnung eines Konzerts für *MTV UNPLUGGED*. Außer aktuellen Songs von *HARVEST MOON* spielen Neil und die STRAY GATORS auch seltener gehörte Stücke wie 'Love Is A Rose', 'Are You Ready For The Country' oder 'Last Trip To Tulsa'.

Mit dem Ergebnis ist er jedoch nicht zufrieden. Die Show wird nicht gesendet; ein neuer Termin wird für das nächste Frühjahr vereinbart.

1   Michael Corcoran, DALLAS MORNING NEWS, 12.3.92

2   Interview in MONDO 2000, 1992

3   Neil, GREATER LONDON RADIO, 1.11.92

4   Neil, MONDO 2000, 1992

5   Interview in L.A. STYLE, März 1992

6   Neil, ROLLING STONE, 5.3.92

7   ROLLING STONE, 5.3.92

8   Patrick MacDonald, SEATTLE TIMES, 21.1.92

9   Don Adair, SPOKANE CHRONICLE, 26.1.92

10   Karen Schoemer, NEW YORK TIMES, 15.2.92

11   Alan Light über das Konzert vom 15.2.; ROLLING STONE, 16.4.92

12   Wolf Kohl, MUSIKEXPRESS/SOUNDS, 4/1992

13   David Fricke, MELODY MAKER, 7.3.92

14   vgl. 7./14.9.85 (MELODY MAKER)

15   Tom Moon, PHILADELPHIA INQUIRER, 24.3.92

16   Robert Hilburn, L.A. TIMES, 2.4.92

17   Neil, CD REVIEW, Februar 1992

18   Q, Januar 1993

19   John Smyntek, DETROIT FREE PRESS, 21.5.92

20   BROKEN ARROW 48 (1992)

21   ROCK COMPACT DISC, 4/1992

22   Robert Clark, TEXAS BEAT, September 1992

23   Robert Hilburn über das Konzert am 21.9.;
LOS ANGELES TIMES, 23.9.92

24   Q, Januar 1993

25   GUITAR WORLD, Juni 1993

26   ROCK WORLD, Dezember 1992

27   ROCK & FOLK, Oktober 1992

28   ROLLING STONE, 10.12.92

29   Q, Januar 1993

30   Neil, MELODY MAKER, 7.11.92

31   Howard Hampton, SPIN, 12/1992
(Textzeile aus: 'Dreamin' Man')

32   Steve Sutherland, NEW MUSICAL EXPRESS, 31.10.92

33   Gavin Martin, NEW MUSICAL EXPRESS, 7.11.92

34   Christoph Gurk, SPEX, Dezember 1992

35   GUITAR WORLD, Juni 1993

36   Alan Light, ROLLING STONE, 21.1.93

1993

"... rock's manic answer to Jack Nicholson."[1]

"Für die Zukunft würde ich mir von den Rezensenten wünschen, daß sie Künstler, die nicht singen können und Lieder bevorzugt in a-Moll komponieren, nicht immer als 'Neil-Young-beeinflußt' bezeichnen. Neil kann da nichts für."[2]

"I'm gonna go the low road to heaven. Down, and then through, and then up."[3]

"Ich liebe Rap! Es ist wie mit den Leuten auf der Straße zu reden. Eine ganz neue Art zu kommunizieren ... Ähnlich wie bei 'Subterranean Homesick Blues'. Dylan ist eine Frühform von Rap. Oder was ist der Unterschied? Das ist das, was die Musik am Leben erhält - macht es nicht schlecht, bloß weil Ihr's nicht versteht."[4]

"Es ist soviel. Wir waren schon viermal fertig, doch immer wieder finden wir neue Sachen. Vor kurzem habe ich sechs Tapes bekommen, die ich 1965 in Kanada mit den SQUIRES aufgenommen habe und wir haben jetzt genauso viel unveröffentlichtes Material wie veröffentlichtes."[5]

Januar   'Geffen Records' veröffentlicht *LUCKY THIRTEEN* (Untertitel: *Excursions Into Alien Territory*), eine von Neil selbst zusammengestellte Compilation von Stücken aus der 'Geffen'-Ära, darunter vier bislang unveröffentlichten Songs und diversen Alternativ-Tracks aus den 'Neil Young Archives'.
Neil: "Ich habe eine vertragliche Verpflichtung und deshalb erschien das. Es war Teil der Vereinbarung, um von 'Geffen' wegzukommen ...
LUCKY THIRTEEN bietet einen Überblick dieser achtjährigen Periode. Gottseidank ließen sie mich tun, was ich wollte - in diesem Falle. Es gibt da keine Hits, sagte ich, deswegen habt ihr mich ja verklagt (er lacht). Also machen wir keine 'Greatest Hits', denn das wäre lächerlich. Ich wählte also die Songs aus und kombinierte sie so, daß sie in gewisser Weise eine Zusammenfassung der ganzen Erfahrungen darstellen."[6]
"Von Young selbst zusammengestellt, geht es bei *LUCKY THIRTEEN* mehr darum, das Positive seines Eklektizismus zu verdeutlichen, als nur seine besten 'Geffen'-Titel zu präsentieren; viele erinnerungswürdige

Songs tauchen garnicht auf. Stattdessen versucht Young aufzuzeigen, wie die emotionellen Impulse seines Songschreibens, seiner Auftritte und seiner Aufnahmemethoden gleichbleiben, während seine Stile variieren.

... ein außergewöhnliches Album, das die entscheidenden Punkte aufzeigt, warum Neil Young überlebt und siegt."[7]

"Wenn der Name Neil Young auf einem Plattencover oder gar einem Konzertplakat auftaucht, bekommen Folk-, Punk-, Grunge- und ander Metal-Fans gleichermaßen große Augen. Auf den ungekämmten Hinterwäldler im Holzfällerhemd stehen außer der Friseur-Innung alle. Das war übrigens schon zu Woodstock-Zeiten 1969 so. Der Meister aus den Catskill-Bergen schlägt die wüstesten bekannten Gitarrenakkorde an und schreibt Melodien, die nicht nur ins Ohr, sondern auch tief unter die Haut gehen. Für dieses Album öffnete er sein Archiv ..."[8]

ROLLING STONE, 21.1.93

Neil im kanadischen MUSIC EXPRESS MAGAZINE über 'Grunge':
"Ich weiß wirklich nicht, woher der Ausdruck kommt. Diese Art von Musik gibt es schon sehr lange, diesen verzerrten Sound. Link Wray fing damit an, und Lonnie Mack. Ich hab' diese alte Martin Robbins-Scheibe, 'Don't Worry', aus den frühen Sechzigern, da ist das erste wirkliche 'Grunge'-Solo drauf. Ich glaube, da hab ich sowas zum ersten Mal gehört, und dann kam 'Rumble' von Link Wray. Ich liebte es. Aber ich wußte nicht, wie man sowas macht, wie man diesen Sound kriegt. Ich konnte es damals nicht glauben, daß man einfach alles ganz aufdreht, alles übersteuert."[9]

15.1. Neil tritt in der *TONIGHT SHOW* auf; er spielt 'Harvest Moon' und 'Unknown Legend'.

Zwischen den beiden Songs versucht er, statt mit Gastgeber Jay Leno über seine letzte Platte zu reden, die im Hintergrund des Fernsehstudios versteckte Modelleisenbahn für die Zuschauer sichtbar zu machen und zum Fahren zu bringen (*"I'm a train buff, Jay ..."*).

MUSIC EXPRESS MAGAZINE, *Januar 1993*

7.2. In den 'Universal Studios' in Universal City, California, findet eine weitere Aufzeichnung mit den STRAY GATORS für *MTV UNPLUGGED* statt.

Nach einigen älteren Stücken ohne Band kommen Ben Keith, Nils Lofgren, Spooner Oldham, Tim Drummond und Oscar Butterworth, sowie Nicolette Larson und Neil's Schwester Astrid Young für den Rest der Show auf die Bühne.

Zu den 'Raritäten' des dargebotenen Repertoires gehören die *TRANS*-Songs 'Sample And Hold' und 'Transformer Man'. Neil am Tag nach der Aufzeichnung:

"Ich wollte Versionen dieser Songs machen, bei denen man den Text versteht ... Und ich dachte mir, daß nach 10 Jahren ein paar akustische Versionen dieser Songs ganz cool wären - aber natürlich müßten sie diesen magischen, tollen Groove haben. Ohne den würde es nicht klappen. Beim Proben war das der Fall, aber gestern abend klappte es nicht."[10]

Später wird deshalb nur 'Transformer Man' in der *MTV UNPLUGGED*-Sendung zu sehen sein.

Februar	Drei für Mitte des Monats in London, Paris und Frankfurt (als musikalischer Gast der Talkshow *LIVE* in der 'Alten Oper') vorgesehene Auftritte werden wegen 'gesundheitlicher Probleme' eines von Neil's Kindern kurzfristig abgesagt.
1.3.	Los Angeles, 'Dorothy Chandler Pavilion': Neil bestreitet mit Simon & Garfunkel und Steve Martin ein Benefizkonzert für den 'Children's Health Fund'. Neben einem Solo-Set - ähnlich seinen letztjährigen Konzerten - spielt er zusammen mit Simon & Garfunkel 'Helpless' und 'Only Love Can Break Your Heart' und gastiert bei deren 'The Sound Of Silence' an der Leadgitarre.
6.3.	Bei der Verleihung der 'Bay Area Music Awards' im 'Bill Graham Civic Auditorium' in San Francisco erhält Neil die Auszeichnung für *HARVEST MOON* als 'Album des Jahres'.
10.3.	*MTV UNPLUGGED* hat Premiere in den USA.
1.4.	Im 'Park by the River' in Portland, Oregon, nimmt Neil am 'Old Growth Forest'-Benefizkonzert zur Rettung der dortigen uralten Waldbestände teil. Er spielt 'Comes A Time', 'Mother Earth', 'After The Goldrush', 'Heart Of Gold' und 'Sugar Mountain'.
24.4.	Ames, Iowa, 'Cyclone Stadium': *FARM AID VI.* Neil eröffnet seinen Set mit einer auf dem Harmonium gespielten Version von 'Mother Earth', die er Präsident Clinton und Vizepräsident Gore widmet ("Wir hätten Sie gerne hier gesehen ..."). Nach 'Helpless' bittet er Willie Nelson für 'Four Strong Winds', 'The Farmer' (*"I hate to say the farmer is the last of a dyin' breed"* - der noch immer unfertige Song für *FARM AID*, der bereits 1987 Premiere hatte) und 'From Hank To Hendrix' auf die Bühne. Als Zugabe spielen sie 'Are There Anymore Real Cowboys'. Aus Aufnahmen dieses Konzerts stellen Bestor Cram und Susan Steiner den Film *AMERICAN SONG* zusammen, der später in amerikanischen Kinos zur Unterstützung von FARM AID gezeigt wird. Außer Neil und Willie Nelson sieht man darin John Mellencamp, Bonnie Raitt, Lyle Lovett, Dwight Yoakam u.v.a.
Mai	Neil probt mit BOOKER T. & THE MGs (Booker T. Jones an der Orgel, Steve Cropper an der Gitarre, Donald 'Duck' Dunn am Bass und Jim Keltner an den Drums, sowie Astrid Young und Annie Stocking als Background-Sängerinnen) für eine geplante Europa-Tournee.

Juni   *UNPLUGGED* erscheint als Album und Video - in der Songauswahl identisch mit der MTV-Ausstrahlung.
"*UNPLUGGED* bildet das akustische Pendant zu *ARC-WELD* - die Wogen des Lärms weichen dem Seufzen der Mundharmonika und ungewöhnlich ruhigen Versionen alter Hits; 'Like A Hurricane' klingt nun, als stamme es aus einem alten calvinistischen Gesangbuch, eine unerwartete Freude ..."[11]
"... das Erfreuliche dieses Albums ist das Vertraute: seine außergewöhnliche Stimme (in kristallklaren Aufnahmen) und ein glänzender Querschnitt seines erstaunlichen Werkes."[12]
"Seit auch Zweitklassige zusätzlich zum regulären Album eine 'Unplugged'-Scheibe aufnehmen, kann man nur noch fordern: Stecker wieder rein! Aber Gott sei Dank gibt es ja noch Neil Young. 'From Hank To Hendrix' geht seine Reise, und Songs wie 'Unknown Legend' werden spätestens in der akustischen Version zu Klassikern."[13]

9./10.6.   San Francisco, 'Warfield Theatre':
Zwei *'Warm up'*-Gigs für die Ende des Monats anstehende Europa-Tournee mit BOOKER T. & THE MGs.

12./13.6.   Zwei weitere Auftritte im 'Concord Pavilion' und in Santa Cruz's 'Civic Auditorium'.

21.6.   Neil trifft sich in Detroit mit Richard P. Kughn, Inhaber der Modellbahnfirma 'Lionel'.
Gemeinsam mit ihm betreibt er das Forschungsunternehmen 'Liontech', das an der Entwicklung von Steuerungselementen für Modelleisenbahnen arbeitet, die auch für Behinderte nutzbar sind.
Kughn: "Das wird sich einige Jahre hinziehen. Es ist wie bei Computersystemen, da gibt es kein Ende ... Wir denken, daß die Erfahrung, eine Miniaturwelt lenken zu können, den Behinderten dazu verhelfen kann, ihr Selbstvertrauen und Selbstwertgefühl zu steigern und ihre Perspektiven zu verbessern ... Neil ist ein sehr heller Kopf, was

Elektronik betrifft, und darüberhinaus ist er auch ein sehr netter Mensch und er ist sehr talentiert."[14]

Neil: "Ich möchte das interaktive dreidimensionale Spielzeug wieder zum Leben erwecken ... Modelleisenbahnen sammeln und bauen ist ein wunderschönes Hobby, das wirklich die ganze Familie zusammenbringt. Auf meiner Ranch haben wir eine ganze Reihe von Modellbahnen aufgebaut. Meine Kinder sind behindert, und deshalb hab' ich all diese kleinen Apparate erfunden, mit denen sie die Bahn bedienen können. Wir werden den 'Lionel'-Showroom mit diesen Sachen ausstatten, damit behinderte Kinder von überall hinkommen und mit den Zügen spielen können."[15]

Ein Reporter der Zeitschrift CLASSIC TOY TRAINS beschreibt die Modell-Anlage auf der Ranch:

"Neil baut Berge, Plateaus und Felsen aus Redwoodholz-Stümpfen, die er sich auf seiner Ranch zusammensucht. Hat er einen ausgewählt, wird er auf der Anlage positioniert, aber nicht an einem festen Punkt. Das vermittelt ein Gefühl ständigen Wechsels: man bewegt einen Berg und das Aussehen der gesamten Anlage ändert sich ...

Majestätische Berge erheben sich aus weichen, grünen Tälern. Wälder aus Moos und Farnen wachsen langsam in der Landschaft. Ein Bewässerungssystem besprüht die lebendige Szenerie in 45 Sekunden. Neil und Ben's Traumwelt in trauter Koexistenz mit den ratternden 'Lionel'-Zügen ... Sind alle Weichen entsprechend gestellt, ergibt das eine ganz schön lange Schleife. Es dauert ungefähr 10 Minuten, bis ein Zug die ganze Anlage durchfahren hat ...

Blechautos, Zinnfiguren, alte Materialien und Miniaturtiere verteilen sich in der Landschaft. Wenn die Youngs reisen, bringen sie die 'richtigen' Teile für ihre individuelle Anlage mit ... Versetze dich in die Tropen, aber mit Felsformationen wie in Montana, fließenden Bächen, hochaufragenden Redwood-Bergen und dahinrasenden Spielzeugzügen - das ist Neil und Ben's Eisenbahn ..."[16]

26.6. Mit einem Auftritt beim 'Schüttorf Festival', unweit der holländischen Grenze, beginnt die vierwöchige Europa-Tournee - zumeist 'Open Air'- Auftritte.

Das Repertoire der Konzerte umfaßt in komprimierter Form Neil's gesamte Karriere: von BUFFALO SPRINGFIELD's 'Mr.Soul' über u.a. 'The Loner', 'Powderfinger', 'Southern Man', 'Down By The River', das alte, aber unveröffentlichte 'Separate Ways', die neuen Songs 'Change Your Mind' und 'Live To Ride' bis hin zu 'Love To Burn' von *RAGGED GLORY*, 'Harvest Moon' und den als Zugaben gespielten Coverversionen 'Dock Of The Bay' (von Gitarrist Steve Cropper & Otis Redding geschrieben) und Dylan's 'All Along The Watchtower'.

11.7. London, 'Finsbury Park':

Im Vorprogramm JAMES, 4 NON BLONDES, TEENAGE FANCLUB und PEARL JAM; 'Rockin' In The Free World', zusammen mit PEARL JAM, als Zugabe.

"Mit das Beste an den MGs ist, daß man die Hälfte der Zeit garnicht merkt, daß sie überhaupt mitwirken. Ihre Fähigkeit zum *understatement* verleiht einigen von Neil's schönsten Momenten ('Harvest Moon', 'Mr. Soul', 'Helpless') noch mehr Glanz ..."[17]

18.7. Bad Mergentheim, 'Schloßhof':

"Jetzt hat sich Neil Young doch wieder die elektrische Gitarre umgeschnallt, aber es kann nicht so sein wie mit CRAZY HORSE, nicht so furchteinflößend erhaben, nicht archaisch und sakral. Für einen Neil Young, der der nichts zum zweiten Mal machen will, sind BOOKER T. & THE MGs die ideale Wahl. Denn mit dieser Combo kann er nach Rock'n'Roll-Krieg und Lagerfeuer-Sentiment eine nur noch klassisch zu nennende Version der eigenen Neil-Young-Geschichte auf die Bühne bringen, ohne in den Geruch eines Absahners zu geraten, der nicht mehr weiter weiß ...

Der Himmel hat sich nicht aufgetan, von den blöden Regenwolken abgesehen, nein, aber es war wunderbar, Zeuge einer schöpferischen Verschnaufpause auf solch hohem Niveau werden zu dürfen."[18]

"Aus der Ferne betrachtet, wie er sich schmerzhaft-lustvoll über der Gitarre windet, ähnelt er einem Vampir, der mit seinem willfährigen Opfer ein letztes Spiel spielt. Danach noch ein allerletztes und

schließlich ein allerallerletztes. Und dann beginnt alles wieder von vorne.
Über die Quellen seiner Kraft hat Neil noch nie etwas preisgegeben. Auch nach Bad Mergentheim bleibt das Rätsel um seine Faszination. Es ist eines der letzten Rätsel der Rockmusik."[19]

Bad Mergentheim, 18.7.93   *Photo: Günter Distler*

19.7.   Köln, 'Tanzbrunnen':
"Neuntausend Leute strömten zum Tanzbrunnen an den Rhein. Weiterhin strömte Regen, was nicht mehr störte, als Young die Bühne betrat, eskortiert von BOOKER T. & THE MGs. Jim Keltner trieb Young trommelnd an die Rampe, wo er die Scharen von Kindern sah: sein tausendfach halbiertes Alter. Und sie schauten auf zu ihm, dem grauen Vater im Holzfällerhemd, wie er seine schweren Fuhren aus der E-Gitarre zerrte, achtzehn Minuten lang 'Down By The River. *'I shot my baby ...'*, klagte Young, und die Kids respondierten: *'... to death!'* Da überspannte den Rhein ein riesiger Regenbogen. Das mußte vielleicht nicht sein."[20]
"Als die Crew bereits begann, die Bühne abzuräumen, brach Neil Young erneut einen Grundsatz - er spielte eine weitere Zugabe: 'Rockin' In The Free World'. Das tolle Finale einer großartigen Show."[21]

23.7.   Abschluß der Europa-Tournee im 'Foro Italico' in Rom.

12.8.   Rapid City, South Dakota: Beginn einer fünfwöchigen Tour durch die USA und Kanada mit BOOKER T. & THE MGs; als Vorgruppen wechseln sich BLIND MELON, SOUNDGARDEN, SOCIAL DISTORTION und PEARL JAM ab.

18.8. Toronto, 'Exhibition Stadium':
"Höhepunkt der Show (vielleicht sogar des ganzen Jahres) war das sich länger als 15 Minuten hinziehende 'Down By The River'. Young und Gitarrist Steve Cropper umschlichen sich wie Ali und Frazier in Manila, stachelten sich gegenseitig zu immer neuen Höhenflügen verblichenen Ruhms an, ein epischer Rock'n'Roll-Klassiker wurde neu geschaffen, gestaltet, interpretiert. Es war ein wunderbarer Ausdruck des Willens, der Leidenschaft, und der Seele ..."[22]

20.8. 'Jones Beach Music Center', Wantaugh, N.Y.:
"... Neil nahm das ausverkaufte Haus mit auf eine Reise, für die er viele seiner größten Hits ausgewählt hatte. Neil's Schatztruhe mit unvergesslichen Songs ist so groß, daß er ... ohne weiters noch ein oder zwei genauso befriedigende 'Greatest Hits'-Sets hätte abliefern können, ohne sich wiederholen zu müsse ...
'Ihr verdient die Auszeichnung für's beste Publikum', scherzte Neil zu seiner Gefolgschaft, die den vorangegangenen Regenguß überstanden hatten. 'Und ihr Kritiker, schreibt, was für ein großartiges Publikum das war. Ich hoffe, wir (die Band) sind genauso gut wie die'."[23]

2.9. Los Angeles, 'Universal Amphitheatre': Verleihung der 'MTV Music Video Awards'.
Neil spielt mit PEARL JAM eine wilde Version von 'Rockin' In The Free World' - *standing ovations* des Publikums!

282

11.9.	Los Angeles: die beiden *'Easy Riders'* Dennis Hopper und Jack Nicholson besuchen Neil's Konzert in der 'Sports Arena'.
9.9.	Costa Mesa, California, 'Pacific Amphitheatre': "Vom ersten Feedback an, mit dem Young das Konzert eröffnete, war klar, daß dieser Abend kein Versuch sein würde, die geschmeidigen, fast zurückhaltenden R&B-Grooves der alten 'Stax'-Scheiben neuzubeleben ... Schon lange ist aggressives Gitarrenspiel der instrumentale Mittelpunkt von Young's Musik - und der Auftritt am Donnerstag war beispielhaft dafür. Technisch gesehen ist er kein überragender Spieler, aber er ist ein Meister klanglicher Schattierungen, der Feedback und Verzerrung mit fast schon sinfonischer Anmut einsetzt."[24]
19.9.	Dallas, 'Starplex Amphitheatre' - das Ende der Tour und der letzte Auftritt mit BOOKER T. & THE MGs: "... Young sprach während der ersten 90 Minuten seines zweistündigen Auftritts kein Wort zu den 11.000 Leuten im Publikum. Was er sagen wollte, sagte er mit seinen Gitarren - ob in apokalyptischen elektrischen Solos oder fröhlichen akustischen Weisen - und mit seinem stechend-traurigen Gesang. Doch selbst die elektrisierendsten Stücke wirkten dunkel und bedrohlich, vom Eröffnungssong 'Mr. Soul' aus seinen BUFFALO SPRINGFIELD-Tagen über 'Southern Man' und das epische 'Like A Hurricane' bis hin zu seinem 1989er Comeback-Song 'Rockin' In The Free World'. Besonders bei den beiden letzteren erwuchs Schönheit aus Lärm, zelebrierte Young Rock'n'Roll als Erlösung."[25]
	"Als ich da stand, wo schon Otis Redding, Wilson Pickett, Sam & Dave und so viele andere große Sänger gestanden waren, und diesen Groove fühlte, der mich umgab, da wußte ich, daß ich einen Platz gefunden hatte. Etwas, was ich nicht vergessen werde. Etwas, wohin man immer wieder zurückkehren kann, wie die Kirche oder deine Heimatstadt. Ein musikalischer Ort, wo dich die Vergangenheit umgibt, ohne im Weg zu stehen. Die Musik von BOOKER T. & THE MGs wird ewig leben."[26]
9.10.	Bob Dylan und seine Band treten im 'Shoreline Amphitheatre' in Mountain View auf; Neil gastiert bei der letzten Zugabe, 'Leopard-Skin Pill-Box Hat', an der Gitarre.
14.10.	ROLLING STONE veröffentlicht eine Liste der '100 Top Music Videos'; Neil's 'This Note's For You' belegt Platz 4:

"... Neil Young's finest 'fuck you' ... In diesem Video geht es um den Geldbeutel - nicht um Sex oder Gewalt - und das erscheint ihnen (MTV & Co.) viel gefährlicher."[27]

4.11. Neil nimmt in Omemee, Ontario, an der feierlichen Eröffnung der nach seinem Vater benannten 'Scott Young Public School' teil.

6.11. Mountain View, 'Shoreline Amphitheatre':
Das 7. Benefizkonzert für die 'Bridge School'; mit dabei sind Simon & Garfunkel, Melissa Etheridge, Ann & Nancy Wilson, (von HEART) Warren Zevon, Sammy Hagar & Eddie Van Halen und Bonnie Raitt.
Neil eröffnet die Veranstaltung mit 'Sugar Mountain' und 'Mother Earth'. Bei seinem eigentlichen (Solo-)Auftritt etwas später am Abend - von einer 'Bridge School'-Schülerin mittels computerunterstützter Sprechvorrichtung angekündigt - spielt er den Rodgers & Hammerstein-Klassiker 'Stranger In Paradise', 'After The Goldrush' und das unveröffentlichte 'Part Of You'.
Erstmals bei einem 'Bridge School Benefit' tritt Neil nicht als letzter Künstler auf; er überläßt dies Simon & Garfunkel. Den Abschluß bildet ein gemeinsames 'Rockin' In The Free World' aller Beteiligten.
"Mit den 'Bridge Benefits' haben die Leute aus La Honda eine große Bay Area-Konzerttradition geschaffen, einen Herbst-Klassiker, der die jährliche 'Shoreline'-Saison beschließt. Im Lauf der Jahre brachte Young die größten Namen der Rockmusik - Dylan, Springsteen, Elton - dazu, *unplugged* zu spielen, lange bevor MTV diesen Begriff erfand. Dadurch konnte er der bahnbrechenden Schule für behinderte Kinder mit Verständigungs-Problemen zu einem kleinen Vermögen verhelfen. Wie immer saßen die Kinder mit ihren Familien hinter der Bühne, sodaß man immer an den eigentlichen Anlaß der Veranstaltung erinnert wurde."[28]

November *RUST NEVER SLEEPS* wird auf Video wiederveröffentlicht:
"Nach einer akustischen Solo-Einlage aus 7 Stücken erfolgt während der letzten Takte von 'My My, Hey Hey (Out Of The Blue)' ein kruder Stilsprung: CRAZY HORSE ... hält Einzug. Komplett elektrifiziert liefern Young und seine Mitstreiter dann den eindrucksvollen Beweis, warum sie zu Recht als Paten des Grunge bezeichnet werden: Gitarrenrock vom Feinsten."[29]

Randy Bachman's CD *ANY ROAD* erscheint.
Sie enthält den Song 'Prairie Town', der von seiner Jugendzeit in Winnipeg handelt und dabei auch Neil & die SQUIRES erwähnt. Zwei Versionen des Songs befinden sich auf dem Album: eine elektrische am Anfang (zu der Neil die Leadgitarre und Backgroundgesang beisteuerte) und eine akustische (mit Margo Timmins von den COWBOY JUNKIES) zum Schluß.

Die SANDRUBIES covern auf ihrer gleichnamigen CD Neil's noch unveröffentlichten Song 'Interstate', produziert von David Briggs.

Dezember   Neil beginnt Aufnahmen für ein neues Album - jedoch nicht mit BOOKER T. & THE MGs, wie vielleicht erwartet werden konnte, sondern mit CRAZY HORSE.
'Blue Horse', 'Change Your Mind', 'Train Of Love', 'Driveby', 'Heaven', 'Piece Of Crap', 'Western Hero', 'Gone To Heaven' und 'Gone To Hell' - so die Titel einiger neuer Songs aus den ersten Sessions.

'Songlist' einer Session mit
CRAZY HORSE; Dezember 1993

> TRAIN OF LOVE
> WESTERN HERO
> DRIVEBY
> GONE TO HEAVEN
> CHANGE YOUR MIND
> GONE TO HELL
> PIECE OF CRAP.

Das amerikanische Magazin SPIN ernennt Neil zum 'Artist of the Year': "Wenn man den 48-jährigen Young 1993 als 'Künstler des Jahres' bezeichnen kann, dann nicht allein wegen dem, was er in den vergangenen 12 Monaten gemacht hat, sondern wegen der außergewöhnlichen Verbindung von Tiefe und Leichtigkeit in seinem Schaffen der letzten vier Jahre ... Diese Platten brachten ihm den Titel *'Grandfather of Grunge'* ein, und die nahezu uneingeschränkte Glaubwürdigkeit, die er heute genießt"[30]
Auch die Leser von SPEX wählen Neil zum 'Musiker des Jahres'.

1   Max Bell über Neil; VOX, Januar 1993

2   Bernd Begemann, SPEX (Jubiläumsnr. 150), Mai 1993

3   Neil, DETAILS, Februar 1993

4   Neil, ROLLING STONE, 21.1.93

5   Neil über sein Archiv-Projekt; VOX, Januar 1993

6   MUSICIAN, April 1993

7   James Hunter, ROLLING STONE, 29.4.93

8   BRAVO, Januar 1993

9   MUSIC EXPRESS MAGAZINE, Januar 1993

10   MUSICIAN, April 1993

11   Stuart Bailie, VOX, Juli 1993

12   ROLLING STONE, 23.12.93

13   STERN, 28/1993

14   DETROIT FREE PRESS, 14.8.93

15   GUITAR WORLD, Juni 1993

16   Jim Bunte, CLASSIC TOY TRAINS, März 1993

17   Terry Staunton, NEW MUSICAL EXPRESS, 24.7.93

18   Karl Bruckmaier, SÜDDEUTSCHE ZEITUNG, 23.7.93

19   Andreas Obst, FRANKFURTER ALLGEMEINE ZEITUNG, 20.7.93

20   Christoph Dieckmann, DIE ZEIT, 30.7.93

21   Martin Woltersdorf, KÖLNER STADT-ANZEIGER, 21.7.93

22   Craig Marks, SPIN, November 1993

23   Gary Cee, CIRCUS, November 1993

24   Robert Hilburn, LOS ANGELES TIMES, 11.9.93

25   Manuel Mendoza, DALLAS MORNING NEWS, 20.9.93

26   Neil in den *Liner notes* zur BOOKER T. & THE MGs-CD *THAT'S THE WAY IT SHOULD BE*; 'Columbia', 1994

27   Rick Marin, ROLLING STONE, 14.10.93

28   Joel Selvin, SAN FRANCISCO CHRONICLE, 8.11.93

29   MUSIKEXPRESS/SOUNDS, Dezember 1993

30   Greil Marcus, SPIN, Januar 1994

Bad Mergentheim, Juli 1993; Photo: Günter Distler

1994

"Ich weiß inzwischen, daß man Erfolg opfern muß, um Langlebigkeit zu gewinnen. Das ist ein Axiom. Auf kurzfristigen Erfolg zu verzichten, sichert einem eine lange Karriere - wenn man wirklich tut, was man tun will. Ich glaube, das klappt. Aber ich bin mir nicht sicher. Erst in zwanzig Jahren."[1]

"Weißt du, wen ich wirklich beneide? Jemanden wie Neil Young, der mit einer Gitarre auf die Bühne kommt, sich auf einen Stuhl setzen und einfach spielen kann, ohne sich zu bewegen. Eine Strähne seines Haars bewegt sich und das genügt. Wie geschaffen für diese MTV-Sachen."[2]

Januar   Neil arbeitet weiterhin mit CRAZY HORSE im Studio.

Februar   Rob Wasserman's Album *TRIO* erscheint. Es enthält das zusammen mit Bob Weir (von GRATEFUL DEAD) und Neil aufgenommene Stück 'Easy Answers'.

Deutschland-Start von Jonathan Demme's Film *PHILADELPHIA*, für den Neil den Titelsong schrieb.
"Ich dachte mir: 'Was wir zuallererst benötigen, ist so eine typisch amerikanische Rock-Hymne über Ungerechtigkeit. Wer kann sowas machen? Neil Young kann das.' Also haben wir zu 'Southern Man' einige Filmschnipsel zusammengestellt, um ihm zu zeigen, wie seine Musik die Wirkung unserer Bilder zu verstärken vermag. Er meinte nur: 'Ich versuch's.' Sechs Wochen später: 'Hi, hier ist Neil. Ich schick' euch ein Tape.' Der Song kommt. Und wir weinten, als wir ihn zum ersten Mal hörten. Ich sagte: 'Oh Gott! Neil Young hat ja mehr Vertrauen in diesen Film als ich selbst. Wie rührend.'" (Jonathan Demme)[3]

Eine CD mit dem Soundtrack des Films erscheint ebenfalls in diesen Tagen:
"... eine sehr eindrucksvolle Zusammenstellung. Hauptsächlich, muß man sagen, dank der Tiefe, die ihr durch Bruce Springsteen und Neil Young verliehen wird, deren bemerkenswerte Originalkompositionen den Film wirkungsvoll eröffnen und beenden ...
Young's 'Philadelphia' ist ein herzergreifender Lobgesang auf brüderliche Liebe; mit nackter Stimme und geisterhaftem Piano gelingt es ihm

mühelos, einer ganz persönlichen Geschichte universelle Gültigkeit zu verleihen und dabei die geborstene Erhabenheit von 'Only Love Can Break Your Heart' ins Gedächtnis zu rufen."[4]

15.2. SAN JOSE MERCURY NEWS über Neil's Eishockey-Leidenschaft: "Neil Young, 48, ist Dauerkartenbesitzer bei den SHARKS. Er und Ben, der an einer Gehirnlähmung leidet, fahren immer zu den Wochenend-Spielen von ihrer Ranch in Woodside zur 'San Jose Arena'. Unter der Woche genießt die Schule Priorität.
Die beiden halten eine Familientradition aufrecht; der Sänger und sein Vater besuchten die Spiele in den 'Maple Leaf Gardens', als Neil in einer kleinen Stadt nordöstlich von Toronto aufwuchs ...
'Ich bin ein Fan', sagt Young lächelnd, 'kein Experte'."[5]

März In diversen Musikzeitschriften wird über das angebliche Ende der Zusammenarbeit Neil's mit CRAZY HORSE spekuliert:
"Unbeständigen Gerüchten zufolge hat Neil Young die Zusammenarbeit mit CRAZY HORSE, seiner Backing Band seit 25 Jahren, beendet, nachdem Material von Young's neuestem Album an die Öffentlichkeit durchgesickert war ...
Angeblich gab einer der Bandmitglieder einem Fan handgeschriebene Dokumente mit Songtiteln und Texten des gegenwärtig in Arbeit befindlichen Albums ... Schließlich tauchte das Material im 'Internet' auf, einem öffentlich zugänglichen elektronischen Informationsdienst.
Ein verärgerter Young kündigte eine Untersuchung der Vorgänge an, und es wird angenommen, daß er als Konsequenz die Zusammenarbeit mit CRAZY HORSE beendet hat."[6]
Im Nachhinein entpuppt sich dies als Falschmeldung; Neil und CRAZY HORSE arbeiten bis in den Sommer hinein an einem neuen Album, zuerst unter dem Titel *SAFEWAY*, schließlich *SLEEPS WITH ANGELS* genannt.

5.3. Bei der Verleihung der 'Bay Area Music Awards' im 'Bill Graham Civic Auditorium' in San Francisco erhält Neil die Auszeichnung als 'Musiker des Jahres'.
Bei der abschließenden Jam-Session spielt er mit Sammy Hagar eine 15-minütige Version von 'Down By The River'.

20.3. Toronto, 'O'Keefe Centre':
In Abwesenheit wird Neil für *HARVEST MOON* ein 'Juno' - vergleichbar dem amerikanischen 'Grammy' - der 'Canadian Academy of Recording Arts and Sciences' verliehen.

21.3. Neil nimmt an der 'Oscar'-Verleihung im 'Dorothy Chandler Pavilion' in Los Angeles teil.

Mit seiner Frau Pegi und Schwester Astrid als Background-Sängerinnen trägt er eine bewegende Version seines für einen 'Oscar' nominierten Titelsongs zu dem Film *PHILADELPHIA* vor. Bruce Springsteen, der die Auszeichnung schließlich für sein 'Streets Of Philadelphia' (aus dem gleichen Film) erhält, meint in seiner Dankesrede, daß er den Preis eigentlich mit Neil teilen müßte.

Anschließend besucht Neil eine von Elton John zugunsten seiner AIDS-Stiftung organisierte Benefiz-Party.

9.4.   Kurt Cobain, Sänger und Gitarrist von NIRVANA, erschießt sich in Seattle.

Nach dem Vorfall in Rom im März, wo Cobain an einer Überdosis Drogen bereits fast gestorben wäre, hatte Neil versucht, mit ihm Kontakt aufzunehmen. Elliot Roberts:

"Er rief mich an und wollte wissen, wie wir an Kurt rankommen könnten. Ich sprach mit Cobain's Manager, um seine aktuelle Telephonnummer rauszukriegen. Wie sich herausstellte, war das am Tag vor seinem Tod und Neil erreichte ihn nicht mehr."[7]

Cobain hinterläßt einen Abschiedsbrief, in dem er am Schluß Neil's berühmte, Johnny Rotten gewidmete Zeile aus 'Hey Hey, My My' zitiert: *'It's better to burn out than to fade away'.*

"... er hat den Satz einfach falsch verstanden. Cobain ist ja gerade weggefadet anstatt auszuburnen. *Burn out* wäre gewesen, als Tom Waits in der 'Hamburger Staatsoper' aufzutreten. Interessanterweise steht aber in dem Song, auf den er sich bezieht, noch sehr viel mehr drin. Zum Beispiel die Zeile: *'Once you're gone, you never come back'.* Den Satz hat er leider nicht beherzigt. Was Cobain richtig gesehen hat: Der Song ist wirklich so ein kleines Brevier 'Überleben für Künstler'. Und erhat ihn zitiert, um damit einen Selbstmord zu legitimieren, oder auch nur, um damit einen Selbstmord nochmal als Fehler auszugeben. In jedem Fall ist das stark codiert, was Cobain da gemacht hat." (Diedrich Diederichsen)[8]

18.4.   Santa Rosa, California:
Neil nimmt am 'Eddie Van Halen Charity Golf Tournament' zugunsten behinderter Kinder teil.

Mai   "Auf die Frage (während eines Playoff-Spiels zwischen den MAPLE LEAFS und den SAN JOSE SHARKS), was sein Lieblings-Eishockey-Song sei, fing Young an zu singen: *'The good old hockey, the good old hockey game'.* Sie wissen schon, das von Hank Snow, oder von wem auch immer.'
Stompin' Tom Connors? 'Genau, das mein' ich', sagte Young.

Gefragt, wann er denn einen Eishockey-Song schreiben werde, antwortete er: 'Noch heute, wenn die SHARKS dieses Spiel gewinnen.' Sie taten es nicht.
Und so war die Niederlage der SHARKS auch ein Verlust für die Musikwelt."[9]

Neil beim Golfturnier in Santa Rosa; 18.4.94

In GUITAR WORLD's Rangliste 'Guitar's Top 100' belegt Neil den 4. Platz hinter Eddie Van Halen, Eric Clapton und METALLICA:
"Unter den wenigen Gitarristen, deren akustisches und elektrisches Spiel gleich einflußreich waren, ist Neil Young sowohl der *godfather of grunge* wie auch der *uncle of Unplugged* ... Seine Tour letzten Sommer mit BOOKER T. & THE MGs demonstrierte einmal mehr die bemerkenswerte Vitalität dieses beständigen Künstlers, genau wie sein denkwürdiger Auftritt bei den 'MTV-Awards' mit PEARL JAM, als er seine jungen Schützlinge förmlich wegblies."[10]

Juni 'Westwood One Radio Networks' stellt für Radiostationen die CD *HARD TO FIND. NEIL YOUNG RARITIES ON COMACT DISC VOL. 17* zusammen. Sie enthält Seltenheiten wie Promo-Singleversionen, Originalmixe der ersten LP, nicht auf LPs erschienene B-Seiten, Radiospots für die ersten drei Solo-LPs etc. - insgesamt 20 Stücke.

Juli Zwei Neil gewidmete 'Tribute'-CDs kanadischer Bands und Sänger/innen, deren Erlös für die 'Bridge School' und das 'Safehaven Project for Community Living' in Toronto bestimmt ist, werden veröffentlicht.

OUT OF THE BLUE enthält 19 Versionen akustischer Neil-Songs (u.a. von CRASH VEGAS, Jeff Healey und den COWBOY JUNKIES); *INTO THE BLACK* 17 'elektrische' Stücke (u.a. von JUNKHOUSE, BLUE RODEO und Randy Bachman). Zusammen sind beide CDs auch unter dem Titel *BORROWED TUNES* erhältlich.

Auf Nicolette Larson's neuer CD *SLEEP, BABY, SLEEP* erscheint eine Version von 'Barefoot Floors' - eine bislang unveröffentlichte Komposition Neil's aus dem Jahr 1974, die sie bei den Aufnahmen zu *COMES A TIME* im November 1977 kennengelernt hatte.

August
SLEEPS WITH ANGELS erscheint.
Das neue Album wird in zwei verschiedenen Abmischungen veröffentlicht - einer CD-Version und einer anderen, etwas 'aggressiveren' als Doppel-LP und Promo-CD für Radiostationen.
Neil lehnt jegliche persönliche Promotion für das Werk ab:
"Er hat nach langem Nachdenken für sich beschlossen, daß die Songs von seinem neuen Album zu persönlich sind, persönlicher als das meiste, was er in den letzten Jahren gemacht hat, um darüber öffentlich sprechen zu können ... Die einzige Form, das auszudrücken, hat er in diesen Stücken gefunden ...
Die Aufnahmen waren von einigen tragischen Ereignissen überschattet, sodaß sie immer wieder unterbrochen werden mußten. Nach jeder Pause kam Neil mit neuen Songs zurück. er hat die ganze Zeit geschrieben, um diese Dinge zu verarbeiten. Ein Kind, das dem Kreis um CRAZY HORSE sehr nahe steht, ist bei einem 'Drive-By-Shooting' ums Leben gekommen. Frank Sampedro ... trennte sich während der Sessions von seiner Frau. Und dann kam die Sache mit Kurt Cobain. So haben die Aufnahmen mehr als sechs Monate gedauert, und immer wieder hat es Situationen gegeben, wo garnicht an neuen Stücken gearbeitet, sondern einfach gespielt wurde. Stundenlange Sessions, ohne Anfang und Ende, eine unfaßbare Spannung lag im Raum, man wußte nie, ob oder wann sie sich lösen würde." (Manager Elliot Roberts)[11]

"*SLEEPS WITH ANGELS* ist nicht das erste Album, das Young über die immer größer werdenden Risse im 'amerikanischen Traum' - oder was davon für die sich selbst überlassene Jugend nach den geplatzten Hoffnungen der 60er Jahre und den wertlosen Verheißungen der Reagan-Bush-Ära überhaupt noch übriggeblieben ist - gemacht hat. Aber es gehört zu seinen besten, ein dramatisches Ringen von Musik und Gewissen, das nahelegt - nein, geradezu darauf besteht, daß durch's Feuer gehen nicht automatisch bedeutet, in Flammen aufzugehen."[12]

"... ein Markstein unter den Young-Alben, das viele der Themen, die ihn schon lange beschäftigen, zusammenfasst - dieses eklige Getue, wenn man berühmt ist, was aus dem Pioniergeist der Siedler wurde, apokalyptische Visionen und ihre Folgen, die Enttäuschungen und makabren Auswirkungen der Drogenkultur, und die immerwährende, doch erlösende Kraft der Liebe ...

Das Gefühl von Abscheu, Schmerz und aufgegebener Hoffnung, das sich durch diese Platte zieht, mag seinen Ursprung in der Tragödie Cobain's haben, aber es reicht viel weiter: Neil kennt diese Situation von früher und stellt sie hier in einen größeren Kontext; die Handlung umspannt deshalb Jahrhunderte und die Kompositionen erreichen Breitwandformat."[13]

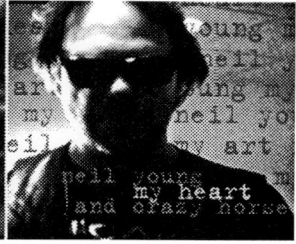

"Was ist das? In dieser so langen Geschichte? Lädt ein zum Verharren, will nachdenken ohne zu räsonnieren, sanft aber traurig, was nicht melancholisch ist, eher einfach, mit etwas Düsterem umgeben, das auch in liebevollen Gesten der Annäherung nicht aufgelöst werden kann, auch nicht in der Gitarre, auch nicht in den entsetzlich weichen, anrührenden Stellen von Melodien, die man nicht wieder abschütteln kann.

Alles haftet hier an einem tragisch-kathartischen Muster und Streifen. Man wünscht sich, man wäre jung und verzweifelt, als man noch wußte, daß das so ist, aber auch nicht, denn dieses Verzweifeltsein ist ein anderes ...

Dem, was man nun als Stücke hört, kann man das, was da geschah, nicht Ton für Ton anhören, aber man bekommt eine Ahnung davon, wieviel Unterschiedlichkeiten Unabhängigkeit haben können. Und da geht er hin und stellt obendrein alle paar Platten laut, bei anderer Gelegenheit vielleicht etwas leiser fest, daß es möglich sei, frei zu sein. Auch und selbst als Mythos-Mann."[14]

Große Teile der Sessions für das Album waren gefilmt worden; laut 'Warner/Reprise' existieren *a few miles of videotape*, aus denen nach Erscheinen des Albums - ebenfalls unter dem Titel *SLEEPS WITH ANGELS* - ein 30-minütiges Promo-Video zusammengestellt wird.

Darin wird, wenn auch nur in kurzen Ausschnitten, etwas von der Arbeitsweise und der Stimmung in den 'Complex'-Studios in Los Angeles spürbar, wo die Aufnahmen gemacht wurden.

13./14.8. *WOODSTOCK II* in Saugerties, New York.
"Neil Young, der beim '69er Festival auftrat, mißfallen die kommerziellen Aspekten des Jubiläums-Konzerts so sehr, daß er 'Wood$tock'-Mützen, mit einem Geier auf einem Gitarrenhals, entwarf. Young lehnte ein 'sechsstelliges' Angebot ab, mit seinen früheren Bandkollegen Crosby, Stills & Nash bei *WOODSTOCK II* aufzutreten, ließ sein Manager, Elliot Roberts gestern verlauten. 'Die ganze Angelegenheit ist etwas, hinter dem Neil nicht steht,' meinte Roberts."[15]

27.8. Neil besucht eine Show der *LOLLAPALOOZA*-Tour im 'Shoreline Amphitheatre' in Mountain View.

18.9. New Orleans, 'Louisiana Superdome':
FARM AID VII mit Willie Nelson, John Mellencamp, John Conlee und Neil & CRAZY HORSE.
Außer einigen Songs vom aktuellen Album enthält Neil's Set u.a. 'Down By The River', 'All Along The Watchtower' (mit Willie Nelson an der Leadgitarre) und 'Farmer John'.

1./2.10. Mountain View, 'Shoreline Amphitheatre':
Zum ersten Mal finden wegen der enormen Kartennachfrage zwei 'Bridge School Benefit'-Konzerte statt.
Gäste sind in diesem Jahr die ebenfalls von Elliot Roberts gemanagten MAZZY STAR, sowie MINISTRY, die INDIGO GIRLS, Tom Petty & THE HEARTBREAKERS und PEARL JAM.
Neil eröffnet die über fünfstündige Samstags-Show mit 'Comes A Time' und 'Transformer Man'; sein Auftritt mit CRAZY HORSE am Schluß

umfaßt sieben Songs aus *SLEEPS WITH ANGELS* und 'Hey Hey, My My' - diejenigen Lügen strafend, die im Sommer verbreitet hatten, er würde aufgrund des Zitats in Kurt Cobain's Abschiedsbrief diesen Song 'nie mehr' spielen.

Am Sonntag beginnt Neil den Abend mit 'All Along The Watchtower' und 'The Needle And The Damage Done', während sein Set mit CRAZY HORSE gleich bleibt.

3./4.10. Am Tag nach den 'Bridge'-Konzerten nehmen Neil und CRAZY HORSE in den 'Complex'-Studios in Los Angeles unter der Regie von Jonathan Demme (*DAS SCHWEIGEN DER LÄMMER*) vier Stücke für ein Video auf. Zwischen 18.30 Uhr und 4.30 Uhr werden 'My Heart', 'Prime Of Life', 'Change Your Mind' und 'Piece Of Crap' live eingespielt.

Im Dezember werden Promo-CDs mit den vier Songs unter dem Titel *THE COMPLEX SESSIONS* in Umlauf gebracht; auf MTV in den USA werden die Aufnahmen etwas später als *FOUR FROM NEIL YOUNG* gezeigt.

Oktober Die Veröffentlichung der sechs auf CD noch immer nicht erhältlichen 'Reprise'-Alben wird auf das kommende Jahr verschoben.

"Neil entschied, auf ein jetzt erst auf den Markt kommendes digitales Gerät zu warten, um sie so mastern zu können, wie er sich das vorstellt." (Jeff Gold, Vizepräsident von 'Warner/Reprise')[16]

Ben Keith's CD *SEVEN GATES. A Christmas Album* erscheint. Neben Johnny Cash, J.J. Cale, Nicolette Larson, Jack Clement und Rusty Kershaw wirkt bei mehreren Songs auch Neil (Gitarre, Orgel und Gesang) mit.

19.10. Neil besucht ein Konzert von MAZZY STAR im 'Avalon' in Boston.

20.10. Mit Bruce Springsteen gastiert er bei Bob Dylan's Konzert im 'Roseland' in New York City.

Sie spielen zusammen die Zugaben 'Rainy Day Woman #12 & 35' und 'Highway 61 Revisited'.

22.10. Sedona, Arizona, 'Hamilton Warren Amphitheatre':

Zugunsten des 'Native American Scholarship Fund' tritt Neil - neben Jackson Browne, Jimmie Dale Gilmore, Bruce Cockburn, Mary Chapin Carpenter und David Wilcox - beim *5th ANNUAL MUSIC FESTIVAL* der Verde Valley School auf.

Neben mehreren Songs von *SLEEPS WITH ANGELS* spielt er 'Cortez The Killer' und 'Helpless'.

| **4./5.11.** | Ottawa, 'Rideau Hall': aus der Hand des Generalgouverneurs von Kanada erhält er als einer von acht auserwählten Künstlern den 'Performing Arts Award' der kanadischen Regierung. |

Am Tag darauf findet im 'National Arts Centre' eine Gala statt, bei der Robbie Robertson und Randy Bachman in kurzen Redebeiträgen Neil's Einfluß auf die kanadischen Musiker würdigen, bevor Bachman und seine Band mit einer Version von 'The Loner' auftreten und anschließend die COWBOY JUNKIES eine umjubelte Version von 'Helpless' spielen.

November Neil's Vater Scott Young veröffentlicht in Kanada seine langerwartete Autobiographie *A WRITER'S LIFE*.

MOJO, November 1994

Bobby Charles' CD *WISH YOU WERE HERE RIGHT NOW* erscheint, auf der vier Stücke der 1984 in Austin stattgefundenen Session mit Neil an der Gitarre zu hören sind.

28.11. Unter dem Titel *NEIL YOUNG & LIONTECH: Electric Trains for the 21st Century* erscheint in der amerikanischen Computerzeitung MICROTIMES ein ausführlicher Artikel mit Interview zu Neil's Engagement im Modellbahngeschäft.

11.12. Die amerikanische TV-Station NICKELODEON sendet ein Interview mit ihm, aufgenommen in der Scheune auf seiner Ranch, wo die Modelleisenbahn für Sohn Ben aufgebaut ist.

Dezember Die Leser von SPEX wählen Neil ein weiteres Mal zum 'Musiker des Jahres'; beim 'Pop Poll' von MUSIKEXPRESS/SOUNDS wird er zum 'besten Solo-Künstler des Jahres' gewählt.

In New York wird bekanntgegeben, daß Neil - 25 Jahre nach Erscheinen seiner Debüt-Solo-LP - im Januar 1995 in die 'Rock'n'Roll Hall Of Fame' aufgenommen wird.

1   SPIN, Januar 1994
2   Pete Townsend, MOJO, September 1994
3   BROKEN ARROW 55
4   NEW MUSICAL EXPRESS, 19.3.94
5   SAN JOSE MERCURY NEWS, 15.2.94
6   NEW MUSICAL EXPRESS, 19.3.94
7   LOS ANGELES TIMES, 3.7.94
8   SPEX, Juni 1994
9   THE HOCKEY NEWS, 10.6.94
10 GUITAR WORLD, Mai 1994
11 SPEX, September 1994
12 David Fricke, ROLLING STONE, 25.8.94
13 Gavin Martin, NEW MUSICAL EXPRESS, 13.8.94
14 Jutta Koether, SPEX, September 1994
15 WASHINGTON POST, 1.8.94
16 ICE, Oktober 1994

1995

"You can be 50 on Sugar Mountain ..."[1]

"Things have been good to me for a long time. So if I look kinda sad - bullshit, forget it!"[2]

Es ist nie zu spät:
"... the first thing I heard of Neil Young was HARVEST MOON, just the simplicity of it is fucking great."[3]
"I started listening to Neil Young for the first time last year ... Once I started I didn't want to stop and his songs seemed to accompany me everywhere."[4]

9.1. 'Westwood One Radio Networks' sendet im Rahmen der Serie *OFF THE RECORD* eine weitere Folge mit Neil.
Aufgenommen im Oktober letzten Jahres, geht es in dem Interview mit Mary Turner u.a. um seine jahrelange Zusammenarbeit mit CRAZY HORSE; er erzählt von den Aufnahmen zu *SLEEPS WITH ANGELS*, von den Aktivitäten seiner Frau Pegi für die 'Bridge School' und die jährlichen Benefizkonzerte ("Meine Frau organisiert das alles. Weil ich berühmt bin, meinen die Leute immer, ich würde das machen, aber sie tut es. Ich trete nur auf.") und er bricht eine Lanze für Linda Ronstadt ("Neben Bobby Darin kenne ich niemanden außer Linda, der wie ich in den letzten zehn Jahren solch stilistische Änderungen vollzog ... Sie macht, was sie machen will, und dafür liebe ich sie.").
Neil am Schluß der Sendung: "Fast jeder tritt heutzutage bei *GOOD MORNING AMERICA* auf. *What's happening to rock'n'roll? Where's the spirit? Everything's so middle-of-the-road ...* Aber gottseidank sind die RAMONES noch nicht bei *GOOD MORNING AMERICA* zu sehen. Das gibt mir Hoffnung."

12.1. Im 'Waldorf Astoria'-Hotel in New York City wird Neil - neben Al Green, LED ZEPPELIN, den ALLMAN BROTHERS, Janis Joplin, MARTHA & THE VANDELLAS und Frank Zappa - in die 'Rock'n'Roll Hall of Fame' aufgenommen; die 'Laudatio' hält Eddie Vedder von PEARL JAM.
Neil bedankt sich in seiner Dankesrede u.a. bei seinem Förderer seit BUFFALO SPRINGFIELD-Zeiten, dem ehemaligen 'Atlantic Records'-Chef Ahmet Ertegun, bei seinem Manager Elliot Roberts, bei CRAZY HORSE ("Jungs, ohne Euch hätte ich es nie geschafft!"), sowie bei Kurt

Cobain, "der mich dazu brachte, meine eigentlichen Ziele neu zu überdenken."

Den Abschluß des Abends bilden einige Auftritte: Neil spielt mit CRAZY HORSE einen neuen Song mit dem Titel 'Act Of Love' und eine wilde Version von 'Fuckin' Up', für die auch Eddie Vedder und der Rest von PEARL JAM auf die Bühne kommen.

Danach folgen LED ZEPPELIN, die beim letzten Stück, 'When The Levee Breaks', von Neil und seiner schwarzen 'Gibson' unterstützt werden - und sich dafür bedanken, indem sie kurz BUFFALO SPRINGFIELD's 'For What It's Worth' anklingen lassen.

14./15.1. Washington, D.C., 'Constitution Hall':

Im Rahmen einer Benefizveranstaltung der Organisation 'Voters For Choice', die für das Recht auf Abtreibung eintritt, treten Neil und CRAZY HORSE an zwei Abenden neben Lisa Germano, L7 und PEARL JAM auf.

Beide Auftritte beginnt Neil mit kurzen, an *ARC* erinnernde, instrumentalen Feedback-Improvisationen; am ersten Abend ist die weitere Songauswahl mit 'My Heart', 'Act Of Love', 'Hey Hey, My My', 'I Am A Child', 'Cortez The Killer', 'Western Hero' und 'Change Your Mind' jedoch doch wesentlich ruhiger als am zweiten, wo er den vielen PEARL JAM-Fans im Publikum mit 'Fuckin' Up', 'Act Of Love', 'Down By The River', 'Powderfinger', 'Sleeps With Angels' und 'Hey Hey, My My' etwas entgegenkommt.

Am Samstag beenden PEARL JAM das Konzert, indem sie zusammen mit Neil seinen neuen Song 'Act Of Love' spielen.

26./27.1. Sessions mit PEARL JAM und deren Produzent Brendan O'Brian in Seattle's 'Bad Animals'-Studio - eine spontane Entscheidung Neil's nach den gelungenen gemeinsamen Auftritten in den letzten Wochen.

Manager Elliot Roberts: "Sie flogen nach Seattle und drei Tage später waren bereits fünf Songs im Kasten."[5]

Ein gemeinsames Album wird in Erwägung gezogen - Neil: "Eigentlich haben wir nur so zum Spaß ein paar Songs aufgenommen, aber als wir aber merkten, daß wir so gut zusammenarbeiten, kam die Idee mit dem Album."[6]

6.2. Seattle: Unter dem Namen PISS BOTTLE MEN treten PEARL JAM im 'Moore Theatre' auf. *Special guest* bei der letzten Zugabe ist Neil, der mit ihnen wieder 'Act Of Love' spielt.

7./10.2. Fortsetzung der Sessions mit PEARL JAM in Seattle.

Neil gibt seine Pläne auf, eventuell an der *LOLLAPALOOZA*-Tour - ursprünglich nur Independent-Musikern vorbehalten - teilzunehmen:

"Ich dachte mir, 'Wenn ich das mache, ist das vielleicht das Ende von *LOLLAPALOOZA*? Diese Kids hatten diese wirklich gute Idee, und daraus soll jetzt auch eine dieser üblichen Kommerz-Veranstaltungen werden? Und ich bin der Dinosaurier, der kommt und alles ruiniert? Da könnten sie ja gleich Neil Diamond verpflichten.' Ich hätte mich nicht wohlgefühlt dabei."[7]

Anläßlich der 'Grammy'-Verleihungen am 1. März, für die auch Neil's Album *SLEEPS WITH ANGELS* nominiert wurde, veröffentlicht 'Reprise' eine Promo-CD mit dem Titelstück und einer Liveversion des gleichen Songs, aufgenommen bei einem der beiden 'Bridge School'-Konzerte im Oktober letzten Jahres.

9.3.   Neil unterzeichnet einen Vertrag über fünf weitere Alben mit 'Warner/Reprise'.

Trotz seiner vor einigen Monaten noch geäußerten Kritik an einigen Personalentscheidungen der Konzernführung entscheidet er sich gegen 'Sony' und Geffen/Katzenberg/Spielberg's 'DreamWorks', die ebenfalls Interesse bekundet hatten.

März   *THE COMPLEX SESSIONS* - der Live-Mitschnitt vom Oktober 1994 wird nun als Video veröffentlicht.

25./26.3.   Neil besucht die *GREAT AMERICAN TRAIN SHOW* in San Mateo, California.

April   Bei den Aufnahmen für Emmylou Harris' nächste Album gastiert Neil als Gastsänger bei dem von ihm selbst geschriebenen, aus der LP/CD *FREEDOM* stammenden Stück 'Wrecking Ball' .

7.6.   Seattle, 'Moe's Mo'roc'n Cafe':

Ein Auftritt mit PEARL JAM als Begleitband. Zusammen spielen sie fast das gesamte Repertoire des inzwischen fertiggestellten neuen

Albums, aber auch ältere Songs wie 'Down By The River', unterbrochen von einem kurzen akustischen Soloteil Neil's, in dem er u.a. 'The Needle And The Damage Done' und 'Hey Hey, My My' singt.

24.6. San Francisco, 'Golden Gate Park':
Bei einem Konzert von PEARL JAM muß Sänger Eddie Vedder vor über 50.000 Zuhörern bereits nach sieben Songs wegen einer schweren Magen-Darm-Infektion die Bühne verlassen.
Neil, der eigentlich nur bei der Zugabe auftreten wollte, bestreitet die weiteren 90 Minuten des Abends mit dem Rest von PEARL JAM.
Neben etlichen Songs aus dem jetzt kurz vor der Veröffentlichung stehenden gemeinsamen Album spielen sie auch einige 'Klassiker' wie 'Cortez The Killer', 'Down By The River' und 'Rockin' In The Free World'.
Neil: "Nachdem Eddie verschwunden war, gab es keine Schlägereien oder so. Insofern verlief der Gig wirklich erfolgreich. Als einer, der auf der Bühne steht, hast du ja auch die verdammte Pflicht, dafür zu sorgen, daß sich die Leute nicht gegenseitig die Köpfe einschlagen. Das ist das Wichtigste. Ich bin sehr glücklich, daß es so gut abgelaufen ist ..."[8]

27. 6. *MIRROR BALL* wird veröffentlicht.
Das Album wurde nach einem neuen Verfahren digital gemastert; Neil zufrieden: "Ich habe jetzt endlich eine Methode gefunden, Analogaufnahmen auf Digital zu übertragen, deren Ergebnisse mir gefallen, sie heißt HDCD ... Es ist wirklich ein angenehmer Sound, im Gegensatz zum bisherigen Digitalverfahren. Ich würde sagen, HDCD erfüllt das Versprechen, das digitaler Klang einst machte."[9]
Er nennt es "*a techno buzz beat record*"; zu der Zusammenarbeit mit PEARL JAM sagt er: "In mancher Beziehung scheinen PEARL JAM reifer zu sein als ich. Es zeugt von einer gewissen Altersweisheit, wie sie Lücken füllen und andere offen lassen. In diesem Leben haben sie das nicht gelernt. Für mich ist PEARL JAM ein Geschenk des Himmels."[10]
Aus vertraglichen Gründen wird der Bandname auf dem Album nicht genannt; nur die einzelnen Musiker sind aufgeführt. Dazu Neil: "Ein bißchen peinlich ist mir das schon, daß der Name PEARL JAM nirgendwo auftaucht, aber 'Sony' hat geradezu Rad geschlagen. Die riefen sogar an, als sie herausfanden, daß wir 'Pearl'-Drums benutzen, und insistierten darauf, daß im Video dieses Wort nicht lesbar sein dürfe."[11]

"*MIRROR BALL* ist eine höchst bemerkenswerte Angelegenheit - eine Platte, die aus gegenseitiger Sympathie gemacht wurde, ganz spontan, einzig allein um der Sache selbst willen ... *VS meets ON THE BEACH at ARC/WELD volume.*

Zwischen Neil Young und den Mitgliedern von PEARL JAM gibt es einen Unterschied von fast einem Vierteljahrhundert an Alter, Erinnerungszeit und Erfahrung, und doch singen und spielen sie auf *MIRROR BALL* wie Brüder, nicht wie ein Vater mit seinen Adoptivsöhnen, und wirken in der eilig zusammengestellten Aufeinanderfolge teuflischen Gitarrenlärms, scharfzüngiger Reflektion und emotionalen Ausbrüche wie eine echte Einheit ...
Es ist ein Album, das völlig daneben hätte gehen können. Gegenseitige Bewunderung bedeutet nicht selbstverständlich große gemeinsame Kunst. Und es gibt auch Momente, wo die Eile spürbar wird ... In einigen seiner Texte wirkt Young wie jemand, der aus dem Tiefschlaf gerissen wurde und seine Traumfetzen anschließend in Stakkato-Englisch niederschrieb. Doch PEARL JAM biegen das wieder hin, mit Kraft und Energie."[12]

Neil und Eddie Vedder von PEARL JAM

"Das Album ist eine hymnische, ergreifend schlichte und schlanke Beschwörung des Hippietums - aber auch ein gewaltiges Donnergrollen. Als Rhythmusgruppe leisten PEARL JAM ganze Arbeit ... Abgesehen von den bekannten, fistelig gesungenen Harmonium-Fragmenten zur Ein- und Ausleitung enthält *MIRROR BALL* nur monumentale, elementare Brocken. Hier gibt es überhaupt nichts Überflüssiges, keinen Schwulst und Schwurbel mehr ...

MIRROR BALL, wieder mal eine Heimkehr, markiert Neil Youngs weiterhin kathartische und wegweisende Funktion in der amerikanischen Rockmusik - ebenso wie seinen grimmigen Unwillen, irgend etwas zu vergessen."[13]

"... eine donnernde, satt abdampfende Apologie auf den Rock'n'Roll und auf das Weitermachen ... Neil Young wirft hier sein ganzes Genie in die Waagschale, um gegen jede Smartness den Nachweis anzutreten, daß man den Fetisch, den geilen Riff, das geile Solo, ganz unstumpf genießen kann. Als eine Sache, die ebenso Effekt von Verdinglichungslogik ist, wie sie noch etwas Anderes, einen uneingelösten Überschuß an Utopie in sich trägt - darunter die Einladung zum Träumen, Tanzen, Ficken."[14]

August

Europatournee von NEIL YOUNG & FRIENDS (= PEARL JAM als Backingband; wie schon beim gemeinsamen Album darf auch hier der Bandname aus vertraglichen Gründen 'offiziell' nicht verwendet werden). Vom 12. bis 27. stehen Auftritte, zumeist bei Open-Air-Festivals, in neun Ländern - darunter auch zwei in Israel - auf dem Programm.

14.8.

Berlin, 'Waldbühne':
Hier findet das einzige Konzert in Deutschland statt.

12.11.

Neil's 50. Geburtstag.
"Jedes Jahr an meinem Geburstag machen wir das gleiche. Ich baue ein Feuer und suche dafür das ganze Holz selbst zusammen. Dann, nach Einbruch der Dunkelheit, kommt Pegi und zündet es an. Wenn die Kids aus der Schule zurück sind, kommen all ihre Schulfreunde und deren Eltern zu uns. Wir versammeln uns am Feuer und braten Hamburger und Hotdogs und solche Sachen und sitzen rundherum. Nach dem Essen rösten sie alle ihre mitgebrachten Marshmallows. Uns so kommen die Kids jedes Jahr alle zu meiner Geburtstagsfeier. Sie können es garnicht erwarten. Für sie ist ein großer Tag."[15]

1   vgl. 26.10.84

2   Neil in seiner Rede bei der 'Hall of Fame'-Zeremonie;
    New York City, 12.1.95

3   Paul Weller, der bei Konzerten im Jahr 1994 Neil's 'Ohio' coverte;
    MOJO, Juni 1995

4   Annie Lennox über ihre Version von 'Don't Let It Bring You
    Down' auf ihrem Album *MEDUSA*;
    THE INDEPENDENT ON SUNDAY, 1995

5   LOS ANGELES TIMES, 8.2.95

6   MUSIKEXPRESS/SOUNDS, April 1995

7   USA TODAY, 26.6.95

8   MUSIKEXPRESS/SOUNDS, August 1995

9   SPEX, August 1995

10 USA TODAY, 26.6.95

11 ROLLING STONE (deutsche Ausgabe), August 1995

12 David Fricke, MELODY MAKER, 17.6.95

13 Arne Willander, ROLLING STONE (deutsche Ausgabe),
    Juli 1995

14 Christoph Gurk, SPEX, Juli 1995

15 Neil, ROLLING STONE, 21.1.93

Diskographie / Alben ∧∧∧∧∧∧∧∧∧∧

BUFFALO SPRINGFIELD:

BUFFALO SPRINGFIELD	1967
BUFFALO SPRINGFIELD AGAIN	1967
LAST TIME AROUND	1968
RETROSPECTIVE (Compilation)	1969
BUFFALO SPRINGFIELD (2 LPs; Compilation)	1973

CROSBY,STILLS, NASH & YOUNG:

DEJA VU	1969
WOODSTOCK (2 Songs von CSN&Y)	1970
WOODSTOCK TWO (3 Songs von CSN&Y)	1971
4 WAY STREET (2 LPs)	1971
CELEBRATION RECORD (Compilation)	1971
SO FAR (Compilation)	1974
AMERICAN DREAM	1988
CSN (4 CDs; Compilation)	1991
CARRY ON (3 LPs/2 CDs; Compilation)	1991

STILLS-YOUNG BAND:

LONG MAY YOU RUN	1976

NEIL YOUNG:

NEIL YOUNG	1968
EVERYBODY KNOWS THIS IS NOWHERE	1969
THE STRAWBERRY STATEMENT	
(Soundtrack; 3 Songs von Neil)	1970
AFTER THE GOLDRUSH	1971
HARVEST	1972
JOURNEY THROUGH THE PAST (2 LPs)	1972
TIME FADES AWAY	1973
ON THE BEACH	1974
TWO ORIGINALS OF NEIL YOUNG	1975
(2 LPs; = *NEIL YOUNG + EVERYBODY KNOWS ...*)	
TONIGHT'S THE NIGHT	1975
ZUMA	1975
AMERICAN STARS 'N BARS	1977
DECADE (3 LPs; Compilation)	1977
COMES A TIME	1978
RUST NEVER SLEEPS	1979
LIVE RUST (2 LPs)	1979
HAWKS & DOVES	1980
WHERE THE BUFFALO ROAM	1980
(Soundtrack; 3 Songs von Neil)	
*RE*AC*TOR*	1981
TRANS	1982
EVERYBODY'S ROCKIN'	1983
GREATEST HITS (Compilation)	1985

OLD WAYS	1985
LANDING ON WATER	1986
LIFE	1987
THIS NOTE'S FOR YOU	1988
AFTER THE GOLDRUSH (HMV-Box)	1988
ELDORADO	1989
FREEDOM	1989
RAGGED GLORY	1990
WELD (2 LPs/2 CDs)	1991
ARC WELD (3-CD-Set)	1991
ARC (nur CD)	1991
HARVEST MOON	1992
LUCKY THIRTEEN (2 LPs/1 CD)	1993
UNPLUGGED	1993
THE 30TH ANNIVERSARY CONCERT CELEBRATION	1993
(Bob Dylan; 2 Songs von Neil)	
PHILADELPHIA (Soundtrack; 1 Song von Neil)	1994
'GOLD' ANNIVERSARY EDITION	1994
(2-CD-Set; = *HARVEST* + *HARVEST MOON*)	
SLEEPS WITH ANGELS (2 LPs/1 CD)	1994
MIRROR BALL (2 LPs/1 CD)	1995

Neil ist als Gastmusiker auf folgenden Alben zu hören:

THE MONKEES, *HEAD*	1968
THE MONKEES, *INSTANT REPLAY*	1969
Graham Nash, *SONGS FOR BEGINNERS*	1971
David Crosby,	
IF I COULD ONLY REMEMBER MY NAME	1971
GRIN, *GRIN*	1971
Buffy Saint-Marie,	
SHE USED TO WANNA BE A BALLERINA	1971
Graham Nash, *WILD TALES*	1973
Emmylou Harris, *LIGHT OF THE STABLE*	1975
Joni Mitchell, *HEJIRA*	1976
CRAZY HORSE, *CRAZY MOON*	1978
div. Interpreten, *WE ARE THE WORLD*	1985
Warren Zevon, *SENTIMENTAL HYGIENE*	1987
STEALIN HORSES, *STEALIN HORSES*	1988
Tracy Chapman, *ALL YOU HAVE IS YOUR SOUL*	1989
Warren Zevon, *TRANSVERSE CITY*	1989
Robbie Robertson, *STORYVILLE*	1991
Rusty Kershaw, *NOW AND THEN*	1992
Nils Lofgren, *CROOKED LINE*	1992
Randy Bachman, *ANY ROAD*	1993
Rob Wasserman, *TRIOS*	1994
Ben Keith, *SEVEN GATES*	1994
Bobby Charles, *WISH YOU WERE HERE RIGHT NOW*	1994

Auf Video/Laserdisc erschienen:

RUST NEVER SLEEPS	1982
BERLIN LIVE	1983
THE LAST WALTZ (Martin Scorsese; 1 Song von Neil)	1984
SOLO TRANS	1984
FREEDOM	1990
RAGGED GLORY	1991
WELD	1991
LONG TIME COMIN'	1991
(CSN; 3 Songs mit Neil)	
THE 30TH ANNIVERSARY CONCERT CELEBRATION	1993
(Bob Dylan; 2 Songs von Neil)	
UNPLUGGED	1993
THE COMPLEX SESSIONS	1995

... wir warten auf: *JOURNEY THROUGH THE PAST*, 1972
HUMAN HIGHWAY, 1982
MUDDY TRACKS, 1987
SLEEPS WITH ANGELS, 1994 ...

John Einarson, *NEIL YOUNG - Journey Through The Past. Die kanadischen Jahre*,
Augsburg 1993 (= *NEIL YOUNG. Don't Be Denied*, Toronto 1992)

David Downing, *NEIL YOUNG. Ein Mann und seine Musik*, München 1995
(= *A DREAMER OF PICTURES. NEIL YOUNG. The Man And His Music*,
London 1994)

ROLLING STONE (Hg.), *NEIL YOUNG - THE ROLLING STONE FILES*,
London 1994

John Robertson, *NEIL YOUNG. The Visual Documentay*, London 1994

Michael Heatley, *NEIL YOUNG. His Life And His Music*, London 1994

Alan Jenkins (Hg.), *NEIL YOUNG AND BROKEN ARROW: ON A JOURNEY
THROUGH THE PAST*, Bridgend 1994

Bruno Fisson/Alan Jenkins (Hg.), *NEIL YOUNG: A COMPLETE ILLUSTRATED
BOOTLEG DISCOGRAPHY*, Bridgend 1991

Herman Verbeke/Lucien van Diggelen, *NEIL YOUNG*, Hapert 1992

Nick Kent, *THE DARK STUFF*, London 1994

Johnny Rogan, *NEIL YOUNG*, London/New York 1982

Scott Young, *NEIL AND ME*, Toronto 1984

Dave Zimmer/Henry Diltz, *CROSBY, STILLS & NASH*, London 1984

Carole Dufrechou, *NEIL YOUNG*, New York 1978

Scott Cohen, *YAKETY YAK: THE MIDNIGHT CONFESSIONS AND REVELATIONS
OF THIRTY SEVEN ROCK STARS AND LEGENDS*, New York 1994

FABER & FABER (Hg.), *ROCK TALK: THE GREAT ROCK AND ROLL QUOTE
BOOK*, Boston 1994

Dallas Taylor, *PRISONER OF WOODSTOCK*, New York 1994

Paul Williams, *LIKE A ROLLING STONE. Die Musik von Bob Dylan 1960 -1973*,
Heidelberg 1994
(= *BOB DYLAN. PERFORMING ARTIST 1960 - 1973*, London 1994)

Robert Shelton, *BOB DYLAN. Sein Leben und seine Musik*, München 1988
(= *NO DIRECTION HOME. The Life and Music Of Bob Dylan*, London 1986)

Linda McCartney, *DIE 60ER JAHRE*, München 1993
(= *SIXTIES - PORTRAIT OF AN ERA*, London 1992)

John Tobler, *100 GREAT ALBUMS OF THE SIXTIES*, London 1994

Phil Kaufman/Colin White, *ROAD MANGLER DELUXE*, Glendale 1993

Ben Fong-Torres, *HICKORY WIND. The Life And Times Of Gram Parsons*,
New York 1991

Greil Marcus, *DEAD ELVIS. Meister - Mythos - Monster*, Frankfurt 1991
(= *DEAD ELVIS. A Chronicle Of A Cultural Obsession*, New York 1991)

Robin Denselow, *THE BEAT GOES ON. Popmusik und Politik*, Hamburg 1991

Geoff Nicholson, *BIG NOISES*, London 1991

Charles Shaar Murray, *CROSSTOWN TRAFFIC. Jimi Hendrix and post-war pop*,
London 1989

Lester Bangs, *PSYCHOTIC REACTIONS AND CARBURETOR DUNG* (hgg. von Greil
Marcus), New York 1988

David Crosby/Carl Gottlieb, *LONG TIME GONE*, New York 1988

Willie Nelson/Bud Shrake, *WILLIE. An Autobiography*, New York 1988

Pamela Des Barres, *LIGHT MY FIRE. Bekenntnisse eines Groupies*, Frankfurt 1989
  (= *I'M WITH THE BAND*, USA 1987)
Bill Flanagan, *WRITTEN IN MY SOUL*, Chicago 1986
Nikolas Schreck (Hg.), *THE MANSON FILE*, New York 1988
Diedrich Diederichsen, *1500 SCHALLPLATTEN 1979 - 1989*, Köln 1989
SOUNDS Verlag (Hg.), *PLATTENKRITIKEN 1966-77*, Hamburg 1979
Ashley Brown/Michael Heatley (Hg.), *TURNING ON. Rock In The Late Sixties*,
  London 1985
Ros Bacon/Jocelyn Finnis (Hg.), *THE HARMONY ILLUSTRATED ENCYCLOPEDIA
  OF COUNTRY MUSIC*, London 1986
Hugh MacLean/Vernon Joynson, *AN AMERICAN ROCK HISTORY. Part One*,
  Telford 1987
Philippe Koechlin (Hg.), *ROCK CARTOON*, Paris 1990
John Pareles/Patricia Romanowski (Hg.), *THE ROLLING STONE ENCYCLOPEDIA
  OF ROCK & ROLL*, London 1983
Robert Christgau, *CHRISTGAU'S RECORD GUIDE*, New Haven/New York 1981
John Rockwell, *ALL AMERICAN MUSIC*, London 1985
Diedrich Diederichsen, *SEXBEAT. 1972 bis heute*, Köln 1985
Hartmann/Humann/Reichert (Hg.), *ROCK SESSION 5*, Hamburg 1981
ARCANA EDITRICE (Hg.), *NEIL YOUNG*, Milano 1982
Guy Peelaert/Nik Cohn, *ROCK DREAMS*, New York 1973
Greil Marcus (Hg.), *STRANDED. Rock And Roll For A Desert Island*, New York 1979
Anthony Fawcett/Henry Diltz, *CALIFORNIA ROCK. CALIFORNIA SOUND*,
  Los Angeles 1978
Greil Marcus, *MYSTERY TRAIN, Images Of America In Rock'n'Roll Music*,
  New York 1975
Lillian Roxon, *ROCK ENCYCLOPEDIA*, New York 1971